더 인터뷰
THE INTERVIEW

KI신서 5576
더 인터뷰 THE INTERVIEW

1판 1쇄 발행 2014년 4월 18일
1판 8쇄 발행 2014년 9월 16일

지은이 조선일보 위클리비즈 팀
펴낸이 김영곤 **펴낸곳** (주)북이십일 21세기북스
부사장 임병주 **이사** 이유남
출판사업본부장 주명석 **인문기획팀장** 정지은
책임편집 장보라 **디자인** 씨디자인
영업본부장 안형태 **영업** 권장규 정병철
마케팅 민안기 강서영 이영인
출판등록 2000년 5월 6일 제10-1965호
주소 (우 413-120) 경기도 파주시 회동길 201(문발동)
대표전화 031-955-2100 **팩스** 031-955-2151
이메일 book21@book21.co.kr **홈페이지** book21.com
트위터 @21cbook **블로그** b.book21.com

ⓒ 조선일보, 2014

ISBN 978-89-509-5518-2 13320
책값은 뒤표지에 있습니다.

이 책 내용의 일부 또는 전부를 재사용하려면 반드시 (주)북이십일의 동의를 얻어야 합니다.
잘못 만들어진 책은 구입하신 서점에서 교환해 드립니다.

더 인터뷰

THE
INTERVIEW

세계를 뒤흔든 30인의 리더에게 인생과 성공을 묻다

조선일보 위클리비즈 팀

21세기북스

저자 서문
남다른 질문, 빛나는 대답

사람의 대화는 대부분 질문과 대답을 주고받는 식으로 이뤄진다. 대화의 절반은 질문인 셈이다. 기자의 직업은 질문하는 것이다. 좋은 기사는 좋은 질문에서 나온다. 그리고 좋은 질문은 인터뷰 상대에 대한 깊은 연구에서 비롯된다.

더 중요한 것은 누구를 만나느냐이다. 위클리비즈는 세계적인 경제, 경영 대가들을 만나는 기회를 가질 수 있었다. 남다른 아이디어와 의지로 세계적 기업을 일으키고 경영하는 창업자와 CEO, 얽히고설킨 경영 문제를 명쾌한 이론으로 분석하고 방향을 제시하는 석학들 등 위클리비즈가 올해로 8년째이니 그간 꽤 많은 대가들을 만난 셈이다.

우리는 그들에게 시장과 지식의 최신 트렌드는 물론이고, 경영관, 나아가 삶의 지혜를 배울 수 있었다. 그들의 생각과 말은 이미 책이나 인터넷을 통해 세상에 알려진 경우도 있다. 하지만 위클리비즈 인터뷰의 강점은 그들을 직접 만나서 이야기를 듣는다는 데 있다.

우리는 〈모나리자〉 그림을 인터넷으로 1초 만에 볼 수 있다. 그럼에도 우리는 루브르 박물관까지 가서 진품을 본다. 루브르에서 직접 보는 모나리자엔 바로 지금, 바로 거기에서만 느끼는 1회적 체험, 즉 아우라가 있기 때문이다.

위클리비즈의 인터뷰도 마찬가지다. 우리는 그들을 직접 만나 책에서 느낄 수 없는 아우라를 체험한다. 우리는 그들의 얼굴을 직접 보고, 숨결을 느끼며, 작은 행동의 변화를 관찰한다. 가장 의미 있는 것은, 그들의 육성을 들을 수 있다는 점이다.

우리의 질문이 그동안 나오지 않았던 남다른 것이었다면(우리는 그런 질문을 하기 위해 노력한다), 그에 대한 그들의 대답 또한 그동안 한 번도 나오지 않았던 것일 수 있다. 그런 대답이 나왔을 때, 그리고 그 대답이 쏟아지는 햇살 속으로 뛰어오른 연어처럼 생생할 때 우리는 감동과 희열을 느낀다.

인터뷰는 대개 1시간 정도 진행된다. 대화 내용을 글로 풀어내면 원고지 100~200장이 쉽게 넘어버린다. 그 초고를 읽으면서 통찰과 감동을 주는 내용을, 다른 어디서도 들을 수 없었던 방식으로 말하는 부분을 접할 때 가슴이 두근거린다. 육성의 힘이다.

위클리비즈 인터뷰의 또 하나의 강점은 신문 2~3개 면에 걸쳐 쓸 정도로 충분히 길다는 점이다. 양이 질을 담보하는 것은 아니지만, 어느 정도 분량의 자유가 있어야만 대가들의 깊은 생각을 충분히 전달할 수 있다. 위클리비즈는 그런 자유를 누릴 수 있었다.

물론 오랫동안 그런 대가들을 만나다 보니 비슷한 이야기들이 시간을 두고 반복된다는 것을 깨닫게 된다. 알랭 드 보통의 표현을 빌리자면, '이야기의 구성은 주인공의 이름과 배경만 바뀔 뿐 끊임없이 되풀이된다'. 이야기의 구성 인물이 사람인 이상 피할 수 없는 일이다. 경영도 마찬가지다. 경영에는 변해서는 안되는 것들이 있다. 우리는 대가들과의 만남을 통해 경영과 인생에서 변하지 않아야 할 것들에 대해 배운다.

그러나 진보의 힘을 무시하는 것은 아니다. 오늘날 특히 정보 기술은 거의 신(神)과 같은 스피드로 발전하고 있으며, 우리 삶의 양식을 크게 바꾸어 놓고 있다. 대가들은 이처럼 급변하는 세상의 시사점과 거기에 적응하고 살아남는 방법에 대해서도 이야기한다.

위클리비즈엔 인터뷰만 실리는 것은 아니지만, 인터뷰는 위클리비즈의 트레이드 마크이고, 독자들은 인터뷰를 가장 사랑해주고 있다. 그런 인터뷰를 신문에서 한 번 읽고 말기에는 아깝다는 분도 있고, 매주 모아서 쌓아두거나, 필요한 부분을 스크랩한다는 분도 있다. 그런 분들이 이구동성으로 하는 말은 "책으로 묶어주면 좋겠다"는 것이다.

그동안 두 차례 책으로 묶은 적이 있는데(『위클리비즈 i』와 『위클리비즈 인사이트』), 이번에 세 번째 책으로 묶어 독자 여러분께 내놓게 돼 기쁘다. 이번에 묶은 부분은 최근 약 1년간의 인터뷰 기사 중에서 지금 독자들에게 가장 유익하고 필요한 것이라고 생각되는 것들을 다시 추려낸 것이다.

이 책은 《조선일보》 그리고 '위클리비즈' 없이는 태어날 수 없었다. 독자의 폭이 제한될 수밖에 없는, 고급 지면 위클리비즈를 만들겠다는 쉽지 않은 결단을 내리고 지금까지 발행할 수 있게 해주신 조선일보 방상훈 사장님, 변용식 발행인님, 송희영 주필님, 강효상 편집국장님, 위클리비즈 전 편집장과 전·현직 팀원들, 그리고 위클리비즈 지면을 빛나게 편집해 준 조선일보 경제 편집팀 여러분, 이 책을 만드는 데 번거로운 일을 도맡아준 이위재 차장, 이밖에 일일이 거명하지 못한 조선일보의 선후배, 동료 여러분에게 깊이 감사드린다. 또 위클리비즈 페이스북 클럽 등 위클리비즈와 인터넷 커뮤니티의 접점을 마련해 주고, 위클리비즈 토크 콘서트 등 행사에 도움을 아끼지 않은 조선비즈의 우병현 이사와 류현정 기자 등 담당자들에게 감사드린다.

또 위클리비즈에 조언과 격려를 아끼지 않은 경제, 경영 전문가 여러분, 지식의 수준을 높이겠다는 우리의 대의에 공감해 여러모로 도와주신 국내외 여러 기업과 기관 관계자 여러분께도 감사드린다.

무엇보다 위클리비즈를 매주 빼놓지 않고 읽어주시고, 주변에도 권해주시는 위클리비즈의 애독자 여러분께 깊이 감사드린다.

필자들을 대표하여
이지훈 위클리비즈 에디터

목차

저자 서문 남다른 질문, 빛나는 대답　　　　　　　　　　　　　　　4

1부
세상을 바라보는
당신만의 기준은 무엇입니까

세스 고딘 (『보랏빛 소가 온다』 저자)　　　　　　　　　　　　　15
두려움과 함께해야, 일도 삶도 '예술'로 만들 수 있지요

롤프 도벨리 (『스마트한 생각들』 저자)　　　　　　　　　　　　29
탁월한 선택을 위해서는 잘못된 선택을 피해야지요

애덤 그랜트 (와튼스쿨 최연소 종신교수)　　　　　　　　　　　41
배려하고 베푸는 것도 성공의 비법입니다

재레드 다이아몬드 (『총, 균, 쇠』 저자)　　　　　　　　　　　　53
난 컴맹이에요, 스마트폰이 아닌 얼굴을 봐야 진심을 볼 수 있지요

곤도 마리에 (일본 최고의 정리 컨설턴트)　　　　　　　　　　65
지금 당신이 빛나기 위해선 울림이 있는 물건만 남겨야 해요

마이클 노튼 (『당신이 지갑을 열기 전에 알아야 할 것들』 저자)　　73
물건보다 체험을 구매할 때 더 행복할 수 있습니다

샘 혼 (『적을 만들지 않는 대화법』 저자)　　　　　　　　　　　83
현명하고 강인하게 당신의 목소리를 내세요

하워드 스티븐슨 (하버드 대학 경영대학원 명예교수)　　　　　93
경주마가 아닌 인생을 즐기는 야생마로 사세요

2부
대체 불가능한 '나'는
어떻게 만들 수 있습니까

미야자키 하야오(일본 애니메이션 거장)   103
독서와 체험으로 '나만의 것'을 표현할 수 있어야 해요

다니엘 핑크(『새로운 미래가 온다』 저자)   119
현대인은 모두 고객의 마음을 사로잡아야 하는 세일즈맨입니다

카림 라시드(세계적인 산업디자이너)   131
우리는 모두 무언가 멋진 일을 하기 위해 이 행성에 왔어요

얀 칩체이스(『관찰의 힘』 저자)   141
소비자의 욕망을 읽기 위해서는 우선 그들이 되어야 하지요

케빈 파이기(영화사 마블 스튜디오 CEO)   151
모든 창조엔 '인간'에 대한 열렬한 탐구가 필요합니다

트래비스 칼라닉(우버 CEO) **& 티모시 드레이퍼**(DFJ 창업자)   163
성공할 때까지 실패하는 걸 왜 두려워하지요?

필 리빈(에버노트 CEO)   181
경쟁이 아닌 오로지 제품을 위해서 우리의 에너지를 쏟아붓지요

가와모리 쇼지(트랜스포머 로봇의 원작자)   191
몸으로 생각하고 감각을 열면 창의성도 켜집니다

하비 맨스필드(하버드 대학 정치학과 교수)   201
진정한 남자다움이 강한 리더를 만듭니다

3부
위기를 헤쳐나온
강력한 생존 전략은 무엇입니까

도미니크 바튼(세계 최고 컨설팅회사 맥킨지 회장)   217
변화가 있는 곳에서 가장 빨리 성장할 수 있습니다

오니시 마사루(JAL 회장)   231
망해봐야 무엇이 중요한지 가슴으로 깨닫게 되지요

올리비아 럼(싱가포르 하이플럭스 CEO)   245
세상을 구하기 위한 꿈을 꾸었더니 그 꿈이 나를 구했지요

자오위핑(유덴 대학 교수)   255
진정한 리더는 자신을 낮추고 비전을 제시해야 합니다

존 라이스(GE 부회장)   269
하겠다고 말한 것을 실천하고, 되겠다고 한 사람이 되어야 합니다

버커드 셴커(유럽 최대 컨설팅회사 롤랜드버거 CEO)   283
분기가 아닌 세대를 내다보는 '장인' 자본주의를 배워야 합니다

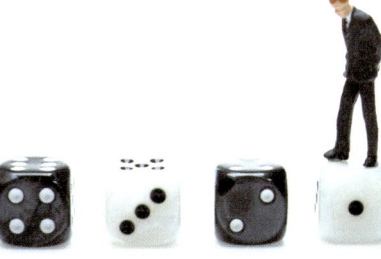

로널드 오 헨리(피델리티 인베스트먼트 자산운용부문 회장) 　　　　　　　**293**
자산 운용을 제대로 하기 위해서는 우선 역사와 정치를 볼 줄 알아야 합니다

리만탓(세계 최대 중화요리 소스 이금기 명예회장) 　　　　　　　　　　**301**
이혼하지 말고 결혼생활 잘 하는 것, 125년 경영의 원칙입니다

애니타 엘버스(하버드 대학 경영대학원 교수) 　　　　　　　　　　　　**311**
시시한 1,000명보다 확실한 1명에게 올인해야지요

테레사 에머빌 & 보리스 그로이스버그(하버드 대학 경영대학원 교수) 　**321**
직원들의 감정도 관리할 줄 아는 기업이 성공합니다

마이클 모리츠(세쿼이아 캐피털 CEO) 　　　　　　　　　　　　　　　**333**
'대박' 날 기업은 한눈에 알아볼 수 있지요

부록 　　　　　　　　　　　　　　　　　　　　　　　　　　　　　**348**

1부
세상을 바라보는 당신만의 기준은 무엇입니까

두려움과
함께 해야
일도 삶도 '예술'로
만들 수 있지요

그리스 신화 속 이카루스는 오만함 때문에 파국을 맞은 인물로 묘사된다. 그의 아버지 다이달로스는 유명한 장인이었지만 왕의 미움을 산 탓에 이카루스와 함께 높은 첨탑에 갇혔다. 하늘을 날아 탈출하기로 마음먹은 다이달로스는 자신이 만든 날개를 이카루스에게 달아주면서 말했다. "높이 날지 말아라. 그랬다간 태양열 때문에 날개를 붙인 밀랍이 녹아버릴 테니까." 하지만 어린 이카루스는 흥에 겨워 너무 높이 날았고, 날개가 녹아 바다로 추락했다.

그런데 이 신화에서 우리가 흔히 모르고 지나치는 사실이 하나 있다. 다이달로스가 이카루스에게 "너무 높이 날아서도 안 되지만, 바다에 빠질 수 있으니 너무 낮게 날아서도 안 된다"고 조언한 것이다.

그렇다면 그동안 우리는 왜 이카루스가 '높이' 날았던 것만 문제 삼았던 것일까? 우리를 현실에 안주하도록 길들이려 했던 산업사회가 그렇게 기만했기 때문이다. 산업사회는 적극적으로 자신의 존재를 드러내거나 소란을 피워서는 안 된다고 우리를 세뇌했다.

『보랏빛 소가 온다』『린치핀』등 세계적인 경영 베스트셀러를 쓴 세스 고딘Seth Godin의 주장이다. 그는 최근 새로 낸 책『이카루스 이야기The Icarus Deception』를 통해 "이제까지 우리가 믿고 있던 이카루스 신화는 속임수"라고 주장했다.

그의 대표작『보랏빛 소가 온다』는 2000년대에 세계에서 가장 널리 알려진 경영 서적 가운데 하나이고, 그의 블로그는 방문자가 많은 유명 사이트 중 하나이다.

그를 만나기로 한 2014년 1월 3일 뉴욕은 폭설 때문에 도로가 통제되고 학교는 임시 휴교했다. 기자는 약속에 늦지 않기 위해 새벽에 출발해 약속 시각보다 두 시간 이른 오전 7시에 그의 사무실 근처에 도착했다. 근처 카페에서 메일함을 열어보니 그가 보낸 메일이 들어와 있었다. 눈이 너무 많이 내리고 있으니 인터뷰는 어렵겠고 다른 방법을 찾아보자는 내용이었다. 전화를 걸어 벌써 도착했다고 하자, 그는 "믿을 수 없다"고 여러 번 말하며 감탄하더니 "곧 가겠다"고 말했다.

조금 뒤 나타난 그는 "당신이 오늘 여기로 올 수 있으리라고는 상상도 못 했다"며 "50년 전까지 세계에서 가장 가난한 나라들 가운데 하나였던 한국이 지금처럼 성장한 이유를 알겠다"고 했다.

이것을 계기로 인터뷰는 자연스럽게 한국에 대한 이야기로 시작됐다. 그는 "한국은 산업화를 통해 현재의 발전을 일궜지만 미래를 위해서는 기존의 사고 패러다임을 바꿔야 한다"고 주장했다.

"이제까지 우리는 기존 체제에 순응적이었습니다. 순응이라는 것은 지금까지는 잘 먹혔지요. 하지만 오늘날 어떤 조직이 성공하는지, 어떤 가치가 창조되고 있는지를 보세요. 이제는 더 이상 순응적이기만 한 조직은 성공하지 못한다는 사실을 알 수 있습니다."

지금은 정보, 기술, 제품이 넘쳐나는 과잉의 시대다. 이렇게 바뀐 세상이 요구하는 것이 바로 이카루스 같은 인물이다. 즉, 남들과 다른 것을 하는 사람, 실패를 두려워하지 않고 새로운 도전을 하는 사람, 안전지대comfort zone를 과감하게 박차고 나갈 수 있는 사람들이다. 그는 이런 사람들을 '예술가'라고 불렀다.

그가 말하는 예술가 정신은 책 『이카루스 이야기』에 언급된 '가미와자神業'와도 맥락이 닿는 대목이다. 우리 식으로 '신기神技'나 '신의 조화' 정도로 번역할 수 있는 이 일본어는 사람들이 겉치레나 자신의 능력에 대한 의구심을 떨치고 순수한 열정으로 하고자 하는 일을 추구할 때 다다르는 경지를 말한다. 고딘은 "대가를 바라지 않고, 자신의 모든 것을 쏟아붓는다는 의미로도 해석될 수 있다"고 말했다.

그는 일본의 88세 스시 장인 오노 지로를 예로 들었다. 그는 세계 최고령 미슐랭 3스타 셰프이며, 그의 삶을 소개한 다큐멘터리 영화 〈스시 장인: 지로의 꿈〉이 만들어지기도 했다. 그의 단 하나의 꿈은 '완벽한 스시 만들기'이다. 그것을 완성하기 위해 날마다 수련생처럼 정성껏 스시를 만드는데, 죽는 날까지 어제보다 오늘 조금 더 나은 스시를 만드는 것이 인생 목표이다.

이카루스가 비극적인 죽음을 맞이한 것은
과연 그의 오만 때문이었을까.
세스 고딘은 이카루스의 추락은
예술을 향한 열정의 결과물이며
'위대한 실패'라고 이야기한다.

"도쿄엔 숱하게 많은 스시 가게가 있습니다. 그런데 왜 사람들은 한 달에 몇 번씩 특별히 그 가게를 찾아가는 걸까요? 왜냐하면 그 가게 주인이 예술가가 되는 길을 택했기 때문입니다. 그가 일을 대하는 태도는 다른 이들과 다릅니다. 그는 스시를 만드는 것을 그저 하나의 직업으로 바라보는 데 그치지 않았습니다. 실패를 두려워하지 않고, 늘 도전하는 예술가의 태도를 취했지요. 이렇게 온 마음을 다해서 내가 가지고 있는 것을 단 한 명에게라도 충분히, 제대로 전달한다면 그것이 바로 가미와자이고 예술가의 경지입니다."

당신은 스스로 예술가라고 생각합니까? 만약 그렇게 생각한다면 언제 노동자에서 예술가로 바뀌었는지요?

"제 인생에서 가장 커다란 방향 전환 시점은 생존을 위해 다른 모든 사람이 기대하는 방식으로 일하던 것에서 탈피해 저 자신이 좋아하는 방식으로 일을 해나가기 시작한 때일 겁니다."

일을 할 때 언제 예술가라고 느끼나요?

"무언가 말이 되지 않거나 남들에게서 주목받지 못하거나 하는 걸 추구하고 있을 때지요. 남들이 '그건 잘 될 리가 없어. 그냥 내버려 둬'라고 하는 일을 끝까지 추구할 때요. 물론 제가 한 일이 다른 사람들을 만족시킬 수 없을지도 모릅니다. 하지만 괜찮아요. 모든 이를 만족시킬 수는 없으니까요. 중요한 것은 제가 그것을 '즐겼다'는 것입니다."

세스 고딘이 출세작 『보랏빛 소가 온다』에서 가장 많이 사용한 형

용사는 아마 '리마커블remarkable·주목할 만한'일 것이다. 고딘의 차림새도 리마커블했다. 트레이드마크인 빡빡 민 대머리에 투명한 노란색 뿔테 안경을 쓰고 있었고, 알록달록한 줄무늬 양말은 양쪽이 짝짝이였다. 왜 그런 차림이냐고 물었더니 "사람들이 보고 '왜 짝짝이를 신었어요?'라고 물으면 대화할 소재가 생기기 때문"이란다.

인터뷰는 뉴욕 외곽에 있는 그의 사무실에서 이루어졌다. 국내 언론이 그를 인터뷰한 것은 이번이 처음이었다.

두려움 없이 탁월함도 없다

고딘은 대표작 『보랏빛 소가 온다』에서 많은 사람이 리마커블한 것을 만들어내지 못하는 이유가 '두려움'에 있다고 했다. 두려움을 뛰어넘는 것은 예술가의 전제 조건이기도 하다. 그렇다면 우리는 어떻게 해야 두려움을 없앨 수 있을까.

"우리는 두려움을 없앨 수는 없습니다. 뮤지컬 영화 〈사랑은 비를 타고Singing in the Rain〉를 보셨나요? 거기서 진 켈리는 빗속에서 아주 오랫동안 춤을 춥니다. 그는 우산을 들고 있었는데, 그걸 몇 번 펼쳤을까요? 그는 춤을 추는 내내 한 번도 우산을 펼치지 않았어요. 그 영화의 제목은 '우산 아래서 노래를'이 아니라 '빗속에서 노래를'입니다. 거기에서 포인트는 '비'입니다.

우리 삶의 포인트는 '두려움'입니다. 우리는 두려움 없이 탁월한 작품을 창작할 수 없습니다. 오히려 위대한 작품 뒤에는 항상 두려움이 있다고 할 수 있습니다. 당신은 두려움과 함께 춤을 추어야 합니다. 두려움은 우리가 예술을 해나가는 과정의 일부분이 되어야 합니다. 두려움이 없는 건 무서울 게 없는 상태가 되는 겁니다. 두려움이 없는 상태는 어리석음이나 마찬가지입니다. 그러니 우리는 두려움을 없애는 법을 궁리할 것이 아니라, 두려움과 친구가 되는 법을 고민해야 합니다. '네가 두려움이니? 환영해. 내 곁에 있어줘서 고마워. 우리 함께 춤을 추자'라고 말할 수 있어야 합니다."

2003년 5월 『보랏빛 소가 온다』가 출간되기 석 달 앞서 그는 잡지 《패스트 컴퍼니》에 발췌 요약본을 게재하고, 책을 주문하는 선착순 5,000명에게 2리터가량 되는 보라색 우유팩 안에 작게 편집해 만든 책을 넣어 배송했다. 그는 당시를 이렇게 회상했다.

"그건 어떻게 보면 미친 짓이에요. (책상 옆 우유통을 흔들면서) 누구도 이 안에 책이 있을 거라곤 생각하지 않잖아요? 저는 이걸 제작하는 모든 과정에서 대단히 두려웠습니다. 이게 실패하면 그건 완전히 제 책임이니까요. 또 저는 실패할 경우 잃을 것도 대단히 많았습니다. 하지만 중요한 건 뭔가를 두려워하지 않으면 훌륭한 것을 만들 수 없다는 겁니다. 두려움이 없다는 것은 날조나 사기이니까요. 우리는 두려움을 가질 때, 그럼에도 두려움에서 무언가를 배우고 더 나아갈 수 있을 때 무언가 위대한 일을 해낼 수 있는 겁니다."

"실패하지 않으면 해고하겠다"

그의 서재에는 만화 캐릭터와 모형 인형, 보라색 소 인형 같은 독특한 볼거리와 함께 그가 펴낸 책들이 각국 언어로 번역돼 벽 한 면을 꽉 채우고 있었다. 세계적 베스트셀러 작가로서 성공의 여정이 그대로 진열돼 있는 것 같았다. 하지만 고딘 자신은 "이 방에는 내 실패의 흔적들로 가득하다"고 말했다.

"전 살면서 아주 많은 실수를 저질렀어요. 예를 들어 1990년대 초반 인터넷에서 매우 흥미로운 일이 벌어지고 있다는 걸 발견하고 거기에 대한 책을 쓰자고 결심했습니다. 『Best of the Net』이라는 책은 겨우 400부 팔리는 데 그쳤습니다. 같은 시간과 노력을 검색 엔진에 투자했더라면 야후를 만드는 데 기여할 수도 있었겠지요. (야후의 시가 총액과 현재 자신이 갖고 있는 야후 주식을 고려해볼 때) 400억 달러를 벌 수 있는 기회를 놓친 겁니다."

하지만 그는 "내 실패가 자랑스럽다"고 말했다. 그는 두 번의 창업 경험이 있는 사업가이기도 하다. 1995년 온라인 마케팅 회사를 설립해 경영하다 야후에 매각했고, 2005년에는 '스퀴두 Squidoo'라는 정보 공유 사이트를 만들었다. 그는 사업에서도 많은 실패를 경험했다고 했다. 고객을 만났던 자리에서 노트북에 불이 붙었던 일, 월급을 제때 주지 못해 직원들 앞에서 제대로 어깨를 펼 수가 없었던 일……. 그는 이 모든 실패가 자신이 하고 있는 '예술'의 일부라고 말했다.

우리 삶의 포인트는 '두려움'입니다.
위대한 작품 뒤에는 항상 두려움이 있다고 할 수 있습니다.
당신은 두려움과 함께 춤을 추어야 합니다.

그는 몇 년 전 70명의 부하직원 가운데 가장 뛰어난 3명이 입사 후 아무런 실수를 저지르지 않았다는 사실을 발견했다. 그는 모든 직원 앞에서 그 3명에게 이렇게 말했다고 한다. "자네들이 앞으로 2주 안에 커다란 실수를 저지르지 않는다면 나는 자네들을 해고할 걸세." 그는 "진심이었다"며 "큰 실패를 경험하지 않는다면 예술가가 될 수 없으니까"라고 했다.

뱀파이어 같은 비판은 무시하라

고딘은 우리가 이제까지 '안전지대'에 우리 자신을 옭아매왔다고 주장했다. 다이달로스가 아들에게 "너무 높지도, 낮지도 않게 중간 높이로 날라"고 조언했던 그 안전한 길 말이다. "그 방향으로 가면 절대 성공 못 할걸" "그러다 실패하면 넌 끝이야" 같은 주변의 무수한 비판도 우리를 안락 영역에 머물게 한 주범이다. 고딘은 "안전지대에서 탈피하기 위해서는 타인의 비판을 무시해야 한다"고 말했다.

우리가 무시해야 할 비판과 긍정적 피드백을 어떻게 구분할 수 있나요?
"아, 좋은 질문이에요. 먼저 우리가 이해해야 하는 것은 세상엔 두 가지 종류의 비판이 존재한다는 것입니다. 하나는 당신을 비난함으로써 만족을 얻는 부류입니다. 뱀파이어처럼 다른 사람들을 물고 늘어져 자신은 그걸로 이득을 본다고 생각하지요. 우리는 이러한 비판을 전부 무시해야 합니다.

그리고 당신을 돕고 싶어하기 때문에 비판하는 사람들이 있습니다. 이들 부류도 두 가지로 나뉠 수 있지요. 당신을 보호하기 위해,

혹은 당신이 상처받는 것을 보고 싶지 않기 때문에 당신을 무조건 위험에서 숨기고 싶어하는 겁니다. 예를 들어 이런 거지요. '그렇게 수업 중에 자꾸 손을 들지 마. 그러다가 틀리면 창피하잖아.'

그리고 다음으로는 당신을 아끼고, 당신이 보고 싶어하는 세상을 보도록 지지하기 위해 비판을 하는 사람들입니다. 그들은 이렇게 묻습니다. '너는 이런저런 점을 고려해봤니?' 혹은 '네가 지금 하고 있는 방식 대신 이런 식으로 방법을 한번 바꿔보는 것은 어때?' 이런 식의 비판은 당신의 삶을 완전히 바꿀 수 있습니다."

스스로 책임지고, 작은 일부터 시작하라

"예술가가 되라"는 그의 주장이 몇몇 직원을 변화시킬 수는 있을지 모른다. 하지만 그것이 조직 문화라는 거대한 벽 앞에 부딪히면 무용지물이 되지는 않을까. 이 의문에 대해 고딘은 이렇게 답변했다.

"많은 사람이 '나는 어떠어떠한 일을 하고 싶은데, 상사가 그걸 하게 놔두지 않아'라고 합니다. 즉 자신은 예술을 하려고 하지만 조직이 그걸 못 하게 한다는 거지요. 조직이 그걸 용납하지 않는 이유는 뭘까요? 예를 들어 어떤 직원이 상사에게 가서 '나는 이러이러한 완전히 새로운 일을 시도해보려고 합니다. 만약 그것이 성공하면 그것으로 인한 명성은 제가 가지겠지만, 일이 잘못되면 그것은 당신의 책임입니다. 당신이 제게 그 권한을 주었으니까요'라고 한다고 칩시다. 세상에 어느 조직이, 어떤 상사가 그런 거래를 하려고 하겠습니까?"

하지만 만약 직원이 자신이 하려는 도전에 따르는 책임을 받아들이려고 한다면, 많은 조직이 책임을 더 부여하려고 할 것이라고 고딘은 말했다.

"그 정도의 노력도 하지 않고 '나는 이러저러한 일을 해보려고 하지만 조직이 그걸 허용하지 않아'라고 하는 말을 저는 믿지 않습니다. 저는 대부분의 조직에서 개인 역시 조직 전반에 걸친 커다란 예술까지는 이룩하지 못한다 하더라도 예술의 작은 부분은 분명히 달성할 수 있다고 생각합니다. 그리고 작은 수준에서 예술을 거듭한다면 나중에는 커다란 예술을 할 수가 있게 될 것입니다."

당신도 창의적인 아이디어를 가지고 있다

그에게 창의적인 아이디어의 원천을 묻자 그는 반문했다.

"과연 모든 사람이 살면서 단 한 번도 창의적인 아이디어를 낸 적이 없을까요? 지금까지 살아오면서 당신은 창의적인 아이디어를 낸 적이 있나요?"

몇 번은 있었을 것 같은데요.

"당연하지요! 모든 사람이 마찬가지입니다. 저는 모든 사람이 창의적인 아이디어를 가지고 있지만, 그것을 표현하기보다는 회피하도록 길들여졌다고 생각합니다. 제가 남들과 다른 점이 있다면, 저는 그러지 않았다는 겁니다. 저는 단지 다른 모든 사람과 같은 정도의 창의적인 아이디어를 가지고 있다고 생각합니다. 하지만 저는 다른 사람들처럼 현실에 순응하지 않았고, 그런 아이디어를 회피하지 않았을 뿐입니다.

'나는 이런저런 것을 하지 못해'라고 하는 사람들을 보면 저는 이렇게 말합니다. '당신은 살면서 한 번이라도 재미있는 사람이 되어본 적이 있나요? 한 번이라도 창의적인 사람이었던 적이 있나요?' 만약 한 번이라도 그런 적이 있다면, 두 번 그렇게 될 수 있습니다. 그리고 만약 두 번 가능하다면, 두 번으로 충분합니다."

정말 그런가요?

"그럼요. 만약 그렇게 된다면 당신은 그것으로 인해 충분히 보상을 받을 것이고, 앞으로도 계속 그런 시도를 하려고 할 것이기 때문이지요."

『이카루스 이야기』에서 "독자가 몸소 실천하지 않는다면, 유행하는 경영서적의 참신한 아이디어는 아무런 쓸모가 없는 것"이라고 했습니다. 안타깝게도 대부분의 독자는 당신의 글을 읽고, '아 그렇군' 하고 생각하지만, 그것을 실천에 옮기지는 못합니다. 그런데 당신은 왜 계속 글을 씁니까?

"(한바탕 웃고 나서) 왜냐하면 몇몇 사람은 그걸 실천하니까요. 몇 명으로 충분합니다. 저는 세계에서 독자들로부터 수천 통의 편지를 받고 있습니다. 그중에는 '저는 5년 전에 당신의 책을 읽고 전혀 아무것도 바뀌지 않았습니다. 하지만 3~4년 전부터 아주 작은 이런저런 일들을 하기 시작했고, 그렇게 작은 일들이 조금씩 쌓여서 결실을 보았습니다'라는 내용이 있습니다. 그것이 제가 계속 글을 쓰게 하는 원동력입니다."

세스 고딘이 만든 마케팅 신조어

- **보랏빛 소**Purple Cow 리마커블remarkable 제품이나 아이디어. 따분하고 눈에 띄지 않는 '누런 소'와 대조되는 개념.

- **린치핀**Linchpin 누구도 대체할 수 없는 꼭 필요한 존재. 조직의 핵심 인재. 원래는 마차나 자동차의 두 바퀴를 연결하는 쇠막대기를 고정하는 핀이라는 뜻.

- **가미와자**神業 신의 조화, 신기神技라는 의미. 사람들이 겉치레나 자신의 능력에 대한 의구심을 떨치고 순수한 열정으로 하고자 하는 일을 추구할 때 달성할 수 있는 경지.

작별 인사를 나눌 때에야 그가 튀는 외양과는 달리 작은 목소리로 속삭이듯 이야기했다는 것을 깨달았다. 낯을 가리는 사람 같다는 느낌도 받았다. 그런 그에게 글쓰기는 묵묵히 수행하는 예술이자, 이카루스처럼 두려움과 겉치레를 떨치고 날아오르는 공간이라는 생각이 들었다.

세스 고딘 Seth Godin은…

세계에서 가장 영향력 있는 경영 구루이며 글로벌 베스트셀러 저자, 기업가, 변화전문가, 강사 등 다양한 활동으로 우리의 영감을 불러일으키는 전방위적 지식인이다. 컴퓨터과학과 철학을 공부했으며, 스탠포드 비즈니스 스쿨에서 마케팅과정 MBA를 취득했다.
요요다인YOYODYNE이라는 인터넷 기업을 설립해 수백 개 기업의 온라인 마케팅을 지도했으며 저서로는 『보랏빛 소가 온다』 『이카루스 이야기』 『린치핀』 등이 있다. 1998년 요요다인을 야후와 통합하고 야후의 마케팅 담당 부사장으로 활약했다.

『스마트한 생각들』 저자
롤프 도벨리

탁월한 선택을 위해서는 잘못된 선택을 피해야지요

"리더가 되려면 핵심 지지그룹을 만들라." "건강을 유지하기 위해선 꿈을 꾸고 도전하라." 세상은 늘 충고로 넘쳐난다. 사람들은 늘 당신에게 무언가 더 하라고 부추긴다.

그러나 베스트셀러 『스마트한 생각들』과 『스마트한 선택들』 시리즈의 저자 롤프 도벨리Rolf Dobelli의 생각은 다르다. 그는 바쁜 현대인에게 정작 필요한 것은 '첨가'가 아니라 '삭감'이라고 주장한다. 그는 "탁월한 선택을 하는 노하우는 잘못된 선택을 피하는 것"이라고 말한다.

교황이 미켈란젤로에게 물었다고 한다. "당신은 어떻게 〈다비드

상〉 같은 훌륭한 작품을 만들 수 있었습니까?" 미켈란젤로가 대답했다. "아주 간단합니다. 다비드와 관련 없는 것은 다 버렸습니다."

도벨리는 1억 독어권에서 요즘 가장 유명한 작가다. '스마트' 시리즈는 그의 모국 스위스와 독일, 오스트리아 등지에서 80만 부 이상 팔렸고 국내에서도 5만 부 가까이 팔렸다. 그의 책은 현대인이 일상적으로 흔히 저지르는 생각, 행동, 습관의 오류 104가지를 집대성했다.

2013년 6월, 독일 베를린의 한 카페에서 도벨리를 만났다. 원래 스위스 취리히에 살지만, 자신이 설립한 싱크탱크 '취리히 마인즈'의 베를린 지부 활동을 위해 독일에 머물고 있었다. 스위스 항공 계열사 CEO를 역임한 도벨리는 지난 2002년 직장을 그만두고 작가로 전향했다.

수렵 채집민에서 벗어나지 못한 인간의 사고체계

아무리 똑똑한 사람이라도 실수하는 이유는 무엇입니까?
"간단합니다. 우리의 뇌가 아직 수렵 채집민 단계에 최적화돼 있기 때문입니다. 인류가 지상에 존재한 10만여 년 중 99퍼센트는 수렵 채집민 상태로 살았습니다. 문명이란 것은 이제 약간 체감했을 뿐이지요. 우리의 뇌는 애초에 도시, 공업, 세계화, 금융시장 따위의 개념을 이해할 수 있도록 설계된 것이 아닙니다. 여러 사람이 하는 행동을 무조건 따라하는 '사회적 검증social proof' 행태가 현대 금융시장에서 자주 나타나는데, 이는 대표적인 수렵 채집민의 행동이지요.

세렝게티 초원에서 주변 사람들이 갑자기 당신과 반대 방향으로

'승자의 저주':
입찰 경쟁이 뜨거울수록
낙찰 가격은 높아지고
누가 입찰을 따내든
분명히 돈을 잃고 만다.

도망치듯 뛰어간다면 당신은 어떻게 행동할까요. 가만히 서서 왜 모두 뛰는지 알아볼까요, 아니면 일단 죽어라 내뺄까요. 우리는 모두 남들을 따라 함께 뛰어간 사람들의 후손입니다. 가만히 서 있던 사람들은 사자 밥이 됐고 인류의 유전자 풀에서 사라졌지요. 사회적 검증은 그렇게 우리 뇌리에 깊이 뿌리 박혀 있습니다. 현대 문명사회와는 맞지 않아요. 그럼에도 여전히 우린 그 틀에 갇혀 있습니다. 단지 양복을 입은 수렵 채집민일 뿐이지요."

시간이 없는 독자들을 위해 104가지 사고의 오류 중에서 가장 큰 오류 몇 가지만 고른다면.

"우선 모든 오류의 어머니로 '확증 편향'을 들 수 있습니다. 사람은 자신이 확신하는 일에 대해 옳다고 증명해주는 증거들만 철석같이 믿지요. 둘째로 앞서 말한 '사회적 검증'도 대단히 안 좋고 위험한 행동 오류입니다. 권력이나 권위 있는 사람의 말을 무조건 믿는 '권위자 편향' 또한 위험합니다. 전 세계적으로 경제학자 수는 100만 명이 넘지만 단 1명도 2008년 금융 위기를 정확히 예측하지 못했습니다.

당장 눈앞에 펼쳐진 자료들을 과신하는 '가용성 편향'은 아주 교활한 것입니다. 기업에서 큰 문제지요. 실적이니 통계니 그래프도 중요하지만 소비자의 생각, 근로 현장 분위기 등 큰 그림을 놓치게 합니다. '대안 편향'은 이것 아니면 저것밖에 대안이 없다는 일종의 협박입니다. 정치인들이 자주 사용하지요. 정보가 더 많을수록 옳은 결정을 내릴 수 있다고 믿는 것은 '정보 오류'에 빠진 것입니다. 금융 트레이더들을 보면 방대한 금융 정보의 홍수 속에 살고 있습니다. 그런데 1950년대 트레이더들보다 높은 수익을 올리고 있나요? 아니지

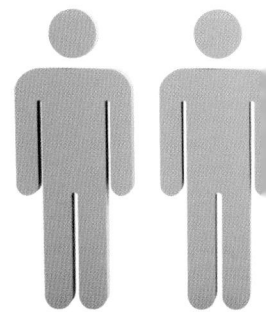

요. 옛날 트레이더들은 신문 몇 개에만 의존하고도 높은 수익을 올리고는 했습니다. 편을 가르게 하는 '내집단·외집단 편향'은 정말 사악한 오류입니다. 민족주의, 종파주의, 전쟁이 모두 그 산물이고요."

그중에 특히 비즈니스 리더들이 경계해야 할 오류는 무엇인가요?
"사회적 검증과 가용성 편향의 오류입니다. 1분 1초가 아까운 CEO들은 모든 결정을 빨리빨리 내려야 하기 때문에 이 두 가지 오류에 가장 쉽게 걸려듭니다. 남들이 해서 안전한 것, 지금 당장 눈앞에 있어서 의지할 수 있는 것들로 마음이 가기 십상이지요. 하지만 큰 그림을 보는 CEO라면 이 오류들을 피할 줄 알아야 합니다."

'자기 선택적 편향':
은행, 우체국, 마트도 특별히 붐비는 시간대가 있다.
당신이 그 시간대에 들어갔을 뿐.
불운이 당신만 기다리고 있었던 것은 아니다.

롤프 도 벨리

재벌 오너가 가장 경계해야 할 것은 '확증 편향'

한국 기업들은 강력한 오너의 원맨 결정으로 굴러가는 경우가 많습니다. 여기에는 어떤 오류의 여지가 있나요?

"한국 상황을 잘 알고 있습니다. '재벌'이라 부르지 않습니까. 강력한 오너가 있으면 개인으로서보다 팀으로서 결정을 내릴 때 더 모험적인 결정을 내린다는 '모험 이행'으로부터는 좀 더 안전한 이점이 있습니다.

그러나 확증 편향에 빠지는 것은 경계해야 합니다. 몇 차례 옳은 결정을 내렸다고 해서 차츰 자기 결정을 과신하는 확증 편향에 빠지기 쉽지요. 큰 권력을 가진 리더일수록 직언을 하는 참모가 반드시 2~3명은 있어야 합니다. 결정을 내리기 전 이 사람들에게 의견을 묻고 일부러 반대 의견을 내달라고 하십시오. 그들과 논의를 거친 후에는 일방향 톱다운으로 가도 좋습니다. 오히려 그게 글로벌 무대에서 경쟁력이 될 수도 있어요. 우리는 중요한 사실을 간과하는데, CEO들은 사실 매우 외롭습니다! 누군가 자기 의견에 반대해주길 바라지요. 자기 관점과 다른 관점에서 의견을 듣고 싶어합니다."

기업인 상대로 강연도 많이 하시던데, 성공한 CEO들은 어떤 스마트한 특징을 공유하던가요?

"이 질문에 답하면 '결과 편향'의 오류에 빠지는 것입니다. 성공한 사람들의 케이스만 모아놓고 어떤 공통점이 있는지 사후에 맞춰보는 것은 전형적인 결과 편향의 오류입니다. 솔직한 얘기로, 성공한 CEO들이 공유하는 한 가지 특징이 '행운'뿐일 수도 있어요. 남들이

해서 잘된 온갖 사례를 모아놓았다고 해서 그게 각각의 독자에게 효과가 있을지는 아무도 모르지요. 그런 조언을 따를 때 누군가는 성공할 수도 있고 누군가는 못 할 것입니다.

하지만 '무엇이 성공을 가로막는가'를 살펴보면 대부분 사례가 비슷합니다. 어떻게 하면 성공할 수 있는지는 아무도 모르지만 어떻게 하면 성공할 수 없는지 우리는 비교적 잘 알지요. 나쁜 리더의 가장 흔한 공통점은 '사회적 검증' 오류를 자주 범한다는 것입니다. 경쟁사의 특정 제품이 성공을 거두면 나쁜 리더들은 자기 부하들에게 '왜 저런 걸 못 만드느냐'고 질책합니다. 그 원인이 자신한테 있을지도 모르는데. 그러다가 결국 복제 제품을 내놓는 겁니다. 이는 곧 업계에서 한 걸음 뒤처지는 것을 의미하지요.

'사후 확신 편향':
오스트리아 황태자 부부가 암살됐을 때 누구도 전쟁이 일어나리라 예측하지 못했다. 그렇지만 이제는 그 사건 때문에 제1차 세계대전이 발발했다고 믿는다.

또 다른 공통점은 나쁜 리더 대부분이 마이크로 매니저라는 점입니다. 회사의 사소한 일이나 직원 개개인의 일거수일투족까지 관리·감독하려 들지요. 그러나 돌아보면, 한 회사가 성공을 거두려면 올바른 산업에 진출했는가가 더 결정적입니다. 즉 당신이 노를 잘 젓는 것도 중요하지만, 그보다 애당초 좋은 배에 타는 게 훨씬 낫다는 겁니다. 이건 워런 버핏이 했던 말입니다. 산업 자체가 호기를 맞으면 실력 없는 리더도 그럭저럭 좋은 평가를 받을 수 있어요. 반면 하락하는 산업에서는 모든 걸 제대로 해도 리더의 평가가 함께 하락하는 것을 막기 어렵습니다.

사실 이것은 젊은이들에게 해주고 싶은 조언이기도 합니다. 취업을 앞둔 젊은이들은 '난 어느 기업에 취직해서 무슨 일을 하고 싶다'고 말해요. 회사의 네임밸류와 연봉이 1순위 고려 대상이지요. 정작 장래에 유망한 직종과 산업이 뭔지 따지는 이들은 별로 없어요. 직업을 선택할 때 향후 30년간 업계 동향이 어떻게 될지가 가장 중요한데 말이에요."

'이렇게 하면 성공한다'보다 '이렇게 하면 망한다'를 파악하라

제1차 세계대전의 원인을 '사라예보 총격 사건'이라고 가르치는 것은 대표적인 '사후 확신 편향'이라고 소개했는데 2013년의 사라예보는 뭐가 있을까요?

"하하하. 지금까지 들어본 최고로 스마트한 질문 중 하나군요. 그건 정말 곰곰이 생각해봐야겠네요. 이메일 주소를 알려주면 며칠간 답을 생각해보고 답하겠습니다. 하여튼 '사후 확신 편향'은 가장 완고한 생각의 오류 중 하나입니다. 사건이 터진 후에 돌이켜보면 마치 모든 것이 분명한 개연성에 따라 일어난 것처럼 보일 뿐이지요."

당신은 TV나 신문 뉴스를 소비하지 않는 것으로 유명한데요.
"그렇습니다. 3년 넘게 뉴스를 보지 않았어요. 뉴스 과잉의 시대이기 때문입니다. 현대인이 뉴스에 얽매여 사는 것은 '정보 오류'의 일종이라고 볼 수 있습니다. 우리 뇌에 주입되는 정보의 양이 어떤 임계점을 넘으면 실제 결정의 질이 떨어진다는 연구도 발표됐지요. 다른 인터뷰에서 언급했지만, 뉴스가 정신에 미치는 영향은 설탕이 몸에 미치는 것과 같습니다. 자극적이지만 건강을 해칩니다.

여기서 내가 말하는 '나쁜 뉴스'는 짤막하게 보도되는 속보성 뉴스를 말합니다. 베이루트에서 무슨 폭발이 일어났고 러시아에서 어떤 비행기가 추락했다는 등의 단발성 이벤트 뉴스 말이에요. 단발성 속보는 관능을 자극할 뿐이며 세상에 대해 잘못된 인식을 심어주지요. 이런 수박 겉핥기는 우리 인생에 하등 도움이 안 됩니다. 뉴스를 끊은 지 3년이 지난 지금 난 전혀 뒤처지지 않았고, 글을 쓸 때 더 명확한 사고를 합니다.

우리가 읽어야 할 '좋은 뉴스'는 단발성 사건에 대한 것이 아니라 사건을 유발하는 원인을 고찰한 것입니다. 내용이 좀 더 길고 통찰력 있는 심층 보도 같은 것이요. 특종 같은 게 요즘 시대 무슨 의미가 있나요. 무슨 큰일이 터지면 30분 안에 트위터에 다 퍼질 텐데. 내가 편집국장이 되면 사건을 보도하는 일간지가 아니라, 사건을 유발한 배후 요인들을 파헤치는 주간지를 만들겠습니다."

생각의 오류를 안 뒤에는 '감정 조절'이 중요하다

생각의 오류들을 짚어낸 다음 단계는 무엇인가요?

"감정 조절입니다. 감정은 성공과 실패를 좌지우지하는 매우 중요한 요인이지요. 감정은 우리의 모든 결정에 엄청난 역할을 차지합니다. '질투'를 예로 들어봅시다. 다른 사람의 성공을 시기하고 질투에 눈이 멀면, 그를 따라잡기 위해 무리하다가 멍청한 결정을 내립니다. 중요하지만 배경을 잘 모르는 일에 대해 결정을 내릴 때는 단지 내가 어떻게 느끼는지 감정에 따라 결정을 내립니다. 감정은 애초에 사고를 초월하도록 설계된 것이기 때문에 매우 강력하지요. 사고와 행동을 통제하는 것보다 감정을 통제하기가 훨씬 어렵다는 것은 이미 여러 연구 결과를 통해 지적된 바 있습니다."

책을 읽고 나서, 어떤 결정을 할 때마다 내가 오류나 편향에 빠진 게 아닌가 하는 강박관념도 듭니다. '편향의 편향'일까요?

"하하하. 그런 얘길 하는 독자가 많아요. '점심때 뭘 먹을까' '여기 앉을까, 저기 앉을까' 등을 결정할 때 어떤 결정이 가장 오류가 없는지 고민한다고 합니다. 그런 건 걱정 마세요. 내 책에서 말하는 사고의 오류와 편향은 인생의 큰 결정을 앞두고 한 번 더 생각해보는 체크리스트일 뿐입니다.

집을 사거나 창업을 할 때, 직장이나 주식시장에서 대담한 결정을 내려야 할 때 오류를 최소화하자는 것이지요. 콜라냐 사이다냐 이런 걸 따질 때는 그냥 충동적으로 행동하세요. 그런 시시콜콜한 데까지 잣대를 들이댄다면 인생이 황폐해질 거예요. 단, 책을 읽고 나서 그런 생각이 든다는 것 자체가 깊이 생각한다는 것으로, 좋은 반응 같네요."

삶의 여러 가지 오류를 진단해 뭘 얻었습니까. 한 발짝 더 행복에 접근했는지요?

"행복과 불행이 동일한 스펙트럼에 있다고 보지 않습니다. 순간순간 행복하면서 전체적인 인생에서는 얼마든지 불행할 수 있어요. 여기서도 삭감형 접근을 시도 중입니다. 즉, 행복해지려고 인위적으로 노력하기보다 삶을 불행하게 만드는 요소를 줄여나가고 있습니다.

2,500년 전 그리스인들도 불행을 최대한 피하면 행복은 알아서 찾아온다고 믿었습니다. 행복과 기쁨은 아주 짧은 시간 지속하는 감정이에요. 심리적으로 그 어떤 황홀한 행복감도 최장 한 시간이지요. 인간은 그 시간만 지나면 또 다른 고민거리를 생각해내죠.

행복은 잠깐의 분출입니다. 장기간 불행을 느끼지 않는 상태에 도달하는 것이 진정 행복해지는 삶이라고 생각해요. 사고의 실수와 오류를 줄이고 감정을 적절히 통제할 줄 알게 되면 그 상태에 도달할 수 있다고 봅니다. '만족'이라고 표현하는 게 낫겠네요. 영원한 행복이란 없습니다."

롤프 도벨리 Rolf Dobelli는…

유럽에서 가장 주목받는 지식경영인으로 능력 있는 투자자, 강연자이다. 스위스 상크트 갈렌 대학교에서 경영학을 전공했고 동 대학원에서 박사학위를 취득했다. 스위스 항공사 CEO를 그만둔 뒤 세계에서 가장 큰 도서관인 겟앱스트랙트 getAbstract를 설립했다. 또한 과학, 예술, 비즈니스 분야의 대표적인 지식인들이 모여 강연하고, 영감을 공유하는 지식인 단체 취리히마인즈 ZURICH.MINDS의 설립자이기도 하다. 우리나라에도 번역된 저서 『스마트한 생각들』, 『스마트한 선택들』은 큰 반향을 불러일으키며 베스트셀러에 올랐다.

와튼스쿨 최연소 종신교수
애덤 그랜트

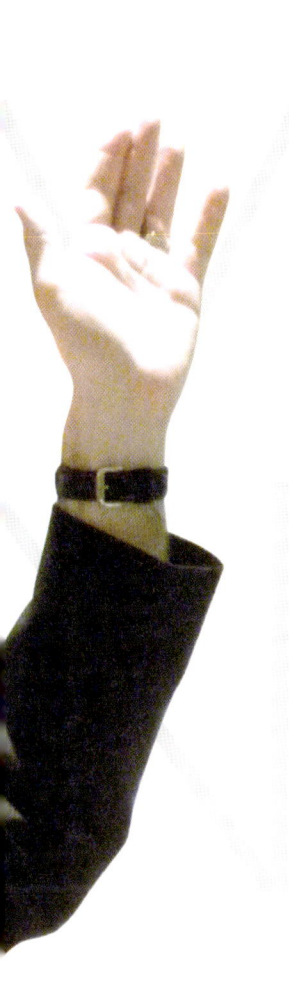

배려하고 베푸는 것도 성공의 비법입니다

동서양을 막론하고 전 세계에 널리 알려진 이야기 중 하나는 『신데렐라』와 『콩쥐팥쥐』류의 동화다. 착한 사람이 결국엔 승리하고 보상받는다는 주제를 담은 비슷한 이야기가 확인된 것만 수백 개가 넘는다.

왜 그럴까. 사람들은 누구나 깊은 의식 속에 '착한 사람이 잘돼야 한다'는 기대와 희망을 갖고 있기 때문이 아닐까. 하지만 현실은 그렇지 않은 것 같다. 자기보다 남을 먼저 생각하고, 사람을 너무 쉽게 믿는 착한 사람의 실패 사례가 우리 주위에 얼마나 많은가.

실제로 많은 연구 결과는 남에게 주기만 하는 사람이 사회에서 실패할 확률도 크다는 것을 보여준다. 베푸는 사람이 이기적인 사람보다 수입이 평균 14퍼센트 적고, 사기 등 범죄 피해자가 될 위험이 두 배 높으며, 실력과 영향력은 22퍼센트 낮게 평가받는다는 조사도 있다. 적자생존과 무한 경쟁이 지배하는 현대사회에서 이런 경향은 더욱 강해질 것이라는 추론도 가능하다.

이런 상황에서 미국의 신예 심리학자가 쓴 '베푸는 사람이 성공한다'는 주제의 책 『기브 앤 테이크Give and Take』가 유쾌한 반란을 일으켰다. 베스트셀러 순위에서 한때 아마존 종합 3위, 《뉴욕타임스》 2위까지 올랐고, 국내 번역본도 베스트셀러에 올랐다. 이 책의 미덕은 수없이 많은 실증 분석과 사례를 통해 그동안 과소평가되어온, 베푸는 삶의 성공 가능성을 '과학적으로' 보여준 데 있다.

저자 애덤 그랜트Adam Grant 교수는 2011년 29세에 와튼스쿨의 최연소 종신교수가 됐다. 지난해 《포천》은 그를 40세 이하 세계 톱 비즈니스 교수 40인 중 1명으로 꼽았고, 《비즈니스위크》는 '올해의 인기 교수'로 선정했다. 그는 최근 2년간 학부 강의 평가에서 수강생 80여 명 전원으로부터 4.0 만점을 받았다.

그를 만난 것은 필라델피아 시내에서 택시로

사람의 세 유형

- **기버**giver
받는 것보다 더 많이 주기를 좋아하는 사람
좌우명: 살신성인

- **테이커**taker
주는 것보다 더 많이 받기를 원하는 사람
좌우명: 적자생존

- **매처**matcher
받은 만큼 되돌려주는 사람
좌우명: 자업자득

그랜트 교수가 뽑은 비즈니스계 3대 기버

- **멕 휘트먼 휴렛패커드(HP) CEO**
−만나는 모든 사람을 존경심을 갖고 대해
−운전기사에게도 관심을 보이고 경청

- **존 헌츠먼 헌츠먼코퍼레이션 창업자**
−회사 지분 40퍼센트 매각 때 5,400만 달러 받기로 구두 약속
−6개월 뒤 주가 다섯 배 올랐지만 원래 약속한 금액만 받아
−암 발병 후 암 치료에 1조 원 이상 기부

- **에드 캐트멀 픽사 애니메이션 스튜디오 회장**
−픽사가 디즈니에 인수될 당시 직원 해고 저지
−해고자 2명 명단 만들어 오라 했지만 "나를 자르시오"

20분 정도 떨어진 주택가의 퓨전 레스토랑이었다. 청바지에 빨간 라운드티, 진한 감색 재킷 차림으로 나타난 그는 환하게 웃을 때 입이 얼굴의 거의 절반을 차지하는 것처럼 보였다.

그와 음식을 나눠 먹으며 두 시간 반에 걸친 인터뷰를 진행했다. 그의 말을 이해하려면 우선 그가 쓰는 독특한 용어부터 익숙해져야 한다. 그는 사람에겐 세 가지 유형이 있다고 주장한다. 받은 것보다 더 많이 주기를 좋아하는 '기버giver'와 준 것보다 더 많이 받기를 바라는 '테이커taker', 받은 만큼 되돌려주는 '매처matcher'가 그것이다.

성공의 방정식이 바뀌다:
먼저 베풀면 성공은 따라온다

책의 핵심 주제가 무엇입니까. 단지 성공한 사람 중에 기버가 일부 있다는 게 아니라 성공하기 위해서는 기버가 돼야 한다는 것 아닌가요. 즉, '기브 give'를 하면 성공할 확률이 커진다는 것인가요?

"그렇습니다. 정확해요. 사람들 대부분이 기버는 꼴찌가 될 것이라고 믿습니다. 테이커는 사람을 이용하고 기버는 자기 시간과 에너지를 소진해버려 결국 녹초가 돼버린다는 것이지요. 수많은 연구 결과를 보더라도 기버는 흔히 말하는 성공의 사다리 맨 아래로 추락하는 경우가 많습니다. 그런데 놀라운 것은, 그 사다리 맨 위도 역시 기버가 많이 차지하고 있다는 것입니다. 많은 증거가 아주 명확하게 보여주는 것은, 기버가 꼴찌를 할 뿐만 아니라 일등도 많이 한다는 것이에요. 다른 사람을 도와줌으로써 당신을 성공하게 만드는 정말 많은 강력한 방법이 있습니다."

실제로 그랜트 교수가 노스캐롤라이나 주의 영업 사원을 대상으로 조사한 결과, 실적이 나쁜 영업 사원들의 '기버 지수'는 실적이 평균인 영업 사원들보다 25퍼센트 더 높았는데, 실적이 좋은 영업 사원들의 기버 지수도 평균보다 높은 것은 마찬가지였다. 또한 최고 영업 사원은 기버였으며, 테이커와 매처보다 50퍼센트 높은 실적을 올렸다.

갈수록 베푸는 일이 성공하는 데 더 중요해진다고 했는데, 왜 그런가요?
"통신과 교통의 발달로 세상 사람들이 더욱더 서로 연결되기 connected 때문입니다. 과거에 사람들은 훨씬 독립적이고 분리된 채 일했지만, 요즘은 많은 조직이 협업을 하고 팀으로 일하지요. 서비스 산업의 폭발적 성장도 한몫했어요. 그 분야 사람들은 손님과 고객에게 얼마나 혜택을 주고 잘 봉사하느냐가 생명이에요. 여기에 소셜미디어가 힘을 보탰고요. 페이스북 프로필만으로도 어떤 사람인지 알아낼 수 있습니다. 나쁜 사람은 금방 들통 나기 마련이지요."

기존 경영학과는 사뭇 다릅니다. 현재의 경영학이 바뀌어야 한다고 생각합니까?
"이제 기업은 성과를 평가하고, 인재를 보상하고 진급시키는 방법을 바꿔야 합니다. 사람들의 동기, 능력, 재능, 그리고 그가 얼마나 열심히 일했느냐만 고려할 것이 아니라 다른 사람에게 얼마나 좋은 영향을 미치느냐도 비중 있게 고려해야 합니다."

베푸는 사람 중에서도 어떤 사람은 사회적으로 성공하고 어떤 사람은 실패

합니다. 왜 그럴까요?

"한없이 베풀기만 하다 녹초가 되면 결국 실패해요. 성공한 기버의 공통적 특징은 다른 사람의 이익뿐만 아니라 자신의 이익에도 관심이 많다는 겁니다. 빌 게이츠가 '인간의 본성에는 두 가지 큰 힘이 있다. 하나는 자기 이익이고 다른 하나는 타인에 대한 배려이다. 자본주의의 미래는 둘을 합친 하이브리드 엔진'이라고 하지 않았던가요."

CEO 중에서 가장 성공적인 기버를 꼽는다면.

"〈니모를 찾아서〉와 〈토이 스토리〉를 제작한 픽사의 에드 캐트멀 회장이 생각나네요. 픽사가 다른 회사에 인수됐을 때 그는 직원을 해고해야만 했습니다. 상사가 그를 불러 말했지요. '나는 두 사람의 이름을 원합니다. 내일 아침까지 가져오세요.' 에드는 다음 날 아침 그의 사무실로 가서 말했습니다. '여기 두 사람 이름이 있습니다.' 그러고는 자기 이름과 다른 고위직의 이름을 냈습니다. 그리고 말했지요. '여기서 해고될 만한 사람은 아무도 없습니다. 당신이 누군가를 해고하고 싶다면 나를 해고하세요.'……. 멕 휘트먼 HP CEO와 존 헌츠먼 시니어 헌츠먼코퍼레이션 창업자도 대단한 기버입니다."

당신이 CEO라면 당장 무엇을 하겠는지요.

"직원들이 서로 더 많이 잘 베풀도록 격려하는 문화를 만들겠습니다. 채용할 때 능력은 있더라도 테이커는 배제하고, 기버와 매처 위주로 선발하겠습니다. 이미 테이커를 구분할 수 있는 일부 기법이 개발되고 있어요. 또 직원 중에서 기버가 더 많은 보상을 받고 승진할 수 있는 시스템을 만들 겁니다."

"여기서 해고될 만한 사람은
아무도 없습니다.
당신이 누군가를 해고하고 싶다면
나를 해고하세요."

그랜트 교수는 서로 베푸는 문화를 만들기 위해 당장 적용할 수 있는 기법으로 '호혜의 고리reciprocity ring'를 들었다. 15~30명으로 소그룹을 만들고 한 사람이 어떤 부탁이든 하면 나머지 사람들이 그 자리에서 해결책을 제시하는 것이다. 그랜트 교수는 "IBM, 시티그룹, 에스티로더 등 많은 기업과 같이 활동을 해봤는데, 약 80퍼센트 이상의 부탁이 해결되는 것을 확인했다"며 "1주일에 한 번 20분씩만 해도 조직 내에 혁신적 아이디어와 생산성이 넘쳐날 것"이라고 말했다.

이기적 테이커에 대처하는 방법

그랜트 교수 본인 스스로도 베풂을 실천하는 것으로 정평이 나 있다. 그는 자기 휴대전화 번호를 모든 학생에게 공개하고 언제든 도움이 필요할 때 전화하라고 한다. 그가 하루에 받는 이메일은 약 300통. 모든 이메일에 24시간 이내에 답장을 해준다는 원칙을 갖고 있다. 그는 또 1년에 써주는 추천서가 100통이 넘는다고 했다.

그는 모든 사람이 똑같이 '베풂의 근육'을 갖고 있다고 했다. 그는 "근육이 처음에는 약하지만 계속 운동하면 강해지는 것처럼 베풂도 시간이 지날수록 사람 간의 관계를 깊고 넓게 만든다"고 말했다.

베풂과 성공의 관계에 관심을 갖게 된 이유는 무엇입니까?
"두 사람의 영향이 컸어요. 고등학교 때 스프링보드 다이빙 코치였던 에릭 바스트라 선생님과 하버드 대학 입시 때 면접관이었던 존 기어락이라는 변호사입니다. 에릭 선생님은 방과 후에도 함께 남아 조언과 훈련을 해주면서도 싫은 내색 한 번 하지 않았어요. 정말 모든 정열을 쏟아 나를 가르쳤지요. 뉴욕의 성공한 변호사였던 존은 남들보다 네 배나 긴 두 시간 동안이나 나를 인터뷰했습니다. 하버드가 왜 나를 받아줘야 하는지 제대로 된 추천서를 써주기 위해서라고 했지요. 그때 기억이 지금도 생생해요. '와우, 이런 훌륭한 사람들이 남을 위해서도 이렇게 애를 쓰다니, 정말 대단한데'라고 생각했습니다."

스티브 잡스나 잭 웰치, 마이클 델 같은 경영자는 엄격한 경영으로 유명했습니다. 그들은 테이커입니까, 기버입니까?

"모든 성공한 사람이 기버는 아니에요. 모든 사람에게 도움이 되기보다 회사를 위해 무엇이 좋은지 우선순위를 결정해야 할 때도 많아요. 흥미로운 것은 그들이 회사의 최고 이익을 위해 갖고 있었던 정열입니다. 적어도 그들이 개인적 이익을 회사의 이익 앞에 내세우지 않았다는 점에서 테이커가 아니라고 봅니다."

구글은 언제나 문제가 생길 때마다 당신에게 전화할 정도로 관계가 긴밀한 것으로 알고 있습니다. 가까이에서 본 구글의 장점은 무엇인가요?

"그 회사에는 정말 기버가 많더군요. 절반 이상인 것 같았어요. 구글이 성공한 가장 중요한 이유가 이것 아닐까 하는 생각이 들었습니다. 언제든 남을 돕고 베푸는 규범과 그것을 장려하는 인센티브가 잘 정착돼 있었어요. 이런 것들이 엄청난 생산성과 혁신, 그리고 강력한 고객 서비스로 이어졌고요."

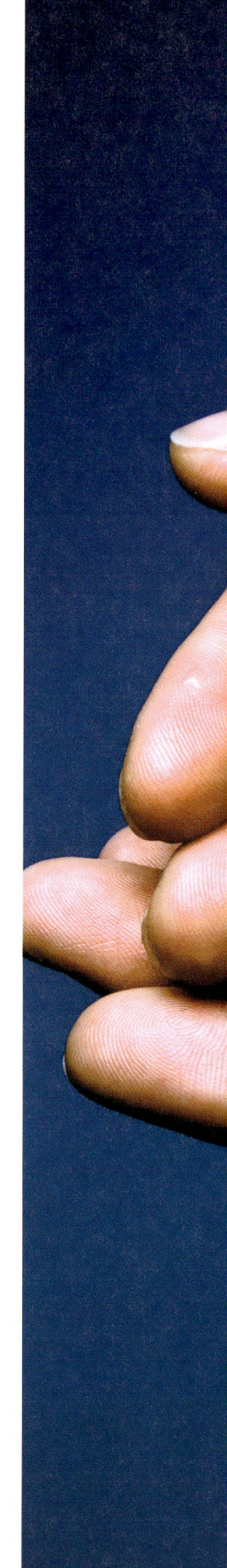

"근육이 처음에는 약하지만
계속 운동하면 강해지는 것처럼
베풂도 시간이 지날수록 사람 간의 관계를
깊고 넓게 만든다"

살다가 테이커를 만나면 어떻게 대처해야 하나요.

"우선, 그를 변화시킬 것인가, 멀리할 것인가를 선택해야 합니다. 변화시키겠다면 그를 먼저 도와주세요. 그러고 나서 그에게 다른 사람을 도와주라고 요청해보세요. 다른 사람을 도와주는 일이 그의 최고의 관심이 되도록 하는 겁니다. 만약 그가 바뀌지 않는다면 '매처' 방식으로 다뤄야 합니다. 그가 하는 대로 되갚아주는 방식, 즉 '눈에는 눈, 이에는 이' 방식이지요. 다른 방법은 소문을 내서 이름에 흠집을 내겠다고 위협하는 겁니다. 험담은 때로는 매우 강력합니다."

애덤 그랜트 Adam Grant는…

와튼스쿨 조직심리학 교수로, 31살이라는 젊은 나이에 와튼스쿨 최초로 최연소 종신교수로 임명되었다. 하버드대학교 심리학과를 수석으로 졸업하고, 미시건대학교 대학원에서 조직심리학 박사 학위를 받았다. 창의적인 연구 활동, 개념과 방법론에 대한 다각화된 시선에 힘입어 와튼스쿨에서 3년 연속 '최우수강의평가상'을 수상했다. 《비즈니스위크》 선정 2012년 올해의 인기 교수, 《포춘》 선정 40세 이하 세계 탑 비즈니스 교수 40인의 명단에도 이름을 올렸다. 저서로는 「기브 앤 테이크」가 있다.

찔끔찔끔 하지 말고 한방에! 베푸는 데도 원칙이 있다

만만한 호구로 전락하는 것은 기버에게 닥칠 수 있는 가장 끔찍한 악몽이다. 그랜트 교수는 "기버에게도 원칙과 전략이 있어야 한다"면서 많은 것을 베풀면서도 녹초가 되지 않고 활력을 유지하는 5가지 전략을 제시했다.

1. 누구를 얼마나 도울지 분명한 입장을 가져라.

모든 사람을 도우려다 보면 녹초가 되기 십상이다. 그리고 테이커들은 그런 것을 이용한다. 기버들은 말할 필요가 있다. "나는 나를 해치지 않는 방법으로 베풀겠다"라고. 남을 돕는다면 테이커보다는 매처나 기버들을 도와야 한다. 자원봉사 시간은 1년에 100시간이 적당하다. 이보다 적거나 너무 많은 봉사를 해도 행복감이나 만족감이 커지지 않는다고 한다.

2. 베풂의 결과를 확인하고 피드백을 받으라.

남을 돕는 일을 하다가 지칠 때 자신이 돕고 있는 사람을 만나거나 소식을 듣게 되면 활력을 회복할 수 있다. 미시간 대학 콜센터 직원들이 졸업생에게 전화를 걸어 기부금을 모집하는 과정에 대한 그랜트 교수의 연구로는, 콜센터 직원들이 아무런 동기 부여가 없는 상태에서 전화를 걸면 93%가 퇴짜를 맞았다. 하지만 장학금을 받아 인생이 바뀌었다는 학생을 단 5분 동안 만나게 하고 사연을 듣게 했더니 직원들의 태도가 달라졌다. 시간당 전화 횟수와 주당 통화 시간이 두 배로 뛰고, 모금액은 다섯 배 늘었다.

3. '잠자는 관계'들을 복원해라.

과거에 알았던 사람들에게 다시 연락을 하는 것이다. 테이커가 오랜만에 연락한다면 뭔가 저의가 있겠거니 하며 경계하겠지만, 기버가 다시 전화를 한다면 상대방은 반갑게 맞아줄 것이다. 그 사람들은 같은 동네에서 자랐거나 대학이나 직장을 함께 다닌 사람들이다.

4. 다른 사람에게 도움을 청하라.

실패한 기버들은 항상 주려고만 하고 다른 사람에게 도움을 요청하지 않는다. 하지만 도움을 청하는 것은 자신이 녹초가 되는 것을 방지하고, 원했던 목표를 달성하는 데 결정적으로 기여한다.

5. 베푸는 방식을 바꿔라.

남에게 베풀 때는 여러 날 찔끔찔끔 하는 '정원에 물 주기' 방식이 아니라, 한꺼번에 시간을 몰아서 왕창 봉사하는 '불 지피기'식으로 하는 것이다.

『총, 균, 쇠』 저자
재레드 다이아몬드

난 컴맹이에요,
스마트폰이 아닌
얼굴을 봐야
진심을 볼 수 있지요

『총, 균, 쇠』『문명의 붕괴』등 세계적 베스트셀러의 저자 재레드 다이아몬드Jared Diamond UCLA 지리학과 교수는 컴맹이었다. 평생 컴퓨터를 배우지 않았다고 한다. 2013년 8월에 찾아간 그의 연구실에도 컴퓨터가 없었다. 책상에는 오래된 테이프 녹음기와 공테이프가 수북이 쌓여 있었다.

다이아몬드 교수는 "책을 쓸 때 우선 펜으로 공책에 쓴 다음 내용을 읽어 테이프에 녹음하면, 비서가 테이프를 듣고 컴퓨터에 입력한다"고 말했다. 인터뷰 약속을 위해 기자와 주고받은 이메일도 같은 방식으로 비서가 작성한 것이라고 했다. UCLA 캠퍼스에서 만난 그는 밝은 주황색 남방에 갈색 면바지 차림으로, 산책 나온 동네 할아버지 같았다. 연구실 벽에는 아내와 뒤늦게 본 쌍둥이 아들들(26세)의 사진이 가득했다. 『총, 균, 쇠』에 등장하는 뉴기니 사람들 사진도 눈에 띄었다. 그는 질문이 채 끝나기도 전에 "오오! 맞아요" 하면서 흥미롭다는 듯 대답하고는 했다. 고향인 보스턴 특유의 강한 억양이 묻어 있었다.

총 보다 강하다, 전통사회 다양성
균 보다 독하다, 현대사회 기괴함
쇠 보다 차갑다, 스마트폰 소통법

컴퓨터를 쓰지 않는 장점이 뭐지요?

"컴퓨터는 엄청난 시간 낭비입니다. 물론 비서가 없었다면 저도 컴퓨터를 쓸 수밖에 없었겠지만, 유능한 비서를 둔 덕분에 전 매일 이메일을 체크하며 쓸데없는 스팸메일을 지우거나 비아그라 광고를 볼 필요가 없어요. 세계 각국에서 이거 해달라, 저거 해달라고 보내오는 초청장을 일일이 검토할 필요도 없고요. 비서가 중요한 것만 솎아내 인쇄해서 내게 갖다줘요. 집사람도 매일 밤 집에 오면 한 시간 반씩 컴퓨터 앞에 앉아 이런저런 뒤치다꺼리를 해줍니다. 그사이 저는 책을 한 자라도 더 보고 아들들과 얘기를 나누지요."

인터넷도 사용하지 않는다는 얘긴데, 그럼 시대 변화에 뒤처지지 않나요?

"그 반대입니다. 오히려 인터넷에 빠진 동료들보다 생산성이 높아요. 컴퓨터 앞에 앉아 있으면 낭비하는 시간이 많기 때문입니다. 검색할 게 있으면 비서한테 부탁해요. 즉 컴퓨터의 장점을 향유하면서 맹점을 최대한 피하는 것이지요."

젊은 친구들의 뉴미디어·SNS 소통 방식을 반기지 않을 것 같습니다.

"그렇습니다. SNS나 스마트폰은 인간관계의 발전에 좋지 않다고 생각해요. 사실, 상당히 좋지 않은 현상입니다. 사람이 사람과 대화할 때 모든 집중력을 할애하지 않으면 사람은 '사회적 신호social signal'를 잡아내지 못하게 됩니다. 표정, 말투, 눈빛에서 읽히는 사람의 본심과 진의를 파악하지 못하는 것이지요. 일본에서는 소개팅에 나온 남녀가 얼굴을 보고 대화를 못해 스마트폰 메신저로 대화했다는 얘기도 들었어요."

전통사회에서 배운다

평생 뉴기니 같은 전통사회를 연구하셨는데, 뉴기니 같은 곳에 머물다가 미국에 돌아오면 바로 느끼는 가장 큰 차이는 뭔가요?

"공기가 다르지요. 거기는 자동차, 기름, 화학제품 냄새란 게 없어요. 자동차 소리도 없고요. 색깔도 다릅니다. 회색 콘크리트 세상이 아닌 녹색 삼림이 펼쳐져 있고, 새들이 지저귀는 소리가 도처에서 들립니다. 그리고 모든 대화는 마치 지금 우리가 인터뷰하듯 사람 대 사람, 면 대 면으로 이뤄집니다. 반면 미국이나 유럽 같은 문명사회에서는 사람 대 기계 소통이 주를 이루지요. 사람 대 사람이 만나서 얘기를 하려 해도, 특히 젊은 친구들은 대화 시간의 대부분을 스마트폰이나 아이팟에 고개를 파묻고 보냅니다. 이건 도대체 누구와 얘기하는 건지 분간이 힘들어요. 뉴기니에서는 대화를 할 때 상대편의 완벽한 관심full attention을 받을 수 있습니다. 눈과 눈은 서로 바라보고 귀는 스마트폰의 전자음이 아닌 상대방 목소리에 집중합니다."

수천 년 전의 생활 방식을 고수하는 전통사회에서 현대 문명이 뭔가를 배울 수 있다는 생각을 어떻게 하게 됐나요?

"50년 동안 뉴기니를 중심으로 전통사회를 연구하면서 '사람 사는 곳은 어디나 똑같구나' 하고 느낀 적이 많습니다. 전통사회는 우리가 향유하는 물질적 풍요나 의료 기술을 보유하지 못해 기대 수명이 짧을 뿐, 다른 부분은 비슷해요. 자녀 교육, 노부모 봉양, 자원 배분 등 우리 현대사회가 겪는 똑같은 문제를 고민하고 있었는데, 어떤 면에서는 현대사회보다 더 나은 해결책을 개발하기도 했습니다. 또한 전통사회는 각각 매우 다릅니다. 미국·한국·일본·독일·이스라엘의 현대사회는 사실 거의 같아요. 모두 양복을 입고 회사로 출근하며, 학교에서 아이들을 가르칩니다. 그러나 전통사회는 서로 큰 차이를 보입니다. 전통사회는 인간사회를 어떻게 구성하고 정리해야 하는지 연구해놓은 수천 가지 실험의 장이라고 할 수 있습니다. 인간사회의 근본적 문제점, 예컨대 노인 문제를 어떻게 다뤄야 하나, 아이는 어떻게 길러야 하나, 사회에 대한 진짜 큰 위협은 무엇인가 등등 말입니다."

그런데 왜 하필 뉴기니로 갔습니까?

"대학을 졸업할 때까지 유럽 이외 외국은 못 가봤어요. 졸업 직후 세상 어딘가로 정말 모험을 찾아 떠나고 싶었지요. 스물다섯 살이던 1963년 대학 친구와 페루 여행을 계획했어요. 안데스 산맥과 아마존 정글을 여행하며, 제3세계의 신비함과 매력에 눈을 떴지요. 그래서 이듬해 세상에서 가장 외진 곳으로 가보자고 또 의기투합했습니다. 그게 바로 뉴기니입니다. 당시 뉴기니에는 아직도 석기 문명을 유지한 채 사는 사람들이 있었고, 심지어 외부와 전혀 접촉도 하지 않은 원시 부족이 있다고 알려졌었어요. 뭔가 로맨틱하게 느껴졌어요. 그래서 지금까지 50년간 거의 매년 가고 있습니다."

원시사회라고 표현해도 되나요.

"정치적으로 올바른 표현은 아닙니다. 그러나 기술적으로 원시사회라는 데는 이견이 없어요. 20세기까지 뉴기니는 석제 도구를 사용했고, 문자도 없었어요. 중앙정부 대신 부족장이 통치했고, 의료 기술이나 제조업은 당연히 없었지요. 그러나 원시적이란 것은 어디까지나 기술적 측면이지 절대로 뉴기니 사람들의 지능이나 감성이 원시적이란 것은 아닙니다. 저는 뉴기니에 도착한 첫날 재래시장에서 한 아주머니와 흥정하면서 기술 빼고는 모든 면이 미국인과 똑같이 똑똑하다는 것을 깨달았습니다. 이는 나중에 제 저서 『총, 균, 쇠』의 주제가 되기도 했어요. 지능 면에서 모두 똑같은 인간인데, 왜 뉴기니는 20세기에도 석기시대에 머물렀고, 유럽과 아시아는 발전했을까 하는 의문이었지요. 관점을 바꿔서 인간관계, 지속적 우정, 노인을 대하는 태도 등을 보면 전통사회가 더 나은 점도 있습니다. 즉 섣불리 어느 한쪽만이 우월하다고 판단하기는 어려운 것입니다."

현대 문명은 'WEIRD'

현대 문명을 'WEIRD(Western, Educated, Industrialized, Rich, Democratic의 앞 글자를 딴 것으로, 공교롭게도 혹은 의도적으로 '기괴한'이란 의미의 단어가 된다)'라고 정의하셨지요. 스펠링 순서만 바꾸면 'WIRED(인터

넷이 연결된)' 또는 'WIDER(드넓은)' 문명이라고 부를 수도 있었는데, 굳이 'WEIRD'라고 명명한 이유가 있나요?

"WEIRD라는 말은 제가 지은 게 아닙니다. 조 헨리시 등 사회학자들이 지은 것을 차용했어요. 아주 적합한 이름이라고 보는데, 왜냐하면 현대 문명은 지난 수만 년의 인류 문명 전체와 비교했을 때 확실히 특이하고 다르기 때문입니다. 문자를 쓰고, 철제 도구를 쓰고, 중앙정부에서 시키는 대로 살아가는 현대 문명은 긴 인류 역사에서 보면 아주 기괴합니다. 500년 전만 해도 수천 부족이 문자도 옷도 없이 삶을 영위했거든요."

전작『문명의 붕괴』에서 이스터 섬, 그린란드 등 문명사회가 어떻게 붕괴했는지를 다뤘습니다. WEIRD 문명이 가장 잘못하고 있는 것은 무엇인가요?

"단연 지속 가능하지 않은 에너지 소비입니다. 현대사회는 지나치게 빠른 속도로 자원을 소비하고 있어요. 깨끗한 물, 화석연료가 50년 후에도 남아날지 의문입니다. 남획으로 더 이상 먹을 만한 생선이 남아나지 않을 수도 있습니다.

둘째, 자녀 양육입니다. 우리는 지나치게 부모에게 의존적이고 사회 적응력이 떨어지는 아이들을 양산하고 있어요. 서양인들이 뉴기니에 가면 아이들의 당당함에 놀라고는 합니다. 뉴기니 아이들은 이미 열 살쯤에 사회성을 거의 갖추고, 스스로 독립적 판단과 행동을 합니다. 뉴기니 시장에서 물건을 파는 열 살짜리 아이와 흥정을 벌인 적이 있습니다. 한국이나 미국의 열 살짜리라면 어땠을까요. 뉴기니인들은 아이들을 독립적이고, 책임감 있고, 스스로 결정할 수 있게 기릅니다. 부모가 항상 옆에 붙어서 잔소리하거나 훈계하지 않는 대신, 실수를 저지르고 배울 수 있도록 합니다. 저와 아내는 뉴기니에서 그것을 배워 우리 아이들이 자랄 때 최대한 자유를 부여했어요. 스스로 생각해서 결정하고 행동할 수 있게 전폭적으로 지원했지요."

의사를 포기하고 탐험에 나서다

아버지가 의사였고, 한때 의사가 되려고 한 적도 있었는데, 왜 의사가 되지 않으셨나요.

"학부는 하버드에서 생화학을 전공했고 케임브리지에서 생리학으로 박사 학위를 받았습니다. 사실 어릴 때 꿈은 의사였어요. 아버지가 소아과 의사니까 주변에서도 다들 나는 의사가 돼야 한다고 했지요. 그런데 학부 때 제 소명을 깨달았습니다. 전 아버지처럼 진찰실에 앉아 온종일 환자를 돌보는 일이 적성에 맞지 않았어요. 인간, 동물, 식물 등 생명에 대해 탐험하는 것이 가장 즐거웠어요. 그것만큼 호기심을 자극하는 일은 없었어요. 그래서 마지막 학기에 메디컬스쿨 합격 통지를 받아놓고도 진학하지 않기로 결정했어요. 전공을 약간 비틀어 연구하며 실험하고 탐험할 수 있는 생리학을 공부했지요. 만약 의사가 됐다면 매년 뉴기니에 찾아가 몇 달씩 정글 탐험하고 새를 관찰할 수 있었을까요." (그는 생리학으로 과학 인생을 시작했지만, 조류학, 진화생물학, 생물지리학, 문화인류학으로 영역을 확장해나갔다.)

수많은 책 중에 가장 애착이 가는 작품은.

"음……. 쌍둥이 아들 중에 누가 더 좋으냐고 묻는 것과 같네요. 가장 애착이 가는 작품은 뭐니 뭐니 해도 『총, 균, 쇠』를 꼽아야겠지요. 대중이 가장 좋아한 책이니까요. 그러나 가장 잘 썼다고 생각하는 책은 첫 번째 책인 『제3의 침팬지』예요. 독자들이 읽는 데 가장 흥미로울 겁니다. 바흐의 음악에 대해서 쓴 책도 있는데, 대중적으로 인기를 끌진 않았지만 개인적으로 애착이 가는 작품입니다."

복잡한 인생을 두려워 말고 답을 찾아라

76세인데도 정정하신데, 건강 비결은 무엇인지요.

"쌍둥이 아들이 26세인데, 일주일에 세 번 그 아이들과 함께 헬스장에 가서 웨이트 리프팅 경쟁을 합니다. 그리고 매일 조류 관찰을 하면서 약 4킬로미터 정도 걷습니다. 다양한 새를 관찰하고 도감에 나온 모습과 비교하면 정신 운동도 되지요. 아, 그리고 컴퓨터를 멀리하는 것 역시 건강 유지법의 하나라 할 수 있겠네요."

학자로서 후대에 남기고 싶은 메시지가 있나요.

"첫째, 인생은 복잡하다는 겁니다. 누군가 단순한 해답을 내놓는다면 그것은 틀린 해답입니다. 복잡함을 두려워하지 말고 답을 찾으라고 말하고 싶네요. 둘째, 인간의 다양성을 배워야 합니다. 세상에는 다른 사회 수백 개가 존재합니다. 일부는 현대사회의 문제점에 대해 WEIRD 문명보다 더 현명한 해결책을 갖고 있습니다. 셋째, 지속 가능한 환경 보존 문제를 심각하게 받아들여야 합니다. 에너지, 자원, 물, 이런 것이 바로 당신의 인생에서 뼈저리게 경험하게 될 문제점입니다. 향후 40년 이내에 해결책을 찾지 못하면 영원히 기회를 잃을지 몰라요."

"인생은 복잡합니다. 누군가 단순한 해답을 내놓는다면
그것은 틀린 해답입니다. 복잡함을 두려워하지 말고 답을 찾으세요."

한글은 세계 최고 문자, 다이아몬드 교수의 한글 예찬론

다이아몬드 교수에게 "만약 다시 젊은 시절로 돌아가서 다른 일을 할 수 있다면 무엇을 하고 싶은가"라고 묻자 그는 음악가가 되고 싶다고 했다.

"평생 음악을 사랑하고 피아노를 연주해왔거든요. 더 정확히는 지휘자, 작곡가, 비올라 연주를 해보고 싶어요. 스물두 살에 비올라를 배웠는데 너무 늦은 시기였어요. 일곱 살로 돌아간다면 비올라를 다시 배우고 싶어요. 하버드 대학을 다닐 때 음악 커리어를 체계적으로 추구해본 적이 있습니다. 작곡가나 지휘자가 되려면 음대에서 먼저 '화음' 수업을 들어야 한다고 해서 그 수업에 들어가기도 했어요."

그는 "아, 그리고 하나 더 있다"라고 하더니 "스무 살로 돌아간다면 한글을 배우고 싶다"고 말했다.

"제가 한글에 대해 제대로 알고 관심을 갖기 시작한 것은 『총, 균,

쇠』를 집필할 무렵인 1990년대였어요. 그리고 깨달았죠, 이것은 세계 최고의 문자 시스템이란 것을. 그 어떤 언어의 문자보다 배우기 쉽고 읽기도 쉬워요. 세계 모든 언어를 통합하기 위해 하나의 문자 체계를 고르라면 한글이 좋을 듯합니다.

우리 학부의 전공과목인 지리학 개론 수업에서 저는 항상 '한글은 세계 최고의 문자'라고 가르칩니다. 왜냐하면 표음문자와 표의문자의 장점만 합쳐놓았기 때문입니다. 좀 더 알기 쉽게 설명하자면 한글은 각 글자가 음절 단위로 분리돼 있기 때문에 시각적으로 인지하기가 편합니다. 모음과 자음이 각각 모양이 달라 1,000분의 1초 만에 자음인지 모음인지 구분 가능하죠. 또 K와 G 발음이 비슷하게 생겼고(ㄱ과 ㅋ), B와 P도 그래요(ㅂ과 ㅍ). 불과 몇 분의 1초 차이지만 한글은 읽기 편하고 빠르기 때문에 배우는 속도도 빠릅니다.

UCLA 수업에는 항상 한국인 학생이 있어서 종종 불러내 칠판에 한글을 써보라고 합니다. 그걸 보고 한글에 대해 자세히 설명하고, 세종대왕이 얼마나 의미 있는 업적을 남겼는지 가르칩니다."

재레드 다이아몬드 Jared Diamond는…

캘리포니아 주립대 UCLA 지리학과 교수로 세계적인 문화인류학자이자 문명연구가이며, 해박한 인류학적 지식을 전하는 작가이다. 생리학으로 과학 인생을 시작한 그는 조류학, 진화생물학, 생물지리학으로 연구 영역을 확장해나갔다. 세계적인 과학 월간지 《네이처》, 《내추럴 히스토리》, 《디스커버》 등에 칼럼을 기고하고 있으며 이들 과학지의 논설위원으로도 활동하고 있다. 저서로는 퓰리처상 논픽션 부문을 수상한 『총, 균, 쇠』와 『어제까지의 세계』, 『제3의 침팬지』, 『문명의 붕괴』 등이 있다.

일본 최고의 정리 컨설턴트
곤도 마리에

지금 당신이 빛나기 위해선
울림이 있는 물건만 남겨야 해요

물건을 소중히 여기는 사람일수록 옷 한 벌, 책 한 권, 사진 한 장 버리기 쉽지 않다. 그러나 물건이 집 안에 쌓이고 쌓이다 보면, 나중에는 내가 무엇을 갖고 있는지조차 알기 어려워진다. 물건들이 자리를 차지하고 정작 주인은 자신의 공간에서 밀려나기도 한다.

하지만 물건 주인은 이렇게 생각한다. '언젠가는 다 필요할 거야. 정말 필요 없는 것만 차근차근 버리자. 한순간의 판단으로 내다버리면 나중에 크게 후회할지 몰라'라고.

일본에서 100만 부 이상 팔린 『인생이 빛나는 정리의 마법』의 저자 곤도 마리에近藤麻理惠는 이런 생각이 완전히 잘못됐다고 말한다.

지금 당장 '버려야 한다'는 것. 그것도 시간을 두고 조금씩 버리지 말고, '한번에, 단기간에, 완벽하게' 버려야 한다고 조언한다. 그는 지난 10년간 '정리 컨설턴트'라는 이색 직업에 종사하며, 고객 수천 명의 집과 사무실 정리를 도왔다.

> **'정리의 여왕'이 말하는 정리의 7가지 원칙**
>
> 1 정리는 한번에, 짧은 기간에 완벽하게
> 2 수납이 아니라 버리기가 중요
> 3 장소별이 아니라 물건별로
> 4 버리는 순서는 의류, 책, 서류, 소품, 추억의 물건 순
> 5 버리기는 결국 소중한 것을 남기기 위한 작업
> 6 '만졌을 때 설레는가'가 남길 것의 판단 기준
> 7 남긴 것의 제 위치를 찾아줘라. 단, 버리기가 우선

그가 우선 버려야 한다고 말하는 이유는 간단하다. 인생은 살아가는 이 순간이 무엇보다 소중하기 때문에, 지금 당신을 빛나게 하기 위해서는 당신 주변을 빛나는 물건으로 채워야 한다는 것이다. 그렇게 하려면 빛나지 않는 것들, 그의 표현대로 하면 '가슴을 두근거리게 하지 않는 것'들을 과감하게 버려야 한다. 또 정리하기 전에 자신이 꿈꾸는 이상적인 삶을 생각해보고, 내가 왜 그렇게 되고 싶은지 스스로에게 반문하고 그 삶을 강렬하게 원하는 상태에서 정리를 해야만 제대로 버릴 수 있다고 말한다.

진짜 인생은 정리를 한 뒤에 시작된다

그는 "남길 것과 버릴 것을 선택하는 것은 자신을 이해하는 가장 좋은 방법"이라고 말했다.

"정리를 하면 삶을 대하는 방식이 달라집니다. 정리를 통해 과거를 처리하기 때문입니다. 그런 작업을 통해 인생에서 정말 무엇이 필요하고 무엇이 필요하지 않은지, 무엇을 해야 하고 무엇을 그만둬야 하는지를 확실히 알게 됩니다. 현대인은 가슴이 두근거리지 않는 것들에 둘러싸여 너무 많은 에너지를 쏟아요. 주변을 찬찬히 살펴보

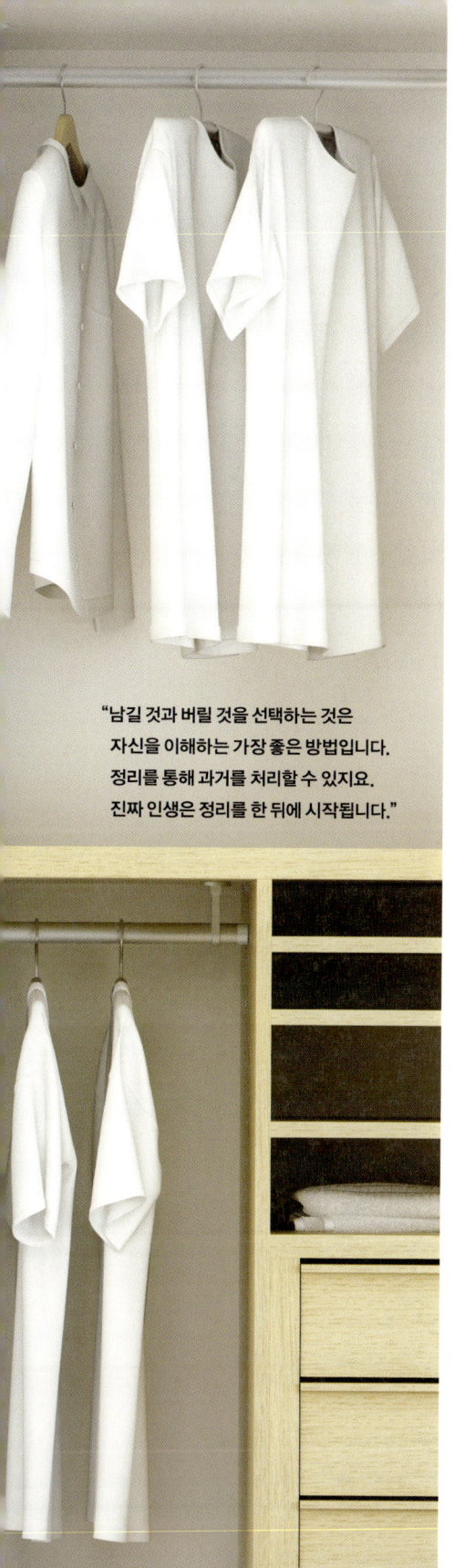

"남길 것과 버릴 것을 선택하는 것은 자신을 이해하는 가장 좋은 방법입니다. 정리를 통해 과거를 처리할 수 있지요. 진짜 인생은 정리를 한 뒤에 시작됩니다."

고 자신을 두근거리게 하는 물건을 골라서 남김으로써, 자신이 정말 하고 싶은 일에만 집중하는 게 가능해집니다. 진짜 인생은 정리를 한 뒤에 시작됩니다."

그는 "고객 중에 경영자도 꽤 있다"고 했다. "책상을 정리한 뒤 판단 스피드가 빨라졌다는 사람들이 많아요. 또 남길 물건을 고르는 기준이 확실해진 뒤로 다른 문제를 판단할 때도 도움이 됐다고들 합니다. 이것이 회사를 위해 좋은가, 고객에게 좋은가, 돈을 벌 수 있는가 같은 본질적 문제에 더 쉽게 다가설 수 있게 됐다고 말하는 고객도 있습니다."

2011년 나온 그의 책에는 다른 수납·정리 관련 책에서 흔히 볼 수 있는 사진이나 그림 한 장 들어 있지 않다. 일본 서점에 가보면, 이 책은 정리·수납 코너보다 심리학·비즈니스·자기계발서 코너에 꽂혀 있는 경우가 많다. 그는 "사진으로 구체적인 수납법을 설명하는 책은 이미 일본에 얼마든지 있다"며 "정리를 통해 인생을 바꿔보라는 것이 책에서 얘기하려는 진짜 주제"라고 말했다.

단숨에 버려라

'조금씩 정리하라'는 전문가 조언에 넘어가지 말라고 얘기했는데 무슨 뜻인가요?

"단기간에, 단숨에, 완벽하게 버리는 것이 중요해요. 지금 자신이 갖고 있는 물건을 전체적으로 파악한 뒤에, 내게 정말 중요한 게 무엇인지 뽑아내지 않으면, 정리는 불가능합니다. 조금씩 하는 것은 임시방편이에요. 빠른 시간에 단번에 자신의 방이 아주 깨끗해지는 것을 경험하면, 대부분은 예전 상황으로 돌아가고 싶지 않다고 생각하게 됩니다. 그런 심리 상태를 만드는 게 매우 중요해요."

물건의 역할에 대한 관점이 독특합니다.

"자신이 소유한 물건의 역할이 끝났는데도 '비싸니까 버릴 수 없다, 안 썼으니까 버릴 수 없다'는 식으로 그냥 갖고 있는 경우가 많아요. 어떤 물건은 구입했던 순간의 두근거림으로 역할이 끝난 경우도 있고, 내게 맞지 않는다는 것을 알려주는 것만으로 역할을 끝낸 옷도 있지요. 쓰지 않고 방치하는 것보다 버리는 것이 오히려 물건을 소중히 대하는 것이에요."

가슴을 두근거리게 하는 물건만 남겨라

정리하고 남길 물건의 판단 기준이 '마음을 두근거리게 하는지' 여부라고 했는데, 무슨 뜻인가요?

"그 물건을 만져보고 두근거림이 있는 물건만 남기면 됩니다. 만졌을 때 몸에서 기쁨의 반응이 와요. 남겨야 할 것과 버릴 것 사이에 명확한 차이가 느껴져요."

왜 가슴이 두근거리지 않는 것은 버려야 하나요. 지금 안 쓰더라도 나중에 중요하게 쓸 수 있지 않을까요.

"버림으로써 당신의 현재 삶을 더 즐길 수 있게 되기 때문입니다. 고객들의 사례에서 보면, '버리면 절대 안 될 것 같다'고 생각한 것들을 버렸을 때 실제로는 아무 문제도 일어나지 않았지요. 언젠가 읽어보려고 쌓아둔 자료나 책을 다시 읽게 되는 날이 올까요. 경험상 단언하는데, 그 '언젠가'는 영원히 오지 않아요. 여러 해 방치된 것이 아니라 지금 읽고 있는 책, 지금 읽고 싶은 책을 읽어야 해요. 나중에 쓰겠다는 마음으로 물건을 두고 있다면 전부 버리는 게 좋아요. 없으면 어떻게든 대처 가능합니다."

버릴 것이 아니라 남길 것을 골라라

정리 방법을 터득하게 된 계기가 있나요?

"고등학교 때였어요. 어느 날 학교에서 돌아와 내 방을 봤는데 여전히 정리가 잘 안 돼 있었습니다. 왜 매일같이 정리하는데 흐트러진 상태로 돌아갈까. 갑자기 쇼크를 받아 그대로 실신해버렸어요. 두 시간쯤 후 깨어났는데, 그때 '물건을 좀 더 잘 봐주세요'라는 어떤 목소리 같은 게 들렸어요. '정리의 신'이었다고 생각해요(웃음). 그때까지는 물건을 볼 때 버릴 물건만 찾았습니다. 더 버릴 만한 게 있지 않을까. 물건을 보면 초조해졌지요. '버리고 말 거야' 하듯, 물건에 대

"버림으로써 당신의 현재 삶을 더
즐길 수 있게 됩니다.
여러 해 방치된 것이 아니라
지금 읽고 읽는 책,
지금 읽고 싶은 책을 읽어야 해요."

해 공격적이었다고 생각합니다. 하지만 쓰러지고 난 뒤, 정리는 버리는 것을 고르는 게 아니라 남길 것을 고르는 것이라는 것을 알게 됐어요. 소중한 것을 더 소중히 하기 위한 작업이 정리라는 것을 깨닫게 된 것이지요."

일에 관련된 자료 정리는 어떻게 하나요?

"종이로는 전혀 남기지 않고, 스마트폰 메모 앱인 에버노트로 관리해요. 그날그날 고객의 이름과 알게 된 사실을 기록합니다. 메모 관리가 아주 쉬워졌어요. 이외에 사진 관리 앱 드롭박스를 써요. 사진이 아주 많은데, 집의 컴퓨터와 드롭박스를 통해 아주 쉽게 관리할 수 있지요. 트위터와 페이스북은 작년에 완전히 접었어요. 자주 못 들어가는데 메시지가 쌓여버리면 한꺼번에 답할 수도 없고, 마음에 부담이 많이 됐거든요. 지금은 아주 편해졌답니다."

곤도 마리에近藤麻理惠는…

일본 최고의 '정리 컨설턴트'로, 일본의 여러 방송 매체를 통해 정리 정돈법을 전파하며 큰 반향을 불러일으켰다. 어린 시절부터 정리 정돈을 직접 실행하면서 자신만의 정리법을 찾게 되었다. 그녀는 주변을 정리하면서 자신이 정말 원하는 것을 알게 되었고, 일의 효율성과 자신감도 높아졌다고 말한다. 또한 수많은 고객들의 정리 컨설팅을 해주면서 '정리가 인생을 바꿀 수 있다'고 확신하게 되었다. 저서로는 『인생이 빛나는 정리의 마법』, 『버리면서 채우는 정리의 기적』이 있다.

『당신이 지갑을 열기 전에 알아야 할 것들』 저자
마이클 노튼

물건보다
체험을 구매할 때
더 행복할 수
있습니다

누구나 한두 번쯤은 화풀이로, 혹은 바닥까지 내려간 자존심을 회복할 목적으로 충동구매를 해본 경험이 있을 것이다. 하지만 양손에 쇼핑백이 가득 들릴 정도로 돈을 써도 마음속 공허감은 쉽사리 채워지지 않는다. 그렇게 충동적으로 사들인 물건도 장롱 속에 처박힌 채 서서히 잊히기 십상이다.

   과연 돈으로 행복을 살 수는 없는 것일까. 하버드 대학 경영대학원 마이클 노튼Michael Norton 교수는 최근 출간한 책 『당신이 지갑을 열기 전에 알아야 할 것들Happy money』을 통해 통념과 달리 "돈으로 행복을 살 수 있다"고 주장한다. 다만, 소비를 통해 만족을 느끼는 법을 배워야 한다는 것이 전제 조건이다.

그에게 행복한 소비의 비결을 듣기 위해 단풍이 우거진 하버드 대학 캠퍼스를 방문했다. 2007년과 2009년 《뉴욕타임스 매거진》이 선정한 '올해의 아이디어'에 이름을 올리고, 작년에는 미국 월간지 《와이어드》에서 '세상을 바꿀 50인' 가운데 1명으로 뽑힌 그는 얌전한 모범생 인상이었다. 질문을 받으면 수줍게 미소를 지어가며 나직한 목소리로 또박또박 답변했다.

'특별한 체험'에 투자하라

최근 우리가 구매한 목록을 두 종류로 분류해보자. 하나는 가방이나 옷, 구두, IT기기처럼 보관하고 만질 수 있는 사물, 즉 물질적인 것이다. 다른 하나는 여행이나 콘서트 관람, 오랜만에 만나는 친구들과 하는 저녁식사 같은, 형체가 없는 '체험적 구매'다. 두 유형의 구매 가운데 어떤 것이 우리를 행복하게 만들까? 이 질문을 받은 미국인 중 57퍼센트가 "체험을 구매할 때 더 행복해진다"고 답변했다. 노튼 교수가 제시한, 행복해지는 소비 습관 다섯 가지 가운데 하나도 바로 '물건을 사는 데 돈을 쓰기보다는 체험을 구매하는 데 돈을 쓰라'는 것이다.

그는 사람들이 물건을 구매할 때보다 체험을 구매할 때 더 큰 행복감을 느끼는 이유로 두 가지를 꼽았다.

"첫째, 물질을 통해 얻는 기쁨은 빨리 사라지는 반면, 체험에서 오는 기쁨은 훨씬 오래 지속됩니다. 여행에서 느끼는 즐거움이 가방을 살 때의 설렘보다 더 오래가잖아요? 둘째, 시간이 지날수록 물건의 가치는 점점 낮아집니다. 낡고, 성능이 떨어지며, 기능이 향상된 신제품이 잇따라 출시되니까요. 반면 경험은 형체가 없이 사라지는 대신 시간이 지날수록 점점 더 가치가 올라갑니다. 시간이 흘러 과거를 돌이켜보면, 겪을 당시에는 힘들었던 일도 재미있는 에피소드가 되고, 좋은 추억이 됩니다. 실제로는 그렇지 않았다 하더라도 결혼식이 인생에서 가장 로맨틱한 순간으로 머릿속에 남아 있는 것처럼요. 그러니 결과적으로 물건보다 경험을 살 때 더 큰 만족감을 얻게 되는 겁니다."

그런데 주변을 보면, 고소득 전문직은 체험적 소비를 하려고 해도 시간이 없어서 할 수 없는 경우가 많습니다. 그 때문에 보상 심리로 한 번씩 비싼 물건을 충동구매하고는 합니다.

"재미있는 것은, 돈을 많이 벌면 벌수록 점점 더 많이 소비를 하게 되고, 결국에는 그러기 위해서 더 많은 일을 해야 한다는 것입니다. 그럴수록 스스로 즐길 수 있는 시간을 박탈당합니다. 이건 마치 덫에 걸린 것과 같아요. 악순환이 이어지는 거지요. 더 많은 돈을 벌어서 더 큰 집을 사게 되면 그 큰 집을 유지하기 위해 더 많은 시간을 일해야 하고, 그렇게 되면 자신을 위해 투자할 시간은 줄어드는 겁니다."

양손 가득 쇼핑백이 들릴 정도로 돈을 써도
왜 우리 마음속 공허감은 쉽사리 채워지지 않을까.
노튼 교수에 따르면 소비를 통해
행복을 느끼는 법을 배우지 못했기 때문이다.

그럼 이렇게 시간이 없는 사람들은 어떻게 해야 체험적 소비를 할 수 있을까요?

"돈과 여유 시간이 많건 적건 자신을 위한 투자, 경험을 만들기 위한 투자는 얼마든지 할 수 있습니다. 체험에 투자하는 것이 반드시 2주간 외국 여행을 떠나는 것처럼 거창한 것이 될 필요는 없습니다. 좋아하는 사람을 만나 이야기를 나눈다든지 하는 사소한 체험으로도 행복감을 느낄 수 있으니까요. 소소하고 짧은 시간의 경험이라 할지라도 물건을 구매하는 것보다 더 행복감을 느낄 수 있습니다."

한국 사회에는 명품 소비 열풍이 사회문제로 부각된 적이 있습니다. 주변 사람들이 모두 샤넬 백이나 루이비통 핸드백을 갖고 있으니 나만 못 가지면 불행하다고 느낍니다.

"우리가 가진 내면적 자질을 다른 사람과 비교하기란 힘듭니다. '내가 저 사람보다 더 나은 아버지야' '내 인격이 옆에 앉은 사람보다 더 훌륭해' 하고 말할 수 있는 기준은 없잖아요? 반면 갖고 있는 물건을 비교하기란 상대적으로 쉽지요. '내 수입이 당신보다 더 많아. 내 집이, 내 자동차가 당신 것보다 커' 하는 것이 훨씬 더 명쾌하지요. 그래서 비교를 하는 겁니다. 하지만 큰 집을 가진 사람이 작은 집을 가진 이보다 반드시 더 행복할까요? 사람들이 작은 집에서 큰 집으로 옮기면 더 행복해질까요? 반드시 그렇지는 않습니다. 우리는 물질에 근거해 타인과 비교하는 습관을 버리고, 좀 더 건강한 방법으로 비교해야 합니다. '내가 배우자에게 얼마나 진실하고 다정하게 대하나' '내가 아이들이나 친구를 위해 얼마나 많은 시간을 할애하나' 같은 기준으로 말이지요."

아예 서로를 비교하지 않으면 문제가 쉬워질 텐데요.

"하지만 그런 일은 일어나지 않습니다. 우리는 늘 타인에게 둘러싸여 있고, 항상 타인을 보게 됩니다. 그러면 자연적으로 비교가 생깁니다. '아, 저 사람은 나보다 키가 크구나' 같은 식으로 말이지요. 그 때문에 '타인과 비교하는 것을 그만둡시다'라고 할 수는 없습니다. 어차피 남과 비교하는 것을 관둘 수 없다면, 좀 더 건강한 방식으로 비교를 하자는 거지요."

먼저 지불하고, 나중에 소비하라

우리 사회에서는 일반적으로 집을 소유하는 것이 행복해지기 위한 필수 조건이라고 간주된다. 하지만 노튼 교수는 "살고 있는 집과 행복 지수는 비례하지 않는다"고 말했다.

"집을 사느라 엄청난 빚을 져야 하고, 빚을 갚아야 한다는 스트레스와 경제적 부담감이 매일 나를 압박한다면 그래도 그 집을 가져야 할까요? 행복은 '우연히 발견한 카페에서 마신 카페라테가 맛있었다' 같은 사소한 일상의 경험으로 이뤄집니다. 그런데 집 때문에 매일 스트레스를 받아야 한다면 그건 당신의 행복 지수에 커다란 악영향을 줄 수밖에 없어요. 게다가 교외에 집을 사는 바람에 매일 몇 시간씩을 출퇴근길에 버려야 한다면 스트레스는 더욱 커질 수밖에 없습니다. 장시간 출퇴근 교통 정체에 시달려야 하는 많은 직장인은 고급 승용차를 사서 스트레스를 줄여보려 하지만, 고급 자동차는 통근 시간의 고통을 완화하는 데 별로 도움이 되지 않습니다. 오히려 자동차 할부금을 갚기 위해 더 많은 시간을 일해야 하는 악순환에

"행복은 '우연히 발견한 카페에서 마신 카페라테가 맛있었다' 같은 사소한 일상의 경험으로 이뤄집니다."

빠지기 쉽습니다. 차라리 직장 근처로 이사를 가거나, 아예 기차를 타고 출퇴근하는 식으로 여유 시간을 갖기 위해 지출하는 편이 행복감을 높이는 지출이 될 수 있습니다. 즉, '시간을 구매해서' 만족감을 느끼라는 것입니다."

노튼 교수가 제시한, 행복해지기 위한 소비 습관 또 한 가지는 먼저 지불한 뒤 후에 소비하는 '선先지불 후後소비 법칙'이다. 눈앞에 있는 초콜릿을 냉큼 먹어치우기보다 30분 정도 기다리다 먹으면 그동안의 기대감 때문에 초콜릿이 더 맛있게 느껴지는 것과 같은 이치다.

이를 잘 활용한 사례가 매달 회원들에게 신제품으로 구성된 화장품 상자를 배달해주는 미국의 '버치 박스Birch box'다. 회원들은 매달 초에 비용을 치른 뒤 지출의 부담을 잊을 무렵인 2주 뒤 물건을 배달받고 즐거워한다. 창업자 헤일리 버나는 "우리 소비자들은 버치 박스가 공짜처럼 느껴진다고들 말한다"고 했다.

잠시 멈췄다가 다시 시작하라

행복해지기 위한 지출 습관에 대한 이야기를 듣다보니 반대로 행복해지는 저축 습관은 무엇인지 궁금해졌다. 사람들이 저축을 부담스럽게 느끼는 이유는 저축이 지금 쓸 수 있는 돈을 다음으로 미루는 행위, 즉 현재 느낄 수 있는 행복과 만족감을 연기하는 행위이기 때문이다. 노튼 교수는 저축을 '재미'와 연관시켜야 한다고 말했다.

"아이들은 돼지 저금통에 동전을 집어넣는 데서 즐거움을 느낍니다. 그건 재산을 모아서가 아니라 돼지 모양으로 생긴 물체에 먹을 것(동전)을 주는 행위에서 얻는 즐거움이에요. 이메일로 거래 내역과 통장 잔액을 받아보는 걸로는 저축에 대한 흥미를 높일 수 없습니다. 저축이란 행위가 '은퇴 후 1년에 몇 번 여행을 가겠다' 같은, 나중에 벌어질 뭔가 재미나고 흥분되는 일과 연결될 때 사람들은 더 큰 동기를 부여받게 됩니다."

소비의 즐거움을 키우면서 동시에 지출 부담을 줄이려면 어떤 노력을 해야 합니까?

"사람들이 하루에 얼마나 커피를 많이 마시는지 조사한 적이 있습니다. 스타벅스에서는 커피 한 잔이 대략 5달러 정도 하지요. 하루에 두 잔 마신다고 칩시다. 그러면 10달러가 들어요. 그렇게 많다는 생각이 들지 않지요? 하지만 1주일이면 70달러가 들고 1년이면 몇 천 달러가 들어요. 많은 사람이 '나는 돈이 없어서 여행을 못 가'라고 합니다. 하지만 그들 가운데 많은 사람이 여행 갈 돈으로 커피를 마시고 있는 거예요. 또는 듣지도 않을 음악을 수천 곡씩 내려받느라 아이튠스에 수천 달러씩 쓰기도 하지요. 이건 사실 우리 삶의 많은 부분에 해당하는 이야기예요. 필요하지도 않은 것, 쓰지도 않는 데 돈을 들이면서 깨닫지 못하지요. 그러니 우리가 진정 원하는 게 무엇인지를 깨닫고, 소비를 할 때 항상 그걸 염두에 두도록 사고방식을 바꿔야 해요."

그는 책을 쓴 뒤 자신의 소비 습관도 변했다고 말했다. 그가 가장 익히기 힘들었던 습관은, 소비의 만족감을 극대화하기 위해 지금 누리고 있는 즐거움을 잠시 뒤로 미루는 것이었다. 이것은 행복해지기 위한 소비 습관 가운데 하나인 '특별하게 만들기'와도 상통한다. 이를테면 매일 카페라테를 두 잔씩 마시는 사람이라면, 1주일에 한 번 '라테 마시는 날'을 정해보라고 노턴 교수는 조언했다. 그러면 평범해 보이는 라테 마시기가 특별한 경험으로 바뀌고, 매일 당연한 듯 라테를 마실 때보다 더 큰 만족감을 느낄 수 있다는 것이다.

"내가 지금 한창 즐기고 있는 걸 그만두고 일정 간격을 둔 다음 다시 하기란 쉽지 않았어요.

행복해지기 위한 소비 습관 다섯 가지

1. 물건 대신 체험을 구매하라
물건은 사라지는 대신 체험은 오랫동안 기억에 남는다.

2. 평범한 경험을 특별하게 만들어라
좋아하는 일을 잠시 중단한 뒤 다시 시작하면 즐거움이 커진다.

3. 시간을 구매하라
시간적 여유가 늘면 여가생활에 투자할 시간이 많아진다.

4. 먼저 돈을 내고 나중에 소비하라
기다리는 즐거움 덕분에 소비 만족도가 높아진다.

5. 다른 사람에게 투자하라
타인을 돕기 위해 돈을 쓰면 나 자신을 위해 쓴 경우보다 더 큰 행복감을 느낀다.

하지만 그걸 습관화한 뒤에는 훨씬 만족감이 커졌습니다. 이건 소비 말고 다른 데도 적용할 수 있어요. 좋아하는 텔레비전 드라마를 1편부터 7편까지 연달아 보기보다 한창 재미있을 때 시청을 그만두는 거예요. 다음 편이 너무나 궁금해도 말이지요. 그런 뒤 며칠이 지나 다시 다음 에피소드를 보면 훨씬 재미있게 느껴질 거예요."

교수님이 제시한, 행복해지기 위한 소비 습관은 일반인도 어느 정도는 본능적으로 알고 있는 거라는 생각이 드는데요. 그런데도 사람들이 시행착오를 겪고, 행복한 소비를 하지 못하는 이유가 무엇인가요?

"우리 인생에서 무엇이 좋은지 스스로 결정하기 힘들기 때문이에요. 건강을 유지하기 위해 아이스크림을 먹지 말고 체육관에서 운동해야 한다는 걸 알고 있지만, 종종 운동을 빼먹고 아이스크림을 먹는 것처럼요. 그러니 우리는 소비를 할 때도 충분히 훈련을 해야 할 필요가 있습니다. '지금 내가 하는 소비가 정말 나를 행복하게 해줄 것인가' '이것이 나에게 꼭 필요한 소비인가'라고요."

마이클 노튼 Michael Norton은…

하버드 경영대학원 마케팅학과 부교수로 재직 중이며, 프린스턴대학교에서 심리학 학사 및 박사 학위를 받았다. 그의 연구는 《사이언스》 등의 유명 학술지와 《이코노미스트》《파이낸셜 타임스》《뉴욕 타임스》《월스트리트 저널》《워싱턴 포스트》 등의 언론 매체에 소개되었다. 2007년과 2009년, 두 차례에 걸쳐 《뉴욕 타임스 매거진》의 올해의 아이디어에 선정되었고, 또한 2012년 《와이어드》에 의해 스마트 리스트 Smart List '세상을 바꿀 50인' 중 한 명으로 선정되었다.

『적을 만들지 않는 대화법』 저자
샘 혼

현명하고 강인하게
당신의 목소리를 내세요

"'웃는 얼굴에 침 뱉지 못한다'는 한국 속담이 있다면서요? 이번 인터뷰를 위해 한국에 대해 공부하다가 그 속담을 보고 무릎을 탁 쳤어요. 그게 바로 '텅후tongue fu'의 핵심이거든요! 어쩌면 한국인들에게 익숙한 주제라서 제 책이 인기가 있나봐요. 하하."

베스트셀러 『적을 만들지 않는 대화법Tongue Fu』의 저자 샘 혼Sam Horn은 인심 좋은 이웃집 아주머니 같았다. 갈색 머리에 넉넉한 풍채를 지녔고 웃을 땐 박장대소했다. 그러면서도 뚜렷한 발음과 힘 있는 목소리로 시종일관 유쾌한 대화 분위기를 주도했다.

비즈니스 커뮤니케이션 전문가인 그는 "옛날 사람들이 폭력으로부터 자기 몸을 지키기 위해 쿵후를 배웠듯 현대인은 언어폭력으로부터 스스로를 방어하기 위해 텅후를 배워야 한다"고 말했다. 텅후는 혀를 뜻하는 '텅tongue'과 중국 무술 '쿵후kung fu'를 결합해 그가 만든 신조어로 '언어의 무예' 정도로 해석되며, 자신의 책 『적을 만들지 않는 대화법』의 원제목이기도 하다.

이 책은 1997년에 출판됐고 우리말로 번역된 것은 2008년이다. 그런데 한국에서 뒤늦게 히트를 치고 있다. 2013년 1월에 처음 10위권 안에 진입하더니 2013년 6월 둘째 주에 주요 인터넷 서점 판매 집계에서 1~2위를 차지했다.

2013년 5월 미국 워싱턴DC 교외 레스턴의 자택에서 만난 그는 "16년 전에 쓴 책이 한국에서 베스트셀러에 올랐다기에 놀랐다"며 "한국처럼 빠르게 발전하는 사회일수록 텅후로 방어해야 할 일이 많기 때문 아니겠나"라고 말했다.

"사회가 빠르게 발전할수록 대인 관계 스트레스는 커지게 마련입니다. 한국은 특히 인터넷이 매우 발달했고 거의 모든 사람이 스마트폰을 쓰잖아요. 그것은 곧 더 많은 사람과 더 많은 커뮤니케이션을 하는 사회라는 뜻이지요. 자연히 사람과 소통하며 스트레스 또한 늘어날 수밖에 없어요. 옛날 같으면 그냥 고개를 돌려버리면 그만이었을 문제가 이제는 컴퓨터를 켜거나 스마트폰만 열어도 재발하고 있는 것이지요."

그렇다면 텅후란 어떤 기술일까?

"쿵후의 목적은 내 몸을 방어하고 상대방의 공격을 분쇄하는 것입니다. 무술을 수련한 사람은 싸움 기술을 과시하기 위해 남에게 싸움을 걸지 않지요. 텅후도 마찬가지예요. 누군가 나에게 언어적 폭력이나 위해를 가할 때 그 공격을 되받아치는 게 아니라 상대방의 적대적 에너지를 분쇄해 평화적 해법을 찾는 데 목적이 있습니다."

예를 들어 남의 약점을 들추고 괴롭히려 드는 사람에겐 어떤 텅후 기술이 필요한가요?

"도널드 트럼프가 〈래리 킹 쇼〉에 출연했을 때 일어난 일입니다. 생방송 시작한 지 5분도 안 돼 트럼프가 갑자기 킹의 말을 자르며 '래리, 그런데 누군가 당신의 입 냄새가 아주 심하다고 말해준 적 있나요?' 하고 물었습니다. 당황한 킹은 마땅히 대꾸하지 못했고 그 후 주도권을 잃었지요. 취미가 고약한 트럼프의 페이스에 말려든 것입니다.

　킹이 텅후 기법을 좀 알았다면 현명하게 이 상황을 다뤘을 겁니다. '나는 이미 너의 전술을 알고 있다 Name the Game' 전략이 좋았을 겁니다. 예를 들어 킹이 한번 피식 웃고 '아직도 그 버릇 못 고치셨소?' 하고 넘어갔으면 트럼프도 그렇게 의기양양하지는 못했을 거예요. 아니면 방송에 영향을 주지 않는 한도에서 좀 더 단도직입적으로 맞설 수도 있었을 겁니다. 킹이 씩 웃으면서 '도널드, 부끄러운 줄 아세요' 하고 아무 일 없었다는 듯 쇼를 진행하는 겁니다. 중요한 건 멈추지 않고 계속 진행하는 겁니다. 남을 괴롭히거나 약점을 들추기

텅후는 누군가 나에게 언어적 폭력이나 위해를 가할 때 그 공격을 되받아치는 게 아니라 상대방의 적대적 에너지를 분쇄해 평화적 해법을 찾는 데 목적이 있습니다.

좋아하는 이들은 상대의 페이스가 흔들리기만을 노리고 있어요. 흔들리지 않고 계속해서 그에게 말려들지 않았다는 걸 각인시키는 게 중요해요."

요즘은 사이버 세계에서 언어폭력이 큰 문제가 되고 있습니다. 텅후는 사이버 세계에서도 적용 가능한가요?

"이번 인터뷰 전에 한국의 사례를 미리 찾아봤는데, 한국에서 유명인들이 악성 댓글에 시달리다 자살을 선택했다는 뉴스를 봤어요. 참 안타까운 일입니다. 텅후의 핵심을 한마디로 요약하자면 '선택'입니다. 남들의 도발에 대응할지 무시할지, 대응한다면 어떻게 할지, 대응 수위는 어느 정도로 할지 선택하는 거지요. 악성 댓글에 시달리는 연예인이나 학교에서 사이버 왕따를 당하는 학생들에게 꼭 해주고 싶은 말은 '당신에게 선택권이 있다'는 것입니다. 악플에 시달리는 유명인을 볼까요. 사이버 공간에서 터무니없는 욕설과 비방을 풀어놓는 사람들 때문에 힘들 겁니다. 악플러는 익명성 뒤에 숨어 힘을 발휘합니다. 재즈 가수 콜렛은 '우리 스스로 만족할수록 남을 억눌러야 할 필요가 줄어든다'고 했어요. 악플러들은 저 높이 단상 위에 올라가 있는 연예인이나 유명인을 보고 스스로 위축됨을 느낍니다. 그러기 때문에 단상을 걷어차고 어떻게든 유명인을 깎아내려 자신이 위로 올라가고 싶어하는 의지를 드러내는 거지요. 그렇다면 유명인 입장에서 취할 수 있는 선택 세 가지는 무엇일까요?

선택 1은 '상대를 바꾼다'입니다. 악플러들을 모조리 개과천선시키거나 존재를 말살해버린다는 뜻인데 이는 불가능에 가깝지요. 선택 2는 '상황을 바꾼다'입니다. 공식 성명을 발표해 '제발 악플을 자제해

"남을 괴롭히거나
약점을 들추기 좋아하는 이들은
상대의 페이스가
흔들리기만을 노리고 있어요.
흔들리지 않고 계속해서
그에게 말려들지 않았다는 걸
각인시키는 게 중요해요."

주세요. 저도 상처받는 인간입니다'라고 호소하는 거지요. 이 방법은 일부 동정을 살 수는 있겠지만, 그다지 효과적이지 않습니다.

그럼 마지막 선택은? 선택 3, '나를 바꾼다'. 강해지는 것이지요. '세상을 바꿀 수 없으니 내가 바뀌어야겠다'고 마음먹고 행동 패턴을 바꿉니다. 온라인에서 굳이 악플을 찾아 읽는 습관을 버려야지요."

명강사이기도 한 그는 마치 강의를 하듯 말을 이어갔다.

"미셸 오바마가 좋은 예입니다. 대선 기간과 정권 초기 그는 온갖 악플에 시달렸어요. 흑인이고 여성이고 덩치가 크다는 점을 놀림감 삼아 악플러들의 표적이 됐지요. 미셸의 반응은? (어깨를 툭툭 털어내는 동작을 하며) 일절 대응하지 않았어요.

18세기 영국 시인 윌리엄 블레이크의 '순수하되 현명하게informed innocence'라는 말을 명심하세요. 나이브해지지 말고 스스로 지식과 경험을 쌓아 무장을 갖춰야 합니다. 순수함을 유지하되, 바보 같지 않은 똑똑한 순수가 필요합니다."

한국은 유교 전통이 강해 상사에게 자기 의견을 말하지 못해 스트레스받는 경우가 많습니다.

"시트콤 〈프렌즈〉에서 여자 주인공 피비는 사고뭉치 남동생 때문에 스트레스를 받고 친구에게 하소연합니다. 친구가 '이런 얘길 남동생한테 한 적 있어?' 하고 묻자 피비는 '당연하지. 마음으로만'이라고 답합니다.

텅후의 품새 제1장이 뭔지 아세요? '상황이 바뀌지 않는다면 기다리지 말라'는 겁니다. 직장에서 당신에게 스트레스를 주는 상사는 세 종류예요. 첫 번째 유형은 자기 때문에 당신이 스트레스 받는 걸 정말로 모르고 있습니다. 두 번째는 당신이 스트레스받는 걸 알지만, 그걸 극복하는 것 또한 당신의 책임이라고 믿습니다. 세 번째 유형은 당신이 스트레스받는 걸 알고 그것을 즐깁니다.

이 세 가지 케이스에서 공통분모가 무엇인가요? 당신 자신이 목소리를 내지 않으면 상황이 전혀 바뀌지 않는다는 것입니다. 문제 해결의 첫 단계는 당신이 문제를 제기하는 것입니다."

그럼 상사에게 불만이 있을 때 어떻게 이야기하는 게 좋을까요?

"예를 들어 업무가 너무 많아 야근이 잦은 게 문제라면 지난주 당신의 출퇴근 및 업무 시간을 정확히 적어둔 차트를 보여주세요. 상사가 시킨 일을 처리하는 데 정확히 몇 시간씩 걸렸는지 보여주세요. 또 '오늘까지 끝내야 하는 일이 여러 개 있는데, 어떤 것이 최우선이고, 어떤 것을 내일로 미뤄도 되는지 알려주세요' 하고 물어보세요. 절대로 '일이 너무 많아요' 하고 투정부리지 마세요.

윗사람들은 매우 어려운 시절을 거쳐 지금의 자리에 올랐어요. 젊은 부하직원이 불만을 얘기하면 윗사람에게는 투정하는 것으로 보여요. 그런 상사의 관점을 선점하는 전략이 효과가 있습니다. '저는 요즘 같은 불경기에 이런 좋은 회사를 다닐 수 있어서 감사하는 마음입니다', 이 말을 함으로써 당신은 대화의 주도권을 잡을 수 있어요. 이제 상사는 당신에게 '요즘 젊은 친구들은 복에 겨웠다'는 식의 반격을 할 수가 없으니까요. 그리고 본론을 얘기하세요. '사람 수도 적은 우리 부서가 지난 몇 달간 회사의 요구를 맞추기 위해 평소보다 많은 업무량을 소화했습니다. 그래도 최소한 1주일에 두 번 정도는 제 딸과 저녁을 먹고 싶습니다. 이에 대해 부장님 의견을 여쭙고 싶습니다.' 이제 상사는 '사실 별것 아닌 부탁인데 안 들어주면 내가 심한 거겠지'라는 생각이 들 겁니다."

윗사람을 위한 텅후 조언은 뭐가 있을까요?

"일을 지시할 때 '오늘 안으로 제출하라'는 명령식보다는 '오늘 안으로 할 수 있지?' 하고 부드럽게 물어보세요. 상황이 급박하다면 기한이나 단서를 달아주세요. '내일 아침 8시에 곧바로 발표 시작이니까 오늘 안으로 끝낼 수 있지?'라고 말하면 부드러우면서도 아주 명확한 지시가 됩니다.

부하를 질책할 때는 '~했어야지'라는 표현을 피하세요. '지각할 것 같으면 전화했어야지!' '결정하기 전에 물어봤어야지!' 이런 문장은 말의 톤은 상대에 대한 존중이 없고 짜증을 부릅니다. 부하는 자기가 잘못했어도 '이미 지나간 일을 지금 와서 어쩌라는 거야' 하며 반감을 갖지요. '~했어야지' 대신 미래 지향적 단어 '다음부터는~'을 쓰도록 하세요. '다음부터는 미리 전화를 주세요.' 이 한마디로 상사는 비판자에서 조언자로 바뀝니다."

샘 혼 Sam Horn은…

비즈니스 커뮤니케이션 및 자기계발 분야의 전문 강연자. 비즈니스 컨설팅, 강연, 저술 등 활발한 활동을 펼치고 있다. 지난 20년 동안 NASA, 휴렛팩커드 등 미국의 유수 기업에서 50만 명에게 강연을 해왔다. 2003~2004년에는 '뛰어난 강연자 상'을 받기도 했다. 저서로는 『적을 만들지 않는 대화법』 『함부로 말하는 사람과 대화하는 법』 『설득의 언어, 엘리베이터 스피치』 『집중력, 마법을 부리다』 등 여러 권의 베스트셀러가 있다.

난처한 질문에는 유머로, 꽉 막힌 상대에게는 침묵으로 받아쳐라

세상에 까다로운 사람을 상대하기 좋아하는 사람은 없다. 하지만 이는 살면서 피할 수 없는 일이다. 사람들이 스트레스를 주는 여러 상황에서 어떻게 해야 현명하게 대처할 수 있을까? 다음은 샘 혼이 제시하는 해결책이다.

● **손님이 까다로운 요구를 계속할 때**

최근 한 기업 임원이 승무원을 폭행한 '라면 상무 사건'에 대해 혼은 책에서 소개한 '유머 전략'을 승무원이 썼으면 좋았을 것이라고 말했다. 미국에서도 비슷한 일이 있었다. 까다로운 승객은 샌드위치를 한입 베어 물자마자 뱉어내고는 승무원을 불러 "샌드위치가 엉망이야!"하고 소리쳤다. 승무원은 침착하게 승객과 샌드위치를 번갈아 바라보고는 샌드위치에 손가락질을 하며 더 크게 소리 질렀다. "이 나쁜 샌드위치 같으니라고!" 주변의 승객들 모두 웃음이 터졌다. 까다로운 남자조차 따라 웃지 않을 수 없었다. 그 승무원은 25년 경력의 베테랑으로 "오랜 승무원 경험에서 터득한 것"이라고 했다.

● **상대가 계속 고집을 부릴 때**

샘 혼이 중요한 미팅 전날 호텔에서 꼭 복사기를 써야 할 상황이 발생했는데, 호텔 직원이 "외부인은 복사기를 이용할 수 없다"고 버텼다. 반드시 복사를 해야 하는 상황이라 혼은 복사기를 조심해서 다루고, 사용료도 내겠다고 부탁했다. 그러나 직원은 막무가내였다. 혼은 침묵 전략을 동원했다. "그럼 저는 어떻게 하면 좋을까요?"라고 한 후 입을 다물었다. 어색한 침묵이 흐르자 직원도 당황했다. 그제서야 상대 입장에서 생각해 보게 된 것이다. 마침내 직원은 "좋습니다. 다만 조심해서 다뤄주세요"라고 말했다.

● **누군가 나를 도발하려 들 때**

"무슨 뜻이지요?" 하고 되묻는 전략이 유용하다. 무엇보다 시간을 벌어줌으로써 당신의 분노를 지연시키고 공격에 즉각 대항하지 않게 도와준다. 또 상대에게 다시 공을 넘겨 상대의 의중을 더 명확하게 파악할 수 있다.

● **상대가 민감한 질문을 할 때**

아이가 없는 30대 중반 부부는 어딜 가든 "아이 언제 낳을 거냐"는 질문에 넌더리가 났다. 워크숍에 참여한 부부에게 샘 혼은 모범 답안 여럿을 제안했고, 부부는 "우리도 뭔가 빠뜨렸다는 건 알아요"라는 답변을 선택했다. 놀림을 피할 수 없다면 상대와 한 패가 돼 스스로 먼저 나서서 유머로 대처하는 것도 방법이다.

● **부담스러운 부탁을 거절할 때**

술집에서 일하는 바텐더는 술을 달라고 요구하는 미성년자들 때문에 골치였다. 바텐더는 텅후 워크숍에서 배운 대로 "설마 제가 법규 위반으로 실직되길 바라시는 건 아니죠?"하고 반문했다. 미성년자들은 무안한 표정으로 물러났다. 반문을 받는 순간 상대의 입장을 잠깐이나마 헤아리게 된다. 뇌물을 건네는 사람들 때문에 골치 아파했던 경찰관은 "설마 미합중국 경찰관을 매수하려는 건 아니죠?"하고 반문했다.

샘 혼

하버드 대학 경영대학원 명예교수
하워드 스티븐슨

경주마가 아닌 인생을 즐기는 야생마로 사세요

불확실성이 어느 때보다 큰 요즘, 기업인들에게 '멘토'의 역할이 점점 중요해지고 있다. 내가 걷는 길은 옳은 선택일까?

하버드 대학 경영대학원의 하워드 스티븐슨Howard Stevenson 명예 교수는 가장 많은 멘티를 둔 멘토 중 한 사람일 것이다. 하버드 대학 경영대학원에 최초로 기업가학學 과정을 개설한 그는 1969년부터 42년간(2011년 정년퇴임) 가르친 제자만 8,000여 명이고, 이 가운데 약 60퍼센트 정도가 창업했다.

그는 2007년 1월 교내에서 갑자기 심장마비로 쓰러져 생사를 헤맸다. 누군가 그를 즉각 심폐 소생술로 살리지 않았다면 생존 확률

하워드 스티븐슨 교수(오른쪽)와 에릭 시노웨이가 하버드 대학 교정에서 마주 보며 활짝 웃고 있다. 제자인 시노웨이는 "심장마비를 겪고 난 직후 병실에 누워 있는 그의 모습이 그렇게 평온해 보일 수 없었고, 그래서 그의 인생 철학과 조언을 책으로 옮기고 싶었다. 그와의 만남은 현재 벤처기업을 운영하는 나의 사고방식과 가치관에 결정적인 영향을 줬다"고 말했다.

이 1퍼센트밖에 되지 않았다.

그의 제자이자 하버드 대학 동료 교수였던 에릭 시노웨이Eric Sinoway는 죽음의 문턱을 경험한 노교수에게 제자들에게 해주고 싶은 조언을 묶어 책으로 내자고 제안했다. 두 사람의 대화를 묶은 책 『하워드의 선물Howard's Gift』은 2012년 출간돼 10만 부 이상 팔리며 아마존에서 2012년 10월 '이달의 10대 비즈니스 서적'에 선정됐다.

우리는 2013년 3월 어느 날 하버드 대학 경영대학원 교정에서 스티븐슨 교수를 만났다.

그에게 "후회 없는 인생을 살기 위한 첫째 조건이 무엇인가요?"라는 질문을 던지자 "먼 훗날 당신의 장례식장에서 주위 사람들이 당신을 두고 어떤 이야기를 할지 생각해봤나요?"라는 대답이 돌아왔다.

당신의 장례식에 오는 사람들에게
어떻게 기억될 것인가 생각하라

"죽음을 맞이하는 순간 누군가가 '그래 저 친구가 저거 하나만큼은 유산으로 남겼다'라고 말할 수 있는 그 부분 거기서부터 인생을 새로 시작해야 한다는 것입니다. 카터 캐스트라는 친구 이야기를 해드리지요. 수영 선수 출신으로 올림픽 대표 선발전에도 나간 적 있는 그 친구의 목적은 오로지 '1등'이었어요. 게임 회사 일렉트로닉 아츠를 거쳐 월마트닷컴 CEO 자리까지 올라간 전자상거래업계의 스타였지만, 자신의 능력의 한계를 깨닫고 뒤를 돌아봤더니 자신을 망쳐놓은 것이 1등병이라는 것을 깨달았어요. 자신이 죽으면서 남길 인생의 유산을 생각하지 못한 채 말입니다. CEO 자리를 과감히 때려치우고 대학교수가 된 그는 '내 삶의 진짜 경쟁 상대는 나 자신이었다'고 털어놓았어요."

그의 긴 멘토링이 이어졌다. "서울대 졸업생들을 보세요. 많은 졸업생이 '저 정도 직장에 가면 내 프라이드와 평판에 도움이 되겠지' 하며 대기업에 들어갑니다. 하지만 막상 들어가서 조직에 잘 적응하지 못하는 경우가 많습니다. 진짜 자신을 위한 일이 아니라고 깨닫는 것이지요.

얼마나 많은 CEO가 가족과 좋은 관계를 유지할까요? 그들이 죽는 마지막 날, 수백만 달러를 벌어놨겠지만 자식들이 아버지를 위해 진심으로 슬퍼할까요. 제 생각에 많은 CEO가 단 1분도 이 질문을 심각하게 생각하지 않는 것 같습니다."

"죽음을 맞이하는 순간 누군가가
'그래 저 친구가 저거 하나만큼은 유산으로 남겼다'라고
말할 수 있는 그 부분,
거기서부터 인생을 새로 시작해야 한다는 것입니다."

경주마가 아니라 야생마로 살아라

스티븐슨 교수는 "인생의 마지막 장면을 결정했다면 가끔 찾아오는 인생의 중요한 전환점에서 용기를 내고 발에 맞지 않는 신발을 과감히 버려야 한다"고 했다.

"버트라는 친구가 조언을 부탁한 적이 있습니다. 시카고의 한 병원에서 근무하던 녀석인데, 사업 아이디어가 많은 그를 감당하기에는 보수적인 조직은 역량이 부족했어요. 그에게 병원 부사장이 '자넨 똑똑하고 젊지만 조직에서 필요치 않으니 나가주게'라며 해고했지요. 저는 그에게 이렇게 전해줬어요. '뜻밖의 장애물을 만나거나 조직에서 밀려날 때 좌절하고 낙담해 자신을 과소평가하는 게 아닌지 물어봐야 한다네. 자네의 능력은 세상의 평가보다 높을 수 있다네'라고요."

그가 멘티들에게 가장 많이 쓰는 단어 중 하나가 '전환점inflection point'이다.

"전환점이란 지금까지 달려오던 것과 전혀 다른 쪽으로 완전히 방향을 트는 것을 말합니다. 단지 살짝 변화만 주는 차원이 아니에요. 중요한 것은 그 전환점에 우리의 잠재력을 이끌어낼 엄청난 힘이 있다는 겁니다."

전환점을 만난 제자를 멘토링한 경험을 얘기해주세요.
"미셸이란 10년 차 직장인이 있었지요. 그녀의 상사가 회사를 그만두자 회사는 해당 부서를 개편하기로 결정했지요. 처음에 미셸은 회사가 조직을 개편하고 자신에게 어떤 기회를 주는지에 따라 행동하기로 결정했어요. 그러나 그냥 좋은 방향으로 풀리기만 기다렸지요. 저는 그냥 기다리지 말고 주도적으로 회사에 자기 목소리를 내야 한다고 조언했어요. 이런 게 바로 인생의 전환점입니다."

하지만 회사 내부에서 '사내정치 한다'고 오해할 수 있잖아요?

"(단호하게) 아니요. 회사에서 적극적으로 대화에 참여해 적어도 내 경력 개발의 방향은 무엇이며 내 강점이 무엇인지 말해야 합니다. 중요한 것은 회사에서 '자네 의견에 관심이 없네'라고 해도 큰 수확이라는 점입니다. 적어도 회사가 자신을 높이 평가하지 않는다는 정보를 얻을 수 있거든요. 가만히 있지 말고 과감하게 벌떡 일어나 뛰어들어야 합니다. 단지 정해진 트랙을 도는 경주마가 되어서는 안 돼요."

경주마라고요?

"경주마는 단순히 골인 지점만 보고 달립니다. 반면에 야생마는 가야 할 곳이 어딘지 피할 곳이 어딘지 끊임없이 생각하고 때로는 천천히 달리기도 하지요. 경주마는 달리기 위해 생각을 멈추지만 야생마는 생각하기 위해 달리기를 멈춥니다."

삶의 목적은 '극대화'가 아니다

1982년 스티븐슨 교수는 그해 동료 교수 4명과 함께 헤지펀드인 바우포스트 그룹Baupost Group을 창업했다. 초기 자산이 3,000만 달러였던 이 회사는 보수적인 가치 투자 방식으로 큰 성과를 거둔다. 2012년에는 운용 자산이 294억 달러로 늘어나 현재 세계 11위 규모

하워드 교수의 Advice

• 인생의 마지막 장면에서 인생을 설계하라
당신의 장례식장에서 "저 친구는 저거 하나만큼은 남기고 갔다"고 지인들이 말할 수 있는 그 부분, 바로 거기서부터 인생을 새로 시작하라.

• 삶의 목적은 극대화가 아니다
우리를 살아가게 하는 힘은 가득 찬 항아리가 아니라 그 속의 여백에 있다.
A+가 아니라 일과 여가, 가족 등 요소들이 균형 잡힌 B+의 삶을 지향하라.

• 인생의 중요한 전환점에서 용기를 내고 발에 맞지 않은 신발은 버려라
조직은 실제로 당신을 하나도 모른다. 뜻밖의 장애물을 만나거나 조직에서 밀려날 때일수록 스스로를 과소평가하는 게 아닌지 자신에게 물어봐야 한다.
당신의 능력은 세상의 평가보다 훨씬 높을 수 있다.

다. 그런데 그는 생각지도 못한 전환점에 부닥치게 된다.

"이혼이었어요. 그런데 아이들을 키우려면 헤지펀드 회사와 하버드 대학 둘 중 하나를 택해야 했습니다. 저는 아이들을 택했습니다. 그리고 예상 수익 수천만 달러를 포기했습니다. 돈이 아닌 아이들이야말로 제 마지막 유산이 될 수 있다고 판단한 것이지요."

그는 2004년 『Just enough』라는 책을 냈다. 이 책에서 그는 "극대화maximization는 좋지 않은 방향이다. '그 정도면 충분한 것'에 집중해야 한다"고 주장했다.

'그 정도면 충분하다'는 의미가 뭔가요?

"영어로 '충분한enough'은 두 가지 뜻이 있어요. 한 가지는 '너 충분히 했니?Did you do enough'란 뜻이고 다른 하나는 '그 정도면 충분하다That is enough'는 뜻입니다. 그런데 후자의 의미에 집중하면 나눔을 생각하고 나만의 유산을 만들 수 있습니다."

하워드 스티븐슨Howard Stevenson은…

40년 이상 하버드 경영대학원에서 교수로 재직한 미국 경영학계의 살아 있는 전설이자 세계적인 석학이다. 예리한 통찰력, 탁월한 비즈니스 감각, 강한 정신력을 갖춘 그는 수천 명의 학생들과 세계적인 경영 리더들을 가르치고, 상담하며, 그들의 멘토가 되어주었다. 그의 뛰어난 통찰력과 따뜻한 조언은 삶의 전환점에 놓인 수천 명의 사람들을 최선의 길로 이끌었다. 그는 갑작스러운 심장마비로 쓰러졌다가 기적적으로 깨어난 후, 제자와 함께 『하워드의 선물』이라는 책을 통해 다른 많은 이들에게 자신의 지혜와 경험을 나눠주었다.

2부
대체 불가능한 '나'는 어떻게 만들 수 있습니까

독서와 체험으로
'나만의 것'을 표현할 수 있어야 해요

도쿄 최대 번화가 신주쿠에서 전철을 타고 서쪽으로 30분쯤 달려 대학 캠퍼스와 주택가로 둘러싸인 히가시고가네이 역에 닿았다. 목요일 오전 작은 역사의 한적함을 뒤로하고 북쪽 출구를 나서 골목을 돌아 10분쯤 걸었다. 주택들 사이에 숨어 있던 3층 건물이 나타났다.

애니메이션 거장 미야자키 하야오_{宮崎駿} 감독 창작의 산실인 지브리 스튜디오다. 안으로 들어가니 왼쪽 사무실에 남녀 직원 3명이 앉아 있고, 책상 밑으로 고양이 두 마리가 어슬렁거렸다. 사무실 바깥벽에는 최근 개봉한 미야자키의 마지막 장편(그는 2013년 9월 공식 은퇴했다)인 〈바람이 분다〉와, 지브리 스튜디오의 공동 설립자 다카하타 이사오高畑勳 감독의 개봉 예정작 〈가구야 공주 이야기〉 대형 포스터가 걸려 있었다.

안쪽 중앙에는 직원들이 쉬거나 식사하는 카페테리아가 있다. 1층 면적은 다 합쳐봐야 한 150평이나 될까? 메인 건물 외에도 제2, 제3 스튜디오가 바로 옆에 있긴 하지만 규모가 고만고만해 인근 주택들에 비해 전혀 도드라져 보이지 않았다.

스튜디오를 나와 도보 5분 거리인 감독의 개인 사무실에 당도했다(그는 스튜디오 외에 별도 사무실을 갖고 있다). 『플랜더스의 개』에 나올 법한 유럽풍 아기자기한 외관이 예뻤다. 문 앞에서 머뭇거리자 창문 안쪽에서 보고 있던 미야자키 감독이 문을 열고 나와 활짝 웃으며 손짓했다.

그의 30년 팬으로서 그의 사적 공간에서 가진 단독 인터뷰는 가슴 뛰는 일이었다. 일본에서는 흔히 "지브리는 언론 홍보가 따로 필요 없다"고들 한다. 일본의 모든 담당 기자들이 미야자키 팬이기 때문이다. 1990년 전후로 중·고교를 다닌 기자는 친구들과 〈바람 계곡의 나우시카〉나 〈천공의 성 라퓨타〉 〈이웃집 토토로〉를 불법 복제 비디오로 돌려보며 문화적 충격을 받았다.

은퇴를 선언한 미야자키 감독에게 "더 이상 당신의 새 애니메이션을 볼 수 없어 슬프다"고 하자, 그는 씩 웃으며 이렇게 말했다. "역시 그런 말을 들을 때 은퇴하는 편이 좋아요. 구로사와 아키라 감독도 마지막에 영화 만들었을 때는 다들 '이 영감 빨리 죽어라' 그랬거든요(웃음)".

그는 1979년 〈루팡 3세: 칼리오스트로 성〉으로 장편 데뷔한 이래 〈이웃집 토토로〉(1988) 〈모노노케 히메〉(1997) 〈센과 치히로의 행방불명〉(2001) 등 내놓는 작품마다 전 세계 어린이들, 나아가 많은 어른까지 매료시켰다. 〈센과 치히로의 행방불명〉은 일본에서만 2,350만 명을 동원했다. 그의 작품은 단순한 만화가 아니라 삶의 무게를 담고 있다는 평가를 받는다.

미야자키 감독의 표정은 〈이웃집 토토로〉에서 토토로가 하얀 이를 드러내고 씩 웃을 때의 약간 짓궂은 표정을 쏙 빼닮았다. 말은 아주 빨랐고, 말 중간 중간 아주 나직하게 "정말로요"라는 말을 자주 사용했다.

감독님은 작품에서 '살아라! 세상은 잔혹하지만, 그래도 살 만한 가치가 있다'는 얘기를 하고 있는 듯합니다. 그런 메시지에서 관객들이 큰 위안을 받는 것 같습니다.

"그건 어쩌면 제 자신에게 하는 말일지도 모릅니다. 어릴 때 저는 그런 격려를 원했던 것인지 몰라요. 제가 어떤 아이였느냐 하면 몸도 안 좋고 내향적이고 모순에 가득 찬 아이였거든요."

감독님의 일에 대한 철학은 무엇입니까.

"'내게 주어진 것을 온 힘을 다해 이뤄라'는 말이 있는데요. 제 경우엔 '애니메이션을 선택했든 다른 뭐를 선택했든 정말 열심히 하라' '자신의 빵을 기뻐하며 먹으라'는 것입니다. 먹다가 배가 아플 수도 있고, 온갖 일들이 일어날 테지만요.

어떤 직업이든 마찬가지라고 생각합니다. '나는 특별하니까 최선을 다하지 않아도 괜찮다'거나 하는 것은 세상에 없습니다."

창의성이 기업계의 화두가 된 시대에 미야자키 감독의 창의력 원천이 무엇일지 궁금했다. 인터뷰에서 그는 '다양한 체험과 독서' 딱 두 가지를 강조했다.

기자가 "〈이웃집 토토로〉나 〈모노노케 히메〉는 한국에서도 모르는 사람이 거의 없다. 수십 번 반복해서 봤다는 사람도 있다"고 하자 그는 뜻 밖에도 "말도 안 되는 얘기"라며 발끈했다.

"제 작품을 50번 보는 대신 나머지 49번은 다른 경험을 해야지요. 반복해서 보는 49번의 시간에 무언가 잃고 있는 겁니다. 특히 어린이라면 뭔가 새로운 것을 경험할 기회를 놓치는 겁니다."

그는 "어린이가 여섯 살이 되기 전에는 TV도 보여주면 안 된다"고 말했다. 현실과 TV 속의 것들을 제대로 구분하지 못하는 나이라는 이유에서다. 그는 "애니메이션을 만들고 영상으로 장사하며 이런 말을 하는 게 딜레마이기는 하지요"라고 덧붙였다.

요즘은 스마트폰으로 디지털 콘텐츠를 즐기는 경우도 많은데요.
"일러스트의 시대가 지나고, 영화의 시대, TV의 시대를 지나 스마트폰 시대가 되면서 영상은 개인적인 것이 돼버렸습니다(누구나 언제든 영상을 접한다는 의미). 그러다보니 현실에 접근하는 능력은 점점 더 약해져 갑니다. 날 것 그대로를 포착해내지 못하는 것입니다."

어릴 때부터 독서광이었던 그는 간접 체험이라 할 수 있는 독서의 중요성도 여러 차례 강조했다. 그는 책이 영화나 애니메이션으로 나오더라도 반드시 책부터 먼저 봐야 한다고 말했다.

"『셜록 홈스의 모험』을 책으로 보는 것과 영화로 보는 것은 전혀 다른 일입니다. 꼭 책으로 먼저 읽어야 합니다. 문자로 읽었을 때의 놀라움을 영상으로 옮기면 별 볼 일 없는 것이 되어버리기 일쑤입니다. 언어로 읽는 것의 재미가 훨씬 강렬합니다. 어떤 무대인가, 어떤 풍경인가 스스로 생각하는 동안에 무엇인가와 만날 수 있습니다."

미야자키 하야오 감독은 2013년 은퇴를 선언했지만, 이는 감독으로서 창작 활동을 그만둔다는 의미이지 지브리 스튜디오에서 손을 뗀다는 의미는 아니다. 그는 여전히 개인 사무실에 일요일만 빼고 매일 출근하고, 지브리 미술관의 전시 작업에 관여하며, 지브리 사내 보육원인 '곰 세 마리 집'의 원장을 맡고 있다.

이번 인터뷰가 이뤄진 것은 2013년 8월 한국에 출간된 그의 저서 『책으로 가는 문』이 계기가 됐다. 이 책은 일본의 '이와나미 소년문고' 창간 60주년을 계기로 미야자키 감독이 오랫동안 즐겨 읽은 소년문고 400여 권 중 50권을 추천해놓은 것이다. 자라나는 세대에게 그가 해주고 싶은 말들이 각각의 책 소개에 메모 형식으로 달려 있다. 지브리 스튜디오는 "책 내용을 중심으로 한국 어린이들에게 책 읽기의 소중함을 전해줄 수 있다면 인터뷰에 응하겠다"고 했다. 애초의 약속 때문에 질문 내용이 다소 제약을 받았지만, 거장의 내면 세계의 단면을 엿볼 수 있었다.

기술보다는 표현의 핵을 가져라

다시 체험 이야기로 돌아가자. 미야자키 감독은 요즘 젊은이들이 뭔가 저지르고, 시행착오를 하고, 체험하려 하지 않는다고 걱정을 늘어놓았다.

"일본에서는 '다른 사람에게 폐를 끼치지 않는다'는 말이 있습니다. 저는 굉장히 싫어하는 말인데요. 사람은 누구나, 있는 것 자체만으로도 폐가 됩니다. 정말 폐를 끼치지 않는 게 중요하다면 서로에게 아무도 없는 편이 좋을 거예요. 폐를 끼치지 않는 관계란 있을 수 없습니다. 발톱을 세우지 않으면, 관계를 갖지 않으면 어떤 것도 시작되지 않습니다.

일본에서는 관계를 갖지 못하고 서로 폐를 끼치는 것을 굉장히 싫어하는 '착한 젊은이'들이 늘어나고 있는데, 그 젊은 사람들의 모습이 병적인 '오타쿠'로 이어지는 겁니다. 그건 사회가 쇠약해지는 것이라고밖에 할 수 없습니다. 이건 선인이나 악인을 논하기 이전의 문제라고 생각합니다."

그는 체험이 부족한 젊은이들로 인해 애니메이션도 매너리즘에 빠졌다고 말했다.

"예를 들어보겠습니다. 저희는 뒤를 휙 돌아볼 때 눈의 초점이 먼저 돌아가고 나중에 고개가 돌아가는 표현 방법을 〈미래 소년 코난〉 (1978년)에서 처음 시도했습니다(그는 말을 하다 말고, 갑자기 직접 시연해 보였다. 그때 모습은 일흔 넘은 노인이 아닌, 30년 전 TV에서 봤던 〈미래 소년 코난〉의 주인공들 얼굴 표정 그대로였다. 표정, 눈매, 입 모양, 고개를 돌릴 때의 경쾌한 움직임 등은 '빙의'라 할 만했다). 이렇게 말이에요. 아시겠지요?

우선 눈부터 시선이 '사악' 벗어납니다. 순간적이지만 고개보다 눈이 먼저인 거지요. 그런데 30년도 더 전에 했던 것을 이번 〈바람이 분다〉에서도 똑같이 하는 직원들이 있었어요. 매너리즘 덩어리인 겁니다. 좀 슬펐습니다(웃음). '내가 30년 전에 가르쳤던 것을 그대로 지금까지 하고 있단 말이야? 적당히 좀 해, 스스로 좀 생각하라고.'

　예전 애니메이션에서는 인물의 눈동자가 가끔 깜박입니다. 그런데 〈바람이 분다〉에서는 눈 깜빡임을 일부러 다 지웠습니다. 실사 영화를 보면 실제로 배우들은 눈을 깜빡이지 않아요. 눈을 깜박일 때를 보면, 피곤해서가 아니라 천천히 눈을 감았다가 사악 뜨면서 연기를 할 때 의도적으로 사용합니다. 그동안 저희는 그냥 관성적으로 눈 깜박임을 넣어온 것이었어요. 일본에서 TV 애니메이션이 시작된 지 50년이 지났는데 말입니다. 옛날에 가르쳤던 것을 그냥 스스로 어떤 것도 생각하지 않고, '눈 깜박임은 넣어야 하는 것이다'라고 여겨온 것뿐입니다.

　제 아들(미야자키 고로 감독)도 애니메이션 일을 하고 있는데, 저는 이렇게 충고했습니다. '네가 정말 애니메이션을 하고 싶다면 좀 더 스스로 다른 것을 배워라. 지금 다른 사람들이 하고 있는 것이 아니라 다른 것을 해라. 애니메이션으로부터 그림을 시작하지 마라. 실제의 것을 보고 스케치 데생으로부터 시작해라'라고요."

애니메이션을 만들고 싶은 젊은이들에게 조언해주실 말이 있다면?
"기술은 이 세계에 들어오면 금방 마스터할 수 있습니다. 표현하고자 하는 핵을 확실히 갖는 것이 중요합니다. 자신의 영향력과 표현력을 넓히겠다고 생각해야 합니다. 다듬어지지 않아도 좋아요. '이런 바보 같은 짓을 하다니, 이렇게 미숙한 실패를 하다니'라는 말을 들어도 좋아요. 잎을 피우는 필연의 힘을 가진 줄기만 있다면, 그 후

잎을 피우고 꾸미는 것은 서로 지혜를 짜내면 어떻게든 됩니다. 물론 최고의 이야기는 그러면서도 이파리와 그곳을 기어다니는 벌레들까지 생생하게 그리는 것이겠지만요.

지금의 일본 문화는 모든 게 희박하고 만화적이 되어 모두가 얄팍함밖에 갖고 있지 못합니다. 일본은 생산하는 민족이라고 하지만, 조금씩 의심스러워지고 있습니다. 생활 자체가 서브컬쳐로 완전히 메워져 대단히 흐리멍덩해지고 있지요. 이건 민족을 망하게 하는 근원입니다."

3D 영화를 만들지 않는 이유

요즘 애니메이션은 3D 컴퓨터그래픽이 대세이지만, 지브리 스튜디오는 여전히 2D를 고수한다. 미야자키 감독의 〈바람이 분다〉 공개 기자회견 때 한 기자가 "3D를 만들 계획이 없느냐"고 묻자 "없다"고 잘라 말했다.

미야자키 감독이 2D를 고집하는 이유는 단순함의 중요성을 강조하는 그의 철학과도 연결된다. 그는 "요즘 영화들은 과잉"이라고 말했다.

"과잉으로 세밀하게 한다고 해서 반드시 좋은 것은 아닙니다. 지금의 TV 영상을 보면, HD 영상이 돼서 화면도 아주 크고, 구석구석까지 다 보이지요. 하지만 그런 것까지 보고 싶지 않습니다. 제 얼굴보다 더 큰 아나운서의 얼굴 같은 것은 보고 싶지 않은 겁니다. 그래서 저는 점점 TV를 보지 않는 사람이 돼 버렸습니다.

그래서 지브리 미술관에서만 상영한 단편 애니메이션 〈보물찾기〉

에는 음성도 아예 넣지 않았습니다. 빼고, 빼고, 점점 더 빼다보니 '대사도 필요 없어'라는 식이 된 거지요. 그랬더니 마음이 아주 후련해졌습니다. '이것만으로도 충분히 좋구나'라고 생각했지요.

영화 〈바람이 분다〉도 그 연장선입니다. 돌비사운드로 여러 방향에 스피커를 배치해서 이런저런 입체 음향이 나오도록 하는 일을 〈바람이 분다〉에서는 아예 안 했습니다. 사람들이 웅성거리는 소리를 만들기 위해서 20~30명이 꼭 웅성거려야 반드시 좋은 게 아닙니다. 2명으로도 잘할 수 있습니다. 옛날 라디오 드라마를 보면 다 그런 식이지요. 일본이 안고 있는 문화적인 문제는 '너무 많다'는 겁니다. 너무 많은 양은 질 그 자체를 바꿔버립니다. 지금은 책도 잡지도 너무 많이 만들어져 한 권 한 권의 가치가 없어질 뿐 아니라, 제대로 봐둬야 하는 것까지 지나쳐버리게 만듭니다. 정말 필요한 것이 뭔지 판단하는 게 중요합니다."

3D 애니메이션의 정상에는 미국 영화사 픽사가 있다. 그런데 픽사의 존 래스터 감독은 2009년 칸 영화제에서 "오래전부터 미야자키 감독의 엄청난 팬이었다"며 "〈천공의 성 라퓨타〉를 비롯해 그의 모든 영화를 좋아한다. 픽사의 모든 영화는 미야자키의 영향을 받았다"고 고백했다.

2D이지만, 미야자키 영화의 묘사는 매우 생생하다. 그에게 묘사란 무엇일까.

"근육을 그린다고 해보지요. 근육이라는 것은 의지입니다. 의지를 근육이 나타내는 겁니다. 그래서 사람이 서 있는 때에도 뭔가 근심에 사로잡혀 있거나, 필사적으로 뭔가를 생각할 때는 어딘가 몸이 굳어지게 돼 있습니다. 그것을 표현한 조금의 선의 차이로 인해 인물이 무언가 생각한다든지 걱정한다든지 하는 느낌이 나오게 되는 거지요.

옷도 마찬가지입니다. 그냥 몸에 달라붙어 있는 게 아니라 근육의 일부로 그리지 않으면 안 됩니다. 근육의 움직임이 옷에도 그대로 전해지게 됩니다. 머리카락도 그렇지요. 뭔가 기분이 좋다든지, 기분이 안 좋다든지 할 때 머리카락에도 나타납니다. 저희는 이 순간적인 변화를 포착해 표현하는 것입니다.

그런 식으로 생각하다보면 세계는 아주 심오한 겁니다. 이 사람이 무엇을 생각할까, 어떤 기분일까 하는 것을 생각하면서 그리게 되면, 갑자기 자신이 하는 일에서 '세계의 비밀로 통하는 문'이 열리게 됩니다. 애니메이터들에게 그런 것을 익혀달라고 입이 닳도록 얘기하고 있는데요. 생각만큼 잘 되지 않네요(웃음).

세상은 아주 깊은 겁니다. 그런 것에 눈을 뜨게 되면 자신이 개선하고 있다고 생각하는 것들이 별것 아니라는 생각이 들고, 다른 뭔가가 더 없을까 계속 찾게 되겠지요. 많은 것이 시작될 수 있을 겁니다."

세 차례 은퇴 번복했던 이유

미야자키 감독은 얼마 전 은퇴 기자회견을 가졌지만, 그는 전에 세 번이나 은퇴 선언을 했다가 번복한 전례가 있다. 체력적 한계를 이유로 물러나려 했던 그가 번번이 복귀한 것은 지브리 스튜디오에 마땅한 후계자가 없기 때문이라는 것이 정설이다.

"이 사람이 무엇을 생각할까, 어떤 기분일까 하는 것을 생각하면서 그리게 되면, 갑자기 자신이 하는 일에서 '세계의 비밀로 통하는 문'이 열리게 됩니다."

최근 일본 애니메이션계에 감독님의 뒤를 이을 뛰어난 젊은 인재가 잘 보이지 않는다고 합니다. 그 이유가 무엇이라고 생각합니까.

"애니메이션이 잔뜩 있는 시대에 그걸 하겠다고 하는 사람은 어떻게 해도 어려운 겁니다. 모델이 너무 많은 거지요. 애니메이션이 없었던 시대 쪽이 애니메이션에 대한 꿈이 강했던 겁니다. 요즘 애니메이션 하는 친구들은 대개 〈미래 소년 코난〉을 보고 애니메이션을 하게 됐다는 식이에요. '백 투 더 퓨처'인 거지요."

지브리가 작품화하기도 했고 『책으로 가는 문』에서 감독님이 추천하기도 한 아동서 『마루 밑 아리에티』와도 연결되는 내용인데요. 작품 속의 인간 세상에서 사는 소인小人들이 사실 우리일 수 있다는 뜻인 것 같습니다.

"인간들은 크다고 생각하지만 그렇지 않지요. 엄청난 무력감입니다. 무력감의 예는 얼마든지 있습니다. 정부는 방사능이 지하수로 유출되는 것을 멈추겠다고 하지만 불가능합니다. 어느 시기까지 사람은 자신들이 세계의 주인공이라고 생각했지만, 현대의 특징은 무력감입니다. '내 인생의 주인공은 나'라고들 하지만, 결국 소인인 것입니다."

미야자키의 주요 작품과 특징
(괄호 안은 발표 연도)

1기
〈태양의 왕자 홀스의 대모험〉 (1968)
〈하늘을 나는 유령선〉 (1969)
TV시리즈 〈알프스의 소녀 하이디〉 (1974)
TV시리즈 〈플랜더스의 개〉 (1975)
TV시리즈 〈엄마 찾아 삼만리〉 (1976)
TV시리즈 〈미래 소년 코난〉 (1978)
TV시리즈 〈빨간 머리 앤〉 (1979)
〈루팡 3세: 칼리오스트로의 성〉 (1979)
–
1963년 당시 일본 최대 애니메이션 제작사 도에이동화에 입사. 회사에서 기획들을 맡으며 두각을 나타냄. 나중에 지브리 스튜디오를 공동 설립한 다카하타 이사오 감독을 만남.

2기
〈바람의 계곡 나우시카〉 (1984)
〈천공의 성 라퓨타〉 (1986)
〈이웃집 토토로〉 (1988)
〈마녀 우편배달부 키키〉 (1989)
–
1984년 독립 제작사 지브리 스튜디오를 설립한 뒤 어렸을 때부터 만들려고 했던 내용을 작품으로 실현해나가는 시기.

3기
〈붉은 돼지〉 (1992)
〈모노노케 히메〉 (1997)
〈센과 치히로의 행방불명〉 (2001)
〈하울의 움직이는 성〉 (2004)
〈벼랑 위의 포뇨〉 (2008)
〈바람이 분다〉 (2013)
–
작가주의와 상업성을 양립시키는 변함없지만, 무엇인가를 계속 만들어내야 한다는 부담이 강해진 시기.

<바람이 분다>에 대한 변명

미야자키 하야오 감독은 목소리를 애써 밝게 내려고 했지만, 약간 풀이 죽어 있었다. 2차대전 당시 전투기 개발자를 그린 최신작 <바람이 분다>가 한국은 물론, 일본에서도 군국주의 미화 논란을 불러일으킨 것과도 무관하지 않을지 모른다. 다른 한편으로 그는 2013년 7월 지브리 스튜디오 소식지에서 아베의 헌법 개정 시도와 관련, "아베 정권의 역사 감각 부재에 질렸다"며 "생각이 부족한 인간은 헌법을 건드리지 않는 것이 낫다"고 맹비판해 일본 우익들로부터 공격을 받고 있다.

그는 또 위안부 문제에 대해서도 "과거 일본의 잘못을 인정하지 않으면 안 된다"며 "분명히 사죄하고 제대로 배상해야 한다"고 밝혔다.

인터뷰 날은 공교롭게도 그의 마지막 장편 <바람이 분다>가 한국 영화관에 처음 걸린 날이었다. 흥행 결과는 참패였다. 일본에서는 600만 명을 동원했는데, 전작들에 비하면 부진한 편이었다. 미야자키의 한 지인에 따르면 그는 자신의 마지막 작품이 한국에서 비판을 받는다는 점에 큰 충격을 받았다고 한다.

주인공이 전투기 개발자인데요. 주인공을 통해 무엇을 그리려 하셨는지요.
"직업이라는 게 이것은 전쟁 때 직업이고, 이것은 평화로운 시대의 직업이고, 그런 식으로 나눌 수 없는 겁니다. 직업이라는 것은 반드시 인간 문명과 함께 가기 때문에 문명이 이상해져버리면 반드시 그 직업도 이상해지게 됩니다. 갈기갈기 찢어지는 거죠. 실제로 호리코시 지로(<바람이 분다>의 주인공)의 삶은 갈기갈기 찢어졌다고 생각해요."

이번 작품에 대해 내부에서 반대는 없었나요?

"한 직원이 말하더군요. '무기를 만든 사람에 대한 영화잖아요.' 저도 어떻게 만들어야 할지 사실 잘 몰랐지만, 결국 만들게 됐네요. 하지만 제가 무기를 좋아한다는 입장(그는 무기 마니아다. 하지만 지브리 공동 설립자인 다카하타 이사오 감독은 그를 '무기를 좋아하는 반전주의자'라고 표현했다)에서 만든 부분은 단 한 곳도 없습니다. 비행기 표현 방법도 아주 절제하려고 했습니다. 그런 게 중요한 것이 아니었으니까요.

제 아내도 제게 그럽니다. '왜 이런 걸 만들어요? 〈토토로〉 후속편을 만들면 좋잖아요'라고요. 아들도 '아버지는 왜 전쟁에 쓰는 물건을 좋아하시나요?'라고 합니다. 이것은 저의 모순되는 부분인데요. 전쟁을 부정한다고 모든 것을 부정할 수는 없는 것입니다."

그는 자신이 "모순 덩어리로부터 나왔다"고 했다. 아이들을 즐겁게 하기 위해 애니메이션을 만들어 왔지만, 직장에서는 부하직원들에게 "더 일해! 느려터졌잖아! 바보야!" 같은 난폭한 말을 내뱉는다는 것. 평온한 분위기에서 미소를 지으며 일을 시키는 그런 사람이 아니라고 했다. "하지만 모순 없는 사람은 없어요. 모순을 부정한다면 그게 이상한 겁니다. 인간은 모순의 에너지로 나아간다고 할 수도 있으니까요."

그럼 무엇을 얘기하려 했습니까.

"전쟁에서 쓰였다는 것만으로 완전히 배제해버리면 그 시대를 필사적으로 살아간 사람들의 삶을 놓치게 되지요. 호리코시의 관점으로 생각해보면 '고성능 전투기를 만들어 다른 비행기를 공격하겠다'라고 한 것이 아닙니다. 비행기를 만들고 싶었던 겁니다. 당시 일본의

인터뷰가 끝난 뒤 미야자키 감독이 문 앞으로 나와 취재진에게 손을 흔들고 있다. 일행이 시야에서 완전히 사라질 때까지 멈추지 않았다.

우수한 아이들은 전부 비행기 설계자가 되고 싶어 했습니다. 최첨단의 직업이었으니까요. 정말 복잡하고 까다로운 문제입니다."

그는 인터뷰가 끝난 뒤 사무실 바깥으로 나와 일행이 시야에서 사라질 때까지 손을 흔들어줬다. 동행한 사진기자가 그 모습을 포착하고 카메라 연사 버튼을 쉴 새 없이 눌러대자 '허, 참!'이라는 표정을 지으면서도 끝까지 포즈를 취해줬다. 아쉬운 순간을 조금이라도 기억에 담고 싶은 마음을 알아줬기 때문이었을까?

미야자키 하야오 宮崎駿 는…

일본 애니메이션의 대부이자 세계적인 애니메이션 감독이다. 1941년 도쿄 태생인 그는 TV애니메이션 〈미래소년 코난〉으로 데뷔하여 애니메이션 팬들과 평론가들 사이에서 엄청난 반향을 일으켰다. 스튜디오 지브리를 설립하여 〈천공의 성 라퓨타〉, 〈이웃집 토토로〉, 〈붉은 돼지〉, 〈모노노케 히메〉, 〈하울의 움직이는 성〉 등 무수한 작품을 제작했다. 특히 2002년 개봉한 〈센과 치히로의 행방불명〉은 애니메이션으로는 최초로 베를린영화제에서 최우수 작품상을, 아카데미영화제에서는 최우수 애니메이션상을 수상했다.

『새로운 미래가 온다』 저자
다니엘 핑크

현대인은 모두 고객의 마음을 사로잡아야 하는 세일즈맨입니다

세계적 미래학자 다니엘 핑크Daniel Pink 인터뷰는 오전 8시에 그의 자택에서 이뤄졌다. 급한 일정 때문에 당초 약속을 번복해 아침 이른 시간으로 잡은 것이다.

단독주택 별채를 개조해 만든 그의 사무실에 들어서자, 알아보기 힘든 필체로 잔뜩 휘갈겨 쓴 화이트보드가 가장 먼저 시야에 들어왔다. 그는 "아이디어가 떠오를 때마다 잊어버리지 않도록 여기다 적어 놓곤 한다"며 겸연쩍게 웃었다.

벽 한 면을 차지하고 있는 책장에는 책이 빼곡히 꽂혀 있었다. 그를 세계적 베스트셀러 작가 반열에 올린 『새로운 미래가 온다』 『드라이브』 사이로 최신작 『파는 것이 인간이다』가 보였다.

모두가 세일즈맨인 시대

새 책에서 그는 "이 시대에는 사실상 누구나 세일즈맨이 된다"고 주장한다. 예를 들어 의사는 환자에게 처방을 팔고, 변호사는 배심원에게 평결을 팔고, 교사는 학생들이 수업 시간에 주의를 기울일 만한 가치를 판다. 타인을 설득하고 납득시켜서 자신이 원하는 방향으로 행동하도록 유도하는 행위는 기본적으로 세일즈맨이 물건을 파는 것과 다름이 없다는 것이다.

그는 진한 블랙커피가 가득 담긴 머그컵을 들고 와서 기자와 마주 앉았다. 이른 아침이라 그런지 다소 피곤한 표정이었다. 그러나 막상 인터뷰가 시작되자, 그의 목소리는 금세 활기를 띠기 시작했다. 달변가로 유명한 앨 고어 전 부통령의 수석 대변인 출신답게 그는 마치 답변을 준비하기라도 한 듯 매끄러운 문장으로 막힘없이 대답했다.

사람들은 '세일즈'라는 행위를 어떻게 정의 내릴까? 그는 사람들에게 "'세일즈'라는 말을 들으면 어떤 단어가 가장 먼저 떠오릅니까?" 하고 설문 조사를 해보았다. 그 결과, 가장 많이 나온 대답은 '돈'이었다. 실제로 이제까지 사고파는 행위는 내가 세일즈맨에게 돈을 주면 그는 내가 요구했던 물건을 주는 식으로 이뤄졌다. 즉, 돈과 상품의 교환인 것이다. 하지만 핑크는 "오늘날 사고파는 행위는 범위가 더 넓어지고, 성격도 달라졌다"고 설명했다.

"현대사회의 일터에서는 화이트칼라 근로자들 사이에서 과거와는 다른 종류의 교환이 이뤄지고 있습니다. 제가 당신의 보스라고 다니엘 핑크는 역사상 가장 훌륭한 세일즈맨으로 토머스 에디슨을 꼽았다.
위대한 발명가이기도 했지만 동시에 전기의 필요성을 사람들에게 인식시키고 팔았던
위대한 세일즈맨이었다는 것이다.

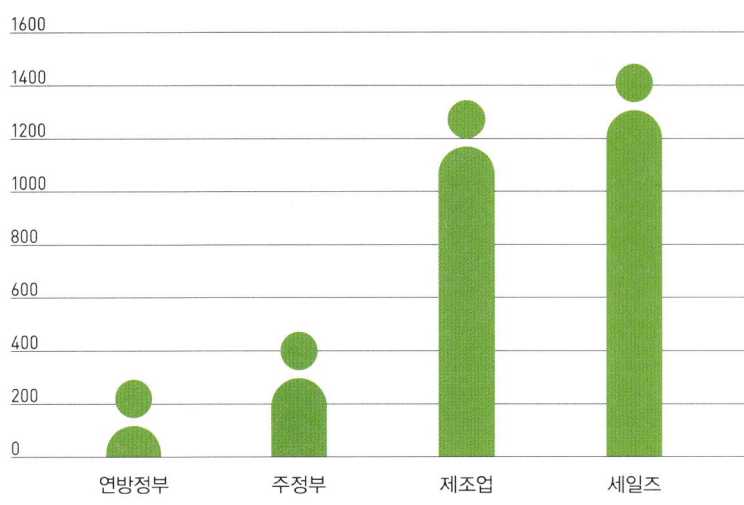

미국 경제활동 부분·직업별 고용인원
단위: 만 명
출처: 미국노동통계국, 2012년

칩시다. 당신은 나를 위해 당신의 시간과 노력을 주고, 저는 그 대가로 어떤 종류의 이득을 얻게 되겠지요. 프로젝트를 진행할 때 경쟁자들을 제치고 우위를 점령한다든지 하는 식으로 말이지요. 그러면 저는 그 결과에 따른 보상을 당신에게 나눠줍니다. 이것 역시 거래입니다. 이제까지 우리가 말하던 거래는 가치를 측정하는 기준이 달러나 원이나 유로 같은 금전적인 것이었지만, 현대의 거래는 시간, 노력, 에너지, 신념, 헌신 같은 가치로 측정될 수 있을 것입니다. 우리가 의식하지 못할지라도 현대사회의 거의 모든 분야, 모든 직장에서 이러한 가치 교환이 일상적으로 이루어지고 있습니다. 그런 의미에서 우리는 모두 세일즈맨이라고 불릴 수 있을 것입니다."

그는 이처럼 물건 이외의 것을 판매하는 행위를 '비판매 세일즈 non-sales selling'이라고 이름 붙였다. 그가 미국 내 정규직 성인 근로자 7,000명을 대상으로 조사한 결과, 사람들은 직장에서 약 40퍼센트의 시간을 비판매 세일즈에 쓰고 있는 것으로 조사됐다.

사람들은 왜 세일즈에 부정적인가

그렇다면 우리는 왜 스스로가 세일즈맨이라는 사실을 의식하지 못하는 걸까요? 혹은 왜 의식한다 하더라도 스스로가 세일즈맨이라는 사실을 부정적으로 받아들이는 경향이 강할까요?

"첫째, 일반적으로 세일즈에 대한 인식이 매우 나쁘기 때문입니다. 대개 '세일즈'라는 단어를 접하면 부정직하고, 소비자를 속이며, 조작적이고, 부적절한 방식으로 행해지는 행위라는 인상을 받아요. 이 때문에 사람들은 자신이 세일즈맨이라는 사실을 부정하려 드는 것입니다. 둘째로 세일즈 과정에서 거절당하는 것을 피할 수 없기 때문입니다. 세계 어느 나라를 가든, 어떤 언어를 쓰든 사람들은 거절당하는 것을 좋아하지 않습니다. 그런데 이 두 가지 이유 가운데 첫째 관점은 매우 시대에 뒤떨어진 견해입니다. 세일즈맨과 소비자 사이의 '정보 불균형'에서 비롯된 견해이기 때문입니다. 과거에는 세일즈맨이 소비자보다 훨씬 더 많은 정보를 가지고 있었고, 그렇기 때문에 세일즈맨이 소비자에게 바가지를 씌우기 십상이었습니다. 하지만 현재 우리는 '정보 균등화' 시대에 살고 있고, 세일즈맨과 소비자가 대등한 위치가 되었습니다."

정보 불균형이 횡행하던 과거의 세상을 노벨 경제학상을 받은 조지 애컬로프George Akerlof 교수는 '레몬 시장 이론'을 통해 잘 표현한다. 레몬 시장 이론에서 레몬이란 우리말로 치면 '빛 좋은 개살구'에 가깝다.

애컬로프 교수의 이론에 따르면 중고차는 크게 나눠서 좋은 차와 나쁜 차, 즉 '레몬'으로 나뉜다. 품질이 떨어지는 레몬은 마땅히 가격이 싸야 하지만, 차가 레몬인지 레몬이 아닌지 구별할 수 있는 것은 모든 정보를 장악하고 있는 세일즈맨뿐이다. 상대적으로 정보 접근성이 떨어지는 소비자는 위험 부담을 안고 물건을 살 수밖에 없었다.

하지만 인터넷 시대가 되면서 세상은 바뀌었다고 핑크는 주장한다. 중고차 구매자는 인터넷을 통해 판매자가 제시한 가격이 합리적인지 아닌지를 검증할 수 있게 됐고, 소비자를 속이는 판매자는 인터넷에서 거짓말쟁이로 낙인찍힌다.

소비자들은 정보의 균등화를 환영하겠지만, 세일즈맨으로서는 정보의 균등화 때문에 과거에는 존재하지 않던 위험 부담을 안는 동시에 무한 경쟁에 뛰어들어야 하겠군요. 모든 사람이 세일즈맨이 되는 세상은 유토피아인가요, 디스토피아인가요?

"대단히 흥미로우면서도 복잡한 질문인데요(그는 생각에 잠기며 '흥미롭다'는 말을 여러 차례 반복했다). 우선 정보의 균등화가 소비자들에게 좋은 일이란 건 이론의 여지가 없어요. 반면 당신이 지적한 대로 세일즈맨은 이 상황을 그리 반기지 않을 거예요. 하지만 이것이 오늘날 우리가 살아가는 세상이고, (목소리를 높이며) 세일즈맨은 여기에 적응해야만 합니다.

이제까지 많은 경제학자가 '정보의 평등이 완벽하게 이뤄지고, 거래 비용이 들지 않는 세상'을 가정했어요. 그게 이상적인 사회의 모습이라고 생각한 거지요. 그 정의대로라면 유토피아는 존재하지 않아요. 하지만 우리가 사는 세상은 좀 더 유토피아에 가까워지고 있다고 봅니다. 정보 균등화가 이뤄짐으로써 훨씬 더 효율적이고 공정한 사회, 즉 이상적 사회에 가까워지고 있습니다. 세일즈맨과 소비자가 대등한 위치에 있기 때문에 더 합리적이고 공정한 거래가 이루어지게 되는 거지요. 하지만 아직 유토피아라고는 볼 수 없어요. 아직 개선해야 할 점이 많으니까요."

어떻게 세일즈를 차별화할 것인가

2009년 《조선일보》와 인터뷰할 때 "미래는 하이테크hightech가 아니라 하이 콘셉트high concept가 필요한 사회가 될 것"이라고 했습니다. 미래의 세일즈에서 하이 콘셉트는 무엇을 의미한다고 보시나요?

"좋은 질문인데요. 세일즈에서 하이테크는 '당신이 필요할 때에 필요한 정보를 가질 수 있는가?'입니다. 이 방면에서는 컴퓨터가 훌륭한 역할을 하고 있어요. 반면 하이 콘셉트는 '컴퓨터가 해결해주지 못하는 서비스를 해줄 수 있는가?'가 될 것입니다."

예를 든다면요?

"(잠시 생각하다가 천장을 가리키면서) 저 전구 중 하나가 나갔다고 칩시다. 나는 새로운 전구가 필요할 거예요. 보통 세일즈맨은 이렇게 생각하겠지요. '불이 나간 전구 대신에 어떤 전구가 필요해? 어떤 종류의?' 그리고 컴퓨터로 여러 가지 전구를 살펴본 다음에 소비자에게 어떠어떠한 종류가 있고, 그들의 특성은 무엇이고, 가격은 얼마 수준이다, 이렇게 제시하겠지요. 이건 하이테크의 이슈예요.

그런데 한걸음 더 나아가면, 전구가 나갔다는 것은 어쩌면 전기 배선에 문제가 있을지도 모른다는 뜻이기도 하지요. 하이 콘셉트 개념에서 세일즈맨은 근본적인 문제점까지 생각하는 거예요. '전구가 나갔다고? 문제가 뭐지? 어쩌면 이 방의 주인은 전기를 너무 많이 썼을지도 몰라. 그렇다면 좀 더 창문을 열어서 방에 자연 채광을 충분히 할 필요가 있을지도 모르지.' 그러고 나서 소비자에게 제시하는 거예요. '당신의 문제는 전구가 나간 것입니다. 하지만 그렇게 된 이유는 당신이 창문을 너무 닫아 두고 있었고, 햇빛 대신에 전기를 너무 많이 써서 그런 것일지도 몰라요. 앞으로는 좀 더 창문을 열고 자연광을 방 안에 들여오도록 하는 조치가 필요합니다.' 전자는 컴퓨터가 훌륭한 역할을 할 수가 있어요. 하지만 후자는 그렇지 않지요. 당신의 문제는 전구가 나간 것뿐이 아니라 그 이상의 것일 수도 있습니다. 하이테크만으로는 그러한 사실을 도출해낼 수가 없습니다."

> 최고의 세일즈맨은 고객 스스로도 모르는 문제를 발견하기 위해서 질문을 잘해야 한다.

  핑크는 이런 이유를 들어 "현대의 세일즈맨은 문제 해결자가 아니라 문제 발견자가 돼야 한다"고 책에 썼다. 지금까지 최고의 세일즈맨은 문제 해결에 능숙한 사람이었지만, 이 시대엔 사람들이 자기도 모르게 갖고 있는 문제가 무엇인지 밝혀내는 역할이 더욱 요구된다는 것이다.

  그렇다면 소비자가 가진 진짜 문제를 발견하기 위해 세일즈맨은 어떤 역량을 갖춰야 할까. 핑크는 "질문을 잘해야 한다"고 말했다. 고객 스스로도 모르는 문제를 발견하기 위해서는 고객에게 적절한 질문을 던져야 한다는 것이다. 그는 과거에 최고의 세일즈맨은 고객의 질문에 대답하는 데 능통했다면, 요즘 최고의 세일즈맨은 고객에게 좋은 질문을 하는 사람이라고 했다. 좋은 질문을 하려면, 질문 리스트를 만든 뒤 각 질문의 장단점을 생각하며 질문의 우선순위를 정하는 연습을 하라고 그는 조언했다.

핑크는 현대의 세일즈맨에게 요구되는 역할이 또 하나 있다고 했다. 정보의 '큐레이터'가 그것이다. 매일 쏟아지는 막대한 정보를 살펴서 정리하고, 그중 가장 적절한 정보를 취해 다른 고객에게 제시하는 일이다. 요즘 사람들은 정보의 홍수 시대를 살아가는데, 정작 선택지가 너무 많은 것은 싫어하기 때문이다.

상대 마음 움직이는 게 세일즈다

세일즈맨이 상대를 사로잡기 위해 빠뜨릴 수 없는 능력 가운데 하나는 설득력 있게 요점만 전달하는 능력이다. 1980년 로널드 레이건은 재선에 도전하는 지미 카터 대통령에게 맞서 선거에 출마하면서 유권자들에게 다음과 같은 질문을 던졌다. "당신의 경제 사정은 4년 전보다 나아졌습니까?"

레이건은 카터 대통령의 형편없는 경제 관리 능력을 지적하기 위해 "당신의 경제적 상황이 4년 이상 계속 악화되고 있습니다"라는 평서문으로 평범하게 연설을 시작할 수도 있었다. 하지만 그는 짧은 질문을 질문을 던짐으로써 유권자들의 마음속에 큰 파문을 일으켰고, 결과적으로 당선에 기여했다.

요즘 사람들은 매일 엄청난 양의 이메일과 씨름한다. 어떻게 하면

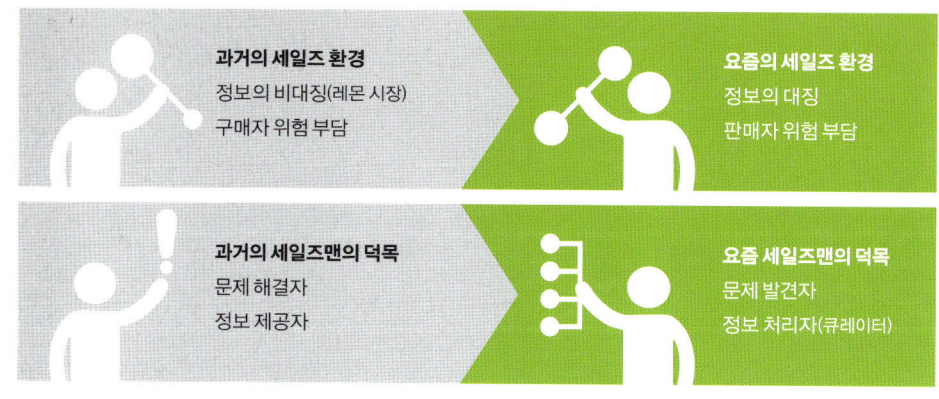

과거와 현재 세일즈 환경 변화

내 이메일을 상대방이 읽게 만들 수 있을까? 2011년 카네기멜론 대학의 연구에 따르면 사람들은 '자신의 일과 직접적으로 관련이 있고' '이메일 내용이 적당히 알쏭달쏭해 무슨 메시지인지 호기심이 생길 때' 이메일을 열어볼 확률이 높은 것으로 나타났다.

다른 연구에 따르면 제목이 극도로 구체적일 때도 이메일을 열어볼 확률이 높아진다. 예를 들어 '당신의 골프 실력을 키우세요'라는 모호한 제목보다 '오늘 오후 당신의 골프 스윙 실력을 키울 4가지 방법' 같은 구체적인 제목이 훨씬 효과적이다.

선거나 기업 광고처럼 대중의 마음속에 자기를 각인하기 위해서는 한 단어로 요점을 줄이는 것이 효과적이다. 2008년 선거에서 '희망Hope'을, 2012년 재선에선 '전진Forward'이라는 한 단어를 캐치프레이즈로 쓴 버락 오바마 대통령이 좋은 예가 될 것이다. 광고 대행사 사치앤드사치를 설립한 모리스 사치는 "두 단어라면 유일신이라 할 수 없다. 신이 둘이면 너무 많다"고 주장한다.

핑크는 "당신의 일을 한 단어로 표현한다면 무엇인가"라는 질문에

"다시 생각하라Rethink"라고 대답했다.

"『파는 것이 사람이다』에서 저는 이렇게 말했습니다. '이봐, 네가 세일즈맨이라는 걸 몰랐지? 우리가 하는 일은 세일즈라고!' 또 다른 책 『드라이브』를 통해 저는 사람을 움직이게 하는 동기에 대해 이제까지와는 다른 방식의 견해를 전했어요. 『새로운 미래가 온다』에서는 앞으로 필요한 기술이 어떤 것인지에 대한 다른 생각을 적기도 했지요."

다니엘 핑크Daniel Pink는…

세계적인 미래학자이자 베스트셀러 작가이다. 그는 우리 사회 변화를 예측하고, 경제, 심리 등 다양한 분야의 연구결과와 실제 사례를 바탕으로 새로운 미래의 모습을 제시해왔다. 《패스트 컴퍼니》《뉴욕 타임스》《워싱턴 먼슬리》《뉴 리퍼블릭》등에 경제, 기술, 노동에 관한 글을 기고하기도 했으며 '싱커스50'이 발표한 세계에서 가장 영향력 있는 비즈니스 사상가 50인에 선정되기도 했다. 저서로는 『파는 것이 인간이다』, 『새로운 미래가 온다』, 『드라이브』 등이 있다.

세계적인 산업디자이너
카림 라시드

우리는 모두 무언가 멋진 일을 하기 위해 이 행성에 왔어요

세계적인 산업디자이너 카림 라시드Karim Rashid는 자신의 디자인만큼이나 튀는 차림새를 하고 연회장에 모습을 드러냈다. 2미터는 족히 됨직한 훤칠한 키에 아래위로 연노란색 양복을, 재킷 안에는 형광에 가까운 밝은 노란색 셔츠를 받쳐 입었다. 거기에다 "긍정적이고 에너지가 충만한 색"이라고 본인이 극찬했던 핑크색 점무늬가 들어간 하얀 캔버스화와 하얀색 뿔테 선글라스까지 착용한 모습은 애니메이션에서 막 튀어나온 괴짜 캐릭터처럼 보이기까지 했다.

라시드는 TV조선 주최로 열린 창조경제 콘퍼런스에 참석하기 위해 한국을 찾았다. 그의 이름은 낯설지 몰라도 그가 디자인한 작품은 우리 일상에서 쉽게 찾아볼 수 있다. 투명한 파란 색상에 뚜껑을 컵처럼 사용할 수 있는 파리바게뜨 생수병, 둥그스름한 삼각기둥 모양을 한 애경의 '순샘버블' 주방 세제 용기, 티타늄 소재로 만든 현대카드의 VVIP 카드 '더블랙'도 그의 손을 거친 제품이다.

자동차, 건축, 생활용품 등 전방위 디자이너로 활동 중인 그가 디자인에 대해 내린 정의는 이랬다. "우리가 이 세상에 온 이유 자체가 생물적인 재생산과 지적 재생산을 하기 위해서입니다. 지적인 재생산이라는 것은 '진보'라고 볼 수 있습니다. 창의성을 가지고 진보를 만들어 나가는 과정이 바로 디자인입니다."

그는 어떤 질문을 받아도 속사포처럼 빠른 속도로 쉴 새 없이 말을 이어나갔다. 2003년 그를 인터뷰한 영국 일간지 《가디언》이 "업계에서 가장 말이 많은 사람the biggest mouth in the business"이라고 표현했던 이유를 알 수 있을 것 같았다.

창의력의 원천은 외계인의 관점으로 보는 것

"아이디어의 원천은 무엇이냐"는 질문에 그는 이렇게 대답했다. "좀 이상하게 들리겠지만 저는 이 행성(지구)에 살고 있지만, 스스로 지구인이 아니라고 생각합니다. 외부인의 관점으로 바라보면 사람이나 사물을 바라보는 시각이 더 창의적이 될 수 있습니다. 자유로운 마음에서 비롯된 시선으로 세상을 둘러보면 감각이 더 예민해지니까요. 자유로운 시선을 갖고 우리의 삶을 더 나은 것으로 만들기 위해 무엇을 해야 할지를 생각합니다."

그의 홈페이지에 들어가면 '카림 라시드 선언문Karimanifesto'이 방

현란한 디자인만큼이나 카림 라시드는 외양과 발언도 튀었다. 그는 "나는 아이디어가 정말 많은데 그걸 소화할 기회가 부족해 좌절하고는 한다"고 말했다.

문객을 맞이한다. 그중 한 구절을 소개해본다. "나는 사람들이 노스탤지어, 케케묵은 전통, 오래된 관습으로부터 해방되는 것을 보고 싶다."

이는 "디자이너는 지금 현재를 반영하는 사람이어야 한다"는 그의 콘퍼런스 기조연설 내용과 일맥상통하는 부분이다. 그는 연설에서 이렇게 말했다. "디자이너를 비롯한 예술가는 항상 현재를 바라보고, 그래야만 합니다. 하지만 대부분의 사람은 과거에 머물러 있기 때문에 예술가들이 앞서 간다고 생각하고, '예술가는 미래를 지향한다'고 착각하는 겁니다."

그렇다면 라시드의 전통관觀은 어떨까. 그는 "물론 오래된 것과 전통에도 가치가 있다"고 했다. "우리는 그것들을 존중하고, 훼손되지 않도록 보존해야 하지요. 하지만 동시에 우리는 이렇게 물을 수 있어야 합니다. '전통이 우리의 일상생활에 얼마나 많은 영향을 주고 있는가?'라고요. 그러면 전통과 관습이 우리의 삶에 크게 중요한 역할을 하지 않는다는 사실을 알게 될 겁니다. 그건 나타났다가 사라지고는 하는 겁니다. 마치 박물관 유물처럼 말이지요."

그의 말에 따르면, 오늘날 디자이너가 반영해야 하는 '현재'는 기술 발전 덕택에 모두가 인터넷 등을 통해 창의성을 자유롭게 발현할 수 있는 '창의성의 민주화'가 이뤄진 시대이자, 10만 년간 인류가 살아왔던 아날로그의 시대를 통과해 갓 디지털 세계로 진입한 시대다.

"아날로그 시대와 현재는 참 많이 다릅니다. 아날로그 시대에서 '럭셔리luxury'란 귀한 재질의 금속을 의미했습니다. 그래서 우리는 귀하다고 여겨지는 대리석이나 광물을 캐내기 바빴습니다. 디지털 시대에서는 더 이상 지구 자원을 약탈할 필요가 없어졌습니다. 모든 것이 가볍고, 재활용이 가능합니다. 그런 의미에서 디지털 시대는 일시적이라고도 할 수 있습니다. 우리는 우리만의 것을 더 이상 소유하지 않아도 됩니다. 우리의 건축물 역시 디지털화할 수 있습니다. 과거엔 교회 하나 짓는 데 300년씩 걸렸고, 자신의 작품이 완성되는 것을 보기 전에 죽는 건축가도 많았습니다. 하지만 이제는 건축물도 일시적으로 만들었다가 사라지는 식으로 패러다임의 전환이 이루어졌습니다. 저는 디자인을 할 때 이런 점들을 늘 생각합니다."

디자인의 대중화를 위하여

라시드의 디자인 철학 가운데 하나는 '디자인의 민주화'다. 즉, 일반

인도 예술의 가치를 이해할 수 있도록 수준 높은 디자인이 대중화되어야 한다는 것이다. 왜 그런 믿음을 가지게 됐는지 이유를 묻자 그는 이렇게 답했다.

"지금은 디자인이 '럭셔리'와 동의어가 된 상황입니다. 제품에 디자이너 이름이 붙으면 값이 훨씬 비싸집니다. 하지만 저는 그것이 디자이너의 존재 이유가 아니라고 생각합니다. 디자이너의 이름이 붙는 제품은 오히려 가격이 더 낮아져야 한다고 생각합니다. 훌륭한 디자이너는 저렴한 가격으로 무엇인가를 생산해낼 수 있는 사람들이니까요. 우리는 21세기에 살고 있습니다. 로봇에 의존한 작업 과정과 컴퓨터 기술 덕택에 질 좋은 제품을 매우 저렴한 가격에 생산할 수 있게 됐습니다. 상품이 비싸야 할 이유가 없는 거지요. 장인들이 만드는 수공예품처럼 손이 아주 많이 가거나, 대단히 비싸고 희귀한 재료를 사용하는 예외를 제외하고는요.

하지만 고급 제품을 취급하는 세계에서는 제품이 재료나 작업 과정이 아닌, 마케팅과 브랜딩에 의해 가격이 올라갑니다. 예를 들어 어떤 가방은 가죽으로 만들고, 다른 가방은 천으로 만든다면 가죽 가방이 비싼 것이 당연히 이해가 갑니다. 하지만 둘 다 똑같은 가죽으로 만들었는데, 그중 하나가 턱없이 비싸다는 건 변명의 여지가 없어요. 그건 마케팅이 만들어낸 신화이며, '소비 오류consumption fallacy'입니다."

적을 수록 더 많은 것

카림 라시드는 본인의 디자인의 특징을 '관능적 미니멀리즘sensual

minimalism'이라고 표현했다. 단순하고 간결하지만, 동시에 부드럽고 화려하다는 뜻이다. 현란한 외양으로 봐서는 짐작하기 어려웠지만, 라시드는 인터뷰 도중 스스로를 가리켜 "'적을수록 더 많이 얻는다less is more'는 말의 맹렬한 신봉자"라고 했다. 그는 "'적다less'는 개념은 매우 인간적이고, 만약 어떤 물건이 정말 단순하고 간결하다면 그건 더 인간적인 디자인에 가깝다"고 말했다.

왜 간결한 것이 더 인간적인가요?

"저는 인간은 단순해질수록 더 감각적이 되고, 그것은 인간의 본모습에 더 가깝다고 생각해요. 예를 들어 제가 아주 얇은 네 개의 다리에 아주 얇은 등받이에, 군더더기 없이 완벽하게 몸에 밀착되는 의자를 하나 만들었다고 가정해봅시다. 전 그 감각적인 의자가 매우 인간적이라고 생각합니다. 그건 우리의 육체뿐 아니라 정신과 감수성을 확장시켜주니까요."

한국 제품에서 한국 DNA를 찾을 수 없다

한국 기업과도 많이 협업을 한 것으로 알고 있는데, 한국 기업 제품의 디자인을 어떻게 평가하나요?

"솔직히 '따라하기me-tooism'가 너무 만연해 있고, 모든 제품이 거의 비슷비슷해 보입니다. 저는 묻고 싶었지요. '대체 한국의 DNA는 어디 있느냐'라고. 저는 한국인의 DNA를 보여줄 수 있는 제품을 발견하지 못했습니다. 제로였지요. 모든 제품이 극도로 일반적이었으니까요."

라시드는 "미국이 글로벌 금융위기를 극복할 수 있었던 이유는 구글이나 야후 등(창의적인 기업)이 있었기 때문"이라고 했다. 최근 창조경제를 강조하고 있는 한국은 어떻게 해야 한국판 구글이나 야후를 만들 수 있을까.

"당신만의 틈새 언어niche language를 만들 수 있도록 사고방식 자체를 완전히 전환해야 합니다. 그러기 위해서는 비전과 철학이 필요합니다. 하지만 현재의 '따라하기' 일변도의 분위기가 계속된다면 과연 창조적인 조직을 만들 수 있을지 의문이군요."

라시드에 따르면, 따라하기 일변도 풍조는 극히 소모적이다. A라는 업체가 그런 제품을 만들면 B업체도 따라할 테고 그런 상황이 계속되면 결국 모든 업체는 계속 같은 자리를 맴돌며 싸우게 될 것이기 때문이다.

그는 "기업은 그런 쓸데없는 곳에 힘을 소모하기보다 '우리가 무엇을 창조할 수 있는가?'에 신경 써야 한다"고 말했다.

"예를 들어 제가 나이프와 포크를 만드는 회사와 디자인 논의를 한다고 칩시다. 그들은 자신과 경쟁사가 만드는 나이프와 포크에 대해 끝없이 이야기하려들 겁니다. 하지만 잠깐 동안은 나이프와 포크에 대해 이야기하는 걸 그만두고, 먹는 행위, 혹은 식문화에 대해 생각해보면 어떨까요?

오늘날은 음식을 먹는 행위도 과거와는 완전히 달라졌습니다. 많은 사람이 이제 더 이상 집에 있는 식탁에서 밥을 먹지 않지요. 기업은 그런 시대의 변화를 반영하고, 새로운 트렌드와 함께 달려가야 합니다. 아까 기업들끼리 서로 따라하고 베끼고 있다고 했잖아요? 언제 이런 행위가 멈출까요? 바로 그들이 진정한 비전을 찾을 때입니다."

새로운 영역에서의 또 다른 도전

라시드는 작품과 옷차림뿐 아니라 인터뷰 발언도 튀었다. "좌절해본 적이 있느냐"고 묻자, "나는 아이디어도, 하고 싶은 것도 넘쳐나는데 그걸 받쳐줄 기회가 많지 않아 늘 좌절한다"는 답이 돌아왔다.

자동차, 건축물, 각종 생활용품에 이르기까지 영역을 가리지 않고 활동하는 데 이유가 무엇인가요?

"글쎄요. 저는 창조적인 사람들의 본성 가운데 하나일 것 같다고 생각해요. 다른 지식 분야를 경험하고 싶어하는 본성 말입니다. 새로운 영역에는 또 다른 도전이 기다리고 있으니까요."

스스로 천재라고 생각해본 적이 있나요?

"아니요, 전혀요. 사실 '천재'라는 단어 자체를 좋아하지 않아요. 저는 이 행성에 살고 있는 사람들이 모두 각자의 재능을 타고났고, 무언가 멋진 일을 하기 위해 이 세상에 왔다고 생각합니다. 그것이 크건 작건 간에요."

카림 라시드 Karim Rashid는…

여러 분야를 넘나들며 활발히 활동하는 세계적인 디자이너다. 캐나다 오타와 칼턴대학교에서 산업 디자인을 전공하고, 이탈리아 나폴리에서 디자인 공부를 했다. 1993년 뉴욕에 자신의 디자인 회사를 연 후, 필라델피아 예술대학교, 프랫 인스티튜트, 로드아일랜드 디자인 스쿨, 온타리오 예술 대학 등에서 10년 동안 디자인을 가르쳤다. 캐나다 디자인 영웅상, 다임러크라이슬러상, 조지 넬슨상 등을 받았다. 그의 대표작 '가르보' 쓰레기통은 세계적으로 400만 개 이상 팔렸으며, 국내에서는 현대카드 디자인으로 이름을 알린 바 있다.

『관찰의 힘』 저자
얀 칩체이스

소비자의 욕망을 읽기 위해서는 우선 그들이 되어야 하지요

세계적 디자인 컨설팅 업체인 프로그 디자인Frog Design의 크리에이티브 디렉터이자 『관찰의 힘』 저자 얀 칩체이스Jan Chipchase는 회색 노스페이스 아웃도어 차림에 자전거를 타고 인터뷰 장소에 나타났다.

그는 『관찰의 힘』에서 자전거의 유용성에 대해 이렇게 썼다. "외국에 막 도착하면 적응할 시간이 별로 없기에 우리는 당장 동네 자전거 가게로 가서 자전거를 몇 대 받아온다. 자전거로 시내를 돌아다니다보면 도시의 리듬과 운율에 금방 익숙해진다."

그가 정한 약속 장소도 회사 사무실이 아니라 샌프란시스코 커피 명소인 '블루보틀bluebottle' 카페였다. 이른 아침부터 카페는 손님들

"현지인의 시각과 통찰력을 빌리면,
정보의 신뢰 수준이 다를 수밖에 없지요."

로 북적거렸고, 대도시 특유의 활기가 느껴졌다. 앉을 자리가 없어 카페 앞 공터에 있는 이동식 플라스틱 의자로 자리를 옮겼다. "외국 문화를 느끼려면 그 나라의 아침을 체험하라"는 그의 주장을 실천하듯 이번 인터뷰는 아침 일찍 샌프란시스코 도심 한가운데서 분주하게 출근하는 사람들과 식자재를 실어 나르는 트럭들을 배경 삼아 진행됐다.

고객인 글로벌 기업이 새로운 시장에 진출하거나 새 사업을 구상

할 때 이를 위한 현지 시장조사를 하고, 조사 결과를 기반으로 적절한 마케팅 전략을 세워 제안하는 것이 그의 일이다. 그는 이 업무를 자신만의 독특한 방식으로 수행한다. 사무실에 가만히 앉아 자료를 분석하는 대신 현지로 가서 현지인들과 함께 거주하고, 대중교통을 이용하고, 이발소에서 머리를 깎아보며 현지인의 생활을 직접 체험한다. 사람들이 당연하게 받아들이는 평범하고 소소한 일상을 그만의 새로운 시각으로 관찰해 비즈니스 영감을 얻는 것이다.

그의 책 『관찰의 힘』은 2013년 6월 국내에 출간돼 베스트셀러의 자리에 올랐다.

현지 문화를 이해하려면 현지인들과 함께 생활하라

당신은 한 나라의 문화를 가장 잘 이해하기 위한 방법이 관찰, 기록 그리고 직접 질문하는 것이라고 했습니다. 하지만 관찰에는 선입견이 작용할 수 있고, 질문을 할 때도 답변자가 거짓말을 할 수 있어요. 이런 오류를 범하지 않기 위해 관찰자는 어떻게 해야 할까요?

"우선 현지 직원을 고용하는 거예요. 외국인은 현지 문화를 해석할 때 오류를 범할 수 있습니다. 그래서 현지인의 시각과 통찰력을 빌리는 겁니다. 대체로 사람들이 다른 나라에 가서 조사할 때 호텔에 가서 묵으면서 현지 사정을 잘 아는 가이드와 함께 사람들을 만나 인터뷰를 하고는 하지요. 하지만 외국인 조사자가 방문한다고 하면 아마 집주인의 95퍼센트는 집을 깨끗하게 치울 거예요. 그럼 당신은 그들이 실제 살고 있는 환경을 보는 것이 아니라 그들이 '우리는 이렇게 살고 있다'고 보여주고 싶은 모습을 보게 될 뿐입니다. 그러나 우리는 현지 아파트를 빌려서 팀원들이 함께 머무릅니다. 현지인들과 같은 식탁에 앉아서 같은 음식을 먹고, 같은 물을 마시고, 같은 화장실을 쓰고……. 그렇게 얻는 정보는 신뢰 수준이 다를 수밖에 없습니다."

최근 빅 데이터의 중요성이 강조되는 추세인데, 그에 비하면 관찰은 상당히 아날로그적이란 느낌이 듭니다. 관찰이라는 고전적 방식을 강조하는 이유는 무엇인가요?

"우리는 양적 조사와 질적 조사를 모두 합니다. 단순히 사람들을 인터뷰하고, 그들의 보디랭귀지를 읽고 그 안에 숨어 있는 맥락을 읽는 것만이 아니에요. 책에서는 그것을 다 다룰 수가 없었어요. 저는 어떤 문화를 이해하는 데 필요한 것이 관찰뿐이라고 주장할 생각은 없어요. 그것은 단지 한 방법, 매우 중요한 한 방법일 뿐입니다."

흔히 디테일을 중시할 때 큰 그림을 보는 걸 놓치고는 합니다. 어떻게 하면 디테일과 큰 그림을 함께 볼 수 있을까요?

"우선 한 걸음 뒤로 물러서서 내가 지금 알고자 하는 것이 뭔지 생각하는 겁니다. 어떤 고객 회사는 정보 수집에 우선순위를 둡니다. 시장에서 어떤 일이 벌어지고 있는지 정확한 정보에 근거해서 사업 결정을 내리기 위해서지요. 고객 회사가 영감을 얻는 데 더 치중하는 경우도 있어요. 그럴 땐 지금 내가 관찰하고 있는 한 사례가 영감을 얻는 데 필요한 지구상의 단 하나뿐인 사례일 수도 있습니다. 당연히 정보 중심 조사와는 관찰 방법이 달라지겠지요. 첫째 경우에는 자료를 모으고 분석하고 적절한 설명을 할 수 있도록 하는 데 시간을 투자해야겠지요. 둘째 경우는 우리가 조사하고 배운 것들이 어떤 가치가 있을지, 그것이 올바른 가치 판단인지, 어떻게 의미를 부여할 수 있을지 생각해봐야 할 것입니다. 이걸 우리는 '센스 메이킹 sense making'이라고 부릅니다. 아까 현지인들과 함께 생활하는 얘기 했잖아요? 그렇게 몇 주 동안 함께 생활하면서 우리가 수집한 정보와 사례를 어떻게 해석해야 할지를 배우는 거지요."

소비자의 깊은 내면적 욕망을 읽어라

칩체이스는 한국도 방문한 적이 있다고 했다. 그는 개인 홈페이지에 서울에서 찍은 사진을 올려놓았다. 동네 슈퍼마켓이 음료수를 넣은 냉장고를 가게 바깥에 내놓은 사진이다. 이를 인상적이라고 느낀 이유는 냉장고를 매장 밖에 내놓는 것이 외국에서는 흔치 않은 풍경이기 때문이라고 했다.

"길에서 볼 수 있는 사소한 일상이 한 도시에 대한 여러 가지 정보를 줄 수 있습니다. 대도시에 갈 경우에는 사진을 1,000장 이상 찍어와요. 그 냉장고도 그런 작은 관찰의 한 부분입니다."

"기업이 상품을 만들 때
피상적 수준의 만족을 주는 데 그치지 않고,
사람들의 내면을 이해해서
더 깊은 만족을 제공해야 합니다."

한국어판 서문에 "한국 기업들은 시장에서 얄팍한 상술을 쓴다는 비판을 가끔씩 받는다"고 했는데, 구체적인 예를 든다면요?

"사실 이건 한국에 국한되는 것이 아니라 다른 나라 기업도 마찬가지인데요. 최근 6~7년간 출시된 휴대전화를 보면 너무 기능적인 측면에 치중해 있습니다. 하지만 그 '기능'이라는 것이 상품 본질에 어떤 영향을 주는지 생각해보세요. 그들이 매번 소개하는 새로운 기능을 소비자들이 과연 얼마나 많이 사용하는지도요. 결국 피상적인 것에 불과하다는 사실을 알 수 있을 거예요. 회사가 기능에 너무 치중하는 것은 '윤리적으로 부패했다morally corrupt'고 해도 틀리는 말이 아닙니다. 소비자가 진정으로 원하는 제품을 파는 게 아니니까요. 멋지고 아름다운 물건을 사면 소비자는 한순간 달콤한 흥분을 느낄지 몰라도 곧 그것을 벽장에 처박아두고 다시 사용하지 않지요."

『관찰의 힘』 저자가 말하는 '해외 문화 관찰 노하우' 5가지

1. 호텔 대신 현지인 숙소에 묵기
현지인과 함께 생활하면 호텔 숙박으로는 결코 얻을 수 없는 현지인들의 생생한 생활방식을 체험할 수 있다.

2. 도시와 함께 깨어나기
한 도시의 꾸미지 않은 '맨얼굴'을 보기 위해서는 새벽부터 이른 아침이 최적의 시간이다.

3. 현지인의 통근 체험하기
현지인과 같은 통근 상황을 체험해봄으로써 그들의 생활 리듬을 이해할 수 있다.

4. 미용실과 이발소 방문하기
이발소는 스포츠에서부터 정부 비리 등 온갖 주제에 대한 현지인의 태도를 탐구하기 좋은 장소다.

5. 맥도널드 매장 구경하기
맥도널드는 각 나라의 식습관과 문화적 배경에 맞게 조금씩 변형돼 운영된다.

그는 "몇 년 전 르완다에서 겪은 일이 이것과 연관이 있을 것 같다"며 르완다 농촌 여성을 인터뷰한 에피소드를 들려줬다. 그는 그 여성에게 "전기가 들어온 이래 당신의 삶에서 무엇이 가장 크게 바뀌었나?"라고 물었다. 그런데 대답이 전혀 뜻 밖이었다.

"'외출하는 시간이 더 길어졌다'고 했어요. 말도 안 되는 대답이었지요. 그녀는 우리를 집 안으로 데려가 필립스 다리미를 보여줬어요.

전기가 들어온 뒤 다리미질을 할 수 있게 됐고, 외출할 때마다 정성껏 옷을 다리는 거예요. 구김살 하나 없이 잘 다린 옷을 과시하고 싶으니까요. 그러면 사람들이 '아, 저 집에는 다리미가 있구나' 하고 부러워할 테지요. 우스꽝스럽지만 이건 당신이 가진 사회적 지위를 드러내는 방법이기도 해요. 아이폰이나 멋진 운동화를 사거나 하는 소비 행태와 마찬가지로 말이지요.

이건 맥락상 앞서 말한 것과 크게 다르지 않아요. 하이테크 회사는 소비자들의 시간과 노력을 줄여주기 위해 제품을 만듭니다. 하지만 르완다 여성은 전기 때문에 외출 시간을 더 많이 투자해야 했어요. 단순히 과시하기 위해서요. 제가 하고 싶은 말은 기업이 상품을 만들 때 예를 들어 '남들과 다른 옷을 입는 것'에 초점을 맞추지 말고 좀 더 순수한 동기와 욕망에 초점을 맞춰야 한다는 겁니다. 피상적 수준의 만족을 주는 데 그치지 않고, 사람들의 내면을 이해해서 더 깊은 만족을 제공해야 한다는 겁니다."

체험을 통해 얻은 정보가 혁신적 아이디어로 이어지도록 하기 위해서는 어떤 노력을 기울여야 하나요?

"아시아의 어느 화장품 브랜드가 중국 등 다른 아시아 시장에 진출하기 위해 새로운 상품 개발을 원했어요. 그래서 우리 팀은 3개월간 남성 미용실을 돌아다녔지요. 무엇이 남성 소비자들의 마음을 움직이고 소비를 부추기는지 이해하기 위해서였어요. 단순히 관찰하자면 편의점 같은 곳을 찾아가서 어떤 종류의 미용 상품이 있고, 소비자들은 어떤 제품을 선호하는지 조사하는 데 그쳤을 거예요. 하지만 관찰을 통해 어떤 관점을 가지려면 남성들의 심리까지 이해해야만 해요. '왜 남자들이 아름다워지려고 할까?' '왜 자신을 가꿀까?' 하고요. 그러려면 백화점이나 마트에 찾아가 장을 보러온 사람들과 어울려봐야겠지요. 자동차 인테리어 시장에 대한 조사를 한다면 직접 여러 자동차를 몰아보는 것도 방법이 될 수 있겠지요."

'관찰의 힘'을 가장 잘 이용하고 있는 기업은 어디인가요?
"디즈니를 들 수 있을 것 같아요. 소비자들이 무엇을 원하는지를 이해하고, 단순히 표면적인 부분에 머무르지 않고 소비자들의 심리를 잘 읽어낸 기업이지요."

반대로 실패한 사례는요?
"시장에서 성공하는 사례가 과연 얼마나 될까요? 100 중에 90~95는 실패한다고 봐요. 그래서 성공 사례보다 실패 사례를 특정해 말하기가 더 어려울 것 같네요."

2011년 《패스트 컴퍼니》는 당신을 '비즈니스 분야에서 가장 창조적인 사람 100명' 중 한 사람으로 꼽았습니다. 창의력을 키우기 위해선 무엇이 필요한가요?

"최근 인도 도시 빈민층에게 깨끗한 물을 공급하는 프로젝트 조사를 위해 인도를 방문했습니다. 인도는 위계질서가 뚜렷한 나라더군요. 인도에서는 모든 결정과 권한이 최고경영자에게 몰려 있습니다. CEO가 내리는 결정이 없이는 아무것도 진행이 되지 않아요. 한국도 조직 위계질서가 세계에서 아주 강한 곳 중 하나라고 생각합니다. 사람들이 창의적인 생각을 자유롭게 표현하고 실현할 기회가 주어지지 않은 상태에서는 창의적 인재가 나오기 어려울 것이라고 생각합니다."

'관찰의 힘' 소홀해 실패한 인도 저가 자동차 '나노'

칩체이스는 소비자의 숨어 있는 동기를 이해해야 한다고 강조한다. 그것을 제대로 읽지 못해 실패한 경우로 인도의 '나노' 자동차가 대표적이다. 인도 자동차 회사 타타 모터스Tata Motors는 2009년 3월 저소득층 소비자들을 겨냥해 초소형 자동차 '나노Nano'를 판매하기 시작했다. 가격이 2,900달러에 불과해 '세상에서 가장 저렴한 자동차'라는 별칭이 붙었다. 업계에서는 저소득층 소비자들이 나노에 열광할 것이라 예측했다. 그러나 결과는 정반대였다. 출시 이듬해 2010년 12월 '누구도 사고 싶어 하지 않는 타타 나노'라는 《뉴욕타임스》 기사에 따르면, 그해 11월 타타 나노 판매 대수는 509대에 불과했다. 반면 같은 기간 가격이 두 배가량 비싼(6,200달러) 경차 스즈키 알토는 3만 대가 팔렸다. 왜 고객들은 타타 나노 대신 스즈키 알토를 택한 것일까? 칩체이스는 '관찰의 힘'에서 그 이유를 이렇게 설명했다.

"저소득층과 대화를 나눠보면 이들이야말로 세상에서 가장 까다로운 소비자군임을 알게 될 것입니다. 그들은 동전 한 닢이라도 최대한 효율적으로 써야 하기 때문에 어설픈 제품을 사지 않는 것입니다."

2009년 9월 인도 일간지 《타임스오브 인디아》에 따르면, 그 시점까지 판매된 타타 나노 차량에서 최소 3건 이상 화재 사고가 발생했다. 신문에 따르면, 운전 중인 자동차가 주행거리 1,000킬로미터 넘을 무렵 운전대 부근에서 화염과 연기가 치솟았다는 것이다. 원인은 손잡이 부위 '콤비네이션 스위치(방향 지시기와 라이트 등의 스위치를 하나로 모아놓은 스위치)' 합선으로 밝혀졌다.

칩체이스는 "(저소득층 소비자는) 설사 수중에 2,900달러가 있다 하더라도 자체 화재 발생이 잦다는 소문이 도는 차를 살 수 있는 상황이 아닙니다. 혹시 차에 화재가 발생하면 새로 차를 살 돈이 없기 때문"이라고 썼다.

얀 칩체이스 Jan Chipchase는…

글로벌 혁신 컨설팅 회사 프로그 디자인Frog Design의 크리에이티브 디렉터로 연구와 마케팅 업무를 담당하고 있다. 전 세계를 돌아다니며 사람들의 일상과 삶의 모습을 면밀히 분석하고 이를 제품과 서비스 디자인에 그대로 반영했다. 그의 연구는 《뉴욕타임스》, BBC, 《이코노미스트》 등에 보도된 바 있다. 2011년 《패스트 컴퍼니》는 그를 가장 창조적인 100인(비즈니스 분야) 중 하나로 선정했고, 《포춘》에서는 '세계에서 가장 똑똑한 50인(기술 분야)'으로 꼽았다. 저서로는 『관찰의 힘』, 『관찰의 눈』 등이 있다.

영화사 마블 스튜디오 CEO
케빈 파이기

모든 창조엔 '인간'에 대한 열렬한 탐구가 필요합니다

2012년 세계 흥행 1위를 기록한 영화가 무엇일까?

정답은 〈어벤져스〉다. 박스오피스 사이트 모조에 따르면 15억 1,859만 달러(약 1조 6,000억 원)를 벌어들였다. 역대 흥행 순위도 〈아바타〉와 〈타이타닉〉에 이어 3위에 올랐다.

이 영화를 만든 영화사가 마블 스튜디오다. 일반인한테는 다소 생소할지 모르지만 아이언맨 외에 우리에게 친숙한 스파이더맨, 엑스맨, 어벤져스 같은 캐릭터를 몽땅 소유한 회사다.

원래 마블은 영화 회사가 아니었다. 5,000개의 캐릭터를 가진 만화책 회사였다. 그런데 1990년대 중반 도산 위기를 맞았다. 만화책

시장의 침체 때문이다.

이 회사가 회생한 발판은 만화 캐릭터를 영화사에 라이선싱(판권 대여)한 것이었다. 예를 들어 〈스파이더맨〉은 소니픽처스에서, 〈엑스맨〉은 20세기폭스에서 영화로 제작해 대박을 쳤고, 마블은 거액의 수수료를 챙겼다. 경영학계에서는 이를 '플랫폼 다변화 전략'으로 해석한다. 만화책으로는 100퍼센트 활용되지 않았던 캐릭터라는 숨겨진 자산을 영화로 옮겨 가치를 극대화했기 때문이다.

마블은 2007년 새로운 도박을 감행한다. 다른 영화사에 콘텐츠를 빌려주는 안정적인 사업을 접고 스스로 영화 제작에 뛰어든 것이다.

결과는 예상을 뛰어넘었다. 2008년 〈아이

'S·T·O·R·Y(Scramble·Transform·Override·Reality·Yourself)'가 만드는 스토리의 힘

- **Scramble—섞어라**
1만 5,000개 만화책 속 히어로 영화를 통해 뒤섞여 등장

- **Transform—변형하라**
과잉이다 싶은 정보는 버리고 필요한 스토리만 뽑아 써

- **Override—배우보다 캐릭터**
흥행 공식에 캐릭터 우선시, 배우는 그다지 중요치 않아

- **Reality—현실적 영웅 이야기**
캐릭터는 결점투성이로 그려 '완벽한 영웅'은 이젠 없다

- **Yourself—정체성 확신**
자신의 브랜드에 믿음을 갖고 새로운 위험에 두려워하지 않아

마블 스튜디오의 영화 흥행 실적
단위: 달러, 박스오피스 수입 기준, 자료: 박스오피스 사이트 모조Mojo

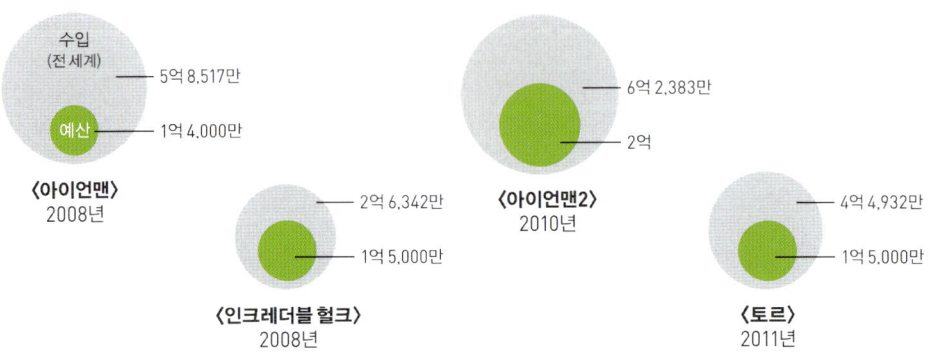

언맨〉을 시작으로 최근까지 출시한 일곱 편의 영화 수입을 합하면 50억 달러를 넘는다. 픽사가 최근 출시한 일곱 편 영화의 수입(약 48억 달러)을 뛰어넘는다. 〈어벤져스〉는 한국에서만 700만 명, 2013년 출시된 〈아이언맨3〉는 800만 명의 관객을 모았다.

지난 2009년 디즈니는 마블을 40억 달러를 주고 인수했다. 마블의 회장인 아이작 펄뮤터는 당시 디즈니에 회사를 판 이유에 대해 "수많은 마블의 캐릭터들이 디즈니를 발판으로 다양한 콘텐츠로 창조되고 확장할 수 있다고 판단했다"고 밝혔다.

마블 스튜디오의 케빈 파이기Kevin Feige 사장 겸 제작자는 〈아이언맨〉을 필두로 〈엑스맨〉〈스파이더맨〉〈판타스틱 포〉를 제작한 마블 영화의 주역이다. 지난 30일 한국에서 세계 최초로 개봉한 영화 〈토르: 다크월드〉 홍보차 방한한 그를 서울의 한 호텔에서 만났을 때 그는 웃으며 말했다.

"〈토르: 다크월드〉에서 악역 로키를 연기한 톰 히들스턴과 저를

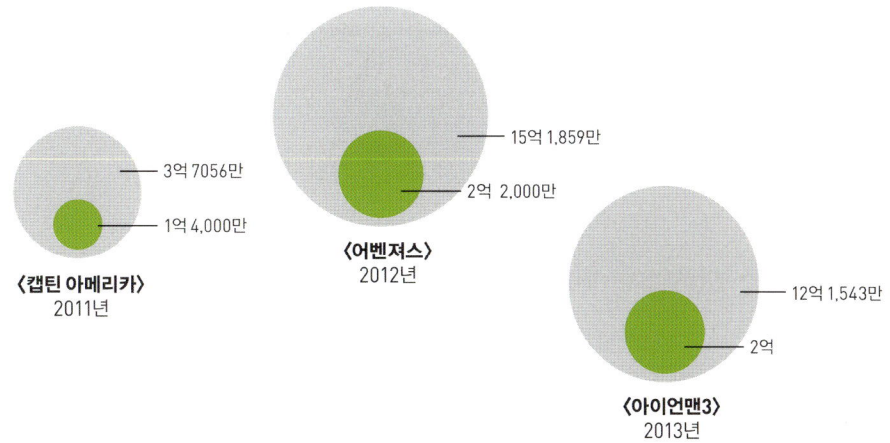

보기 위해 한국 팬 6,000명이 몰려들었어요. 정말 놀라웠어요. 제 인생에서 가장 큰 팬 미팅이었어요. 사실 4년 전만 해도 〈토르〉가 무슨 영화인지 미국에서조차 아는 사람이 없었습니다. 그런데 4년이 지나 한국에서 이렇게 팬들이 몰려들었다는 것은 정말 믿어지지 않아요."

마블 영화의 흥행 비결은 무엇일까? 바로 스토리의 힘이다. 그는 "우리가 만드는 스토리는 최소 70~80년, 길게는 100년 이상 가길 원한다"고 말했다.

그가 알려준 마블식 스토리텔링의 비결을 '스토리STORY'라는 단어로 요약할 수 있었다. 콘텐츠를 섞고 연결하며Scramble, 영화에 맞게 변형하고Transform, 배우보다 캐릭터를 우선시하고Override, 결점이 많은 캐릭터를 만들어 사실성을 만들되Reality, 스토리텔러 자신의 경험에 충실하라Yourself는 다섯 가지 원칙이다.

섞어라Scramble

마블 만화책의 종류는 1만 5,000여 개에 달하지만 이를 관통하는 하나의 법칙이 있다. 서로 다른 만화에 여러 수퍼히어로들이 뒤섞여 등장한다는 것이다. 마블 만화의 원작자인 스탠 리는 마블 캐릭터들이 한 우주에 살며 아홉 개의 세계를 오갈 수 있게 스토리라인을 구성했다.

수퍼히어로들은 평소 자신이 거주하는 세계에서 활약한다. 하지만 우주를 위협하는 적에 맞서 싸울 때 그들은 '어벤져스'란 모임으로 모여 적을 물리치고 자신의 세계로 돌아가는 순환 구조를 갖고 있다.

마블의 스토리 공식은 영화에도 똑같이 이식됐다. 영화 〈어벤져스〉에서는 아이언맨, 토르, 캡틴 아메리카, 헐크가 한데 뭉쳐 지구를 지킨다. 파이기 사장이 말했다.

"마블의 강점은 다른 세계의 점들을 연결하는 겁니다. 우린 영화와 영화 사이를 연결하는 유일한 제작사예요. 엄청난 연결성, 엄청난 연속성이야말로 우리의 힘입니다."

마블 영화에서는 어느 영화의 캐릭터가 다른 영화에 출연하는 크로스오버crossover 현상이 빈번하다. 예컨대 〈아이언맨〉의 극 중 인물인 토니 스타크의 아버지 하워드 스타크가 〈캡틴 아메리카〉에도 등장한다. 또 지구의 평화를 지키는 비밀 조직 실드의 책임자 닉 퓨리는 〈어벤져스〉 〈아이언맨〉 〈토르〉 등 다섯 편의 영화에 등장한다. 이번에 개봉한 〈토르: 다크월드〉에도 캡틴 아메리카가 등장한다. 반면 디즈니의 캐릭터인 인어공주, 알라딘, 미키마우스는 완전히 개별적인 스토리로 만들어졌으며 서로 융합하지 않는다.

강유정 영화평론가는 "아이돌그룹 슈퍼주니어와 소녀시대 멤버들이 그룹으로 뭉쳤다가 솔로로 활동하는 것처럼 우리에게도 익숙한 대중적 코드지만 영화판에서 한꺼번에 모든 수퍼히어로들이 등장한 것은 예전엔 전혀 생각하지 못했던 일"이라고 말했다.

하재근 문화평론가는 "마블의 영화는 '레슬링 선수 김일과 미국의 복서 알리가 싸우면 누가 이길까?' 같은 소비자들의 상상처럼 기본적으로 영웅들의 순위를 가리고 싶은 욕망을 그려냈다"고 말했다.

파이기 사장은 "영화 사이의 점을 연결하면서 두 가지 효과를 보고 있다"고 말했다.

"첫째 안정성입니다. 사람들이 후속편을 기대하고 상상하게 만들거든요. 둘째 그러면서 관객에게 끊임없는 신선함을 전달하는 거예요. 어벤져스로 수퍼히어로들이 모였다가 떠나면서 관객들이 전혀 예상하지 못했던 새로운 상황이 창조됩니다. 어벤져스는 일종의 '재부팅' 버튼인 셈입니다."

김상훈 서울대 경영학과 교수는 "기업들은 지금 제품 자체의 기능에만 초점을 맞춰 스토리텔링을 하지만 제품과 제품을 연결하는 스토리텔링의 힘을 마블에서 배울 수 있다"고 말했다.

변형하라 Transform

파이기 사장은 "마블 만화를 전 세계인이 사랑하는 문법을 가진 영화로 재해석하는 것이 나의 일"이라고 말했다. 그는 "복잡한 만화 텍스트를 단순함으로 치환하는 것이 핵심 원칙"이라며 "과잉이다 싶은 정보를 과감하게 버리고 필요한 스토리들만 뽑아 재조합한다"고 말했다.

"사실 마블 만화책은 너무 많은 정보량 때문에 곤혹스럽습니다. 토르 만화책만 600권이 있어요. 그래서 저는 캐릭터에 대해 한 번도 들어보지 못한 사람들에게 어떻게 캐릭터를 소개할지에 집중합니다. 600권의 만화 중 캐릭터를 가장 잘 소개한 부분만 찾아 그것만 씁니다. 영화〈토르〉에서는 신화적인 세계인 아스가드에 사는 토르가 왕인 아버지로부터 지구로 추방당하는데, 그 부분을 토르를 소개하는 영화 장면으로 사용했어요."

그리고 만화를 현재의 관점에 맞게 변형해야 한다. 예를 들어 아이언맨 만화에서 주인공 토니 스타크의 시중을 드는 집사 역할로 자비스라는 캐릭터가 나온다. 그러나 영화에서는 자비스를 사람이 아니라 인공 지능 로봇으로 만들어 스타크의 시중을 들게 하면서 관객들에게 큰 인기를 얻었다. 파이기 사장은 "과거를 현실에 맞게 변형하면 사람들이 엄청난 유머를 느낀다"고 말했다.

배우보다 캐릭터 Override

마블의 전략 중 특이한 것의 하나는 배우보다 캐릭터를 우선시하는 것이다. 파이기 사장은 "흥행 공식은 캐릭터에게 있지 배우에게 있지 않다"고 말했다.

잘 알려지지 않은 배우를 캐스팅하는 이유도 여기에 있다. 〈아이언맨〉의 로버트 다우니 주니어, 〈토르〉의 크리스 헴스워스, 〈캡틴 아메리카〉의 크리스 에반스 같은 배우는 모두 캐스팅 당시 인기가 많지 않았다. 그가 말을 이어갔다.

"만약 브래드 피트를 수퍼히어로로 캐스팅하면 어떻게 될까요? 사람들은 '피트가 영화에서 금색 가발을 쓰고 빨간 망토를 입은 수퍼히어로로 나왔어'라고 할 겁니다. 하지만 무명의 배우가 같은 역할을 맡았을 때 '아, 저건 마블의 토르다'라고 인식할 수 있습니다. 얼굴이 덜 알려진 배우는 관객에게 새로운 상상력을 자극합니다."

마블은 또한 시리즈물을 만들지만 항상 앞으로 나올 영화보다 현재의 영화에 집중한다. 파이기 사장은 "지속적으로 시리즈물을 만드는 마블 영화의 스토리텔링은 프랜차이즈 경영과 비슷하다"고 말했다. 미래에 오픈할 점포 계획을 구체적으로 세워놓지만 우선은 지금 만든 점포에 가장 신경을 많이 쓰는 것이다. 그는 "수퍼 히어로 영화를 제작하는 데 천문학적인 금액이 들기 때문에 1편이 성공하지 못하면 2편은 더 이상 없다"며 "많은 영화 제작자가 좋은 아이디어를 다음 편을 위해 살려두지만, 난 지금 제작하는 영화에 가장 좋은 콘텐츠를 집어넣는다"고 말했다.

영화 〈어벤져스〉에서 수퍼히어로들과 외계인 군대가 전투를 벌이는 장면이 한 예이다. 일부 제작진은 "많은 수퍼히어로가 나오는 것만으로 관객을 압도할 수 있으니 외계인 군대를 넣지 말자"고 반대했지만, 파이기 사장의 고집으로 외계인 군대가 등장했다. 영화 〈토르〉 1편에서 토르의 동생 로키가 토르를 배신하고 왕좌를 가로채는 스토리도 토르 2편을 위해 아낄 수도 있었지만 1편에 써버렸다.

인간적인, 너무나 인간적인Reality

수퍼맨이나 배트맨은 어떤 어려움에도 쓰러지지 않는 '완벽한 영웅'이다. 하지만 마블의 캐릭터들은 정반대다. 평범한 데다 결점투성이다.

160센티미터의 키에 군 입대를 지원하지만 거절당한 남자(《캡틴 아메리카》), 공부벌레에다 여성 울렁증을 가진 남자(《스파이더맨》), 알코올중독에 플레이보이인 백만장자(《아이언맨》)…….

파이기 사장은 "인간이라면 모두가 어떤 형태의 결점이 있고 그것을 성공적으로 극복하길 원하는데, 마블은 그러한 인간의 본능적 욕구를 캐릭터에 이입했다"고 했다. 캐릭터를 만드는 마블의 핵심 공식은 '질릴 때까지 캐릭터에 결점을 만들라'이다. "관객이 열광하는 것은 캐릭터의 결점입니다. 그 결점을 가진 캐릭터가 내면에서 싸우는 것을 원하는 겁니다. 삶의 어두운 그림자를 만드는 겁니다. 그리고 캐릭터가 속죄하고 구원받는 과정을 거치게 하는 것입니다. 그 결점을 극복할 때 비로소 수퍼히어로가 됩니다."

강유정 영화평론가는 "마블은 기존 영웅 영화의 계보를 깨면서 새로운 블록버스터 영화의 문법을 썼다"며 "기존의 영웅 영화가 무거운 클래식이었다면 마블의 영화는 가벼운 팝음악 같다"고 말했다. 진중한 서사 구조와 전지전능한 캐릭터를 없애고 관객이 쉽게 교감할 수 있는 인간적인 캐릭터를 만들었다는 것이다. 파이기 사장은 "10년 전만 해도 '결점 많은 수퍼히어로'는 영화판에서 다뤄지지 않은 이슈였다"고 말했다.

박석원 성균관대 영상학과 교수는 "2008년 미국의 서브프라임 모기지 사태가 터지고 세계 금융 위기가 오자 미국은 '세계를 구하는 영웅'에서 '세계를 타락하게 한 장본인'으로 전락했으며 그 이후에

"캐릭터가 속죄하고 구원받는 과정을 거치게 하는 것입니다. 그 결점을 극복할 때 비로소 수퍼히어로가 됩니다."

〈아이언맨〉 같은 마블 영화가 쏟아져나왔다"며 "비전형적이면서 인간적인 마블의 캐릭터에 현대인들이 친숙함을 느끼고 깊이 공감하는 것"이라고 분석했다.

전문가들은 소비자가 선호하는 '페르소나persona(남에게 비추어지는 인격이나 성격)'가 변화했다고 분석한다. 홍성태 한양대 경영학과 교수는 "지금은 영웅의 페르소나에서 친구의 페르소나로 전환하는 시점"이라며 "케이블 프로그램 〈꽃보다 할배〉가 인기가 많은 이유도 영웅 같은 원로 배우들이 망가지고 실수하며 친구 같은 페르소나를 보여주기 때문"이라고 말했다.

나만의 정체성을 지켜라 Yourself

훌륭한 스토리텔러가 되려면 남과 다른 자신만의 정체성을 지키고, 남이 뭐라 하든 소신껏 살아가는 용기가 필요하다.

파이기 사장은 "다른 기업이 마블에서 배울 수 있는 게 있다면 그것은 자신의 브랜드에 대한 확실한 믿음을 갖고, 새로운 위험을 감수하는 것을 전혀 두려워하지 않으며, 브랜드의 정의를 확장하는 데 두려워하지 않는다는 것"이라며 "과거의 어려운 경험이 마블의 DNA에 녹아 있다"고 말했다.

"마블 스튜디오는 무명에 가까운 로버트 다우니 주니어를 캐스팅하고, 무명이던 존 파브르 감독을 〈아이언맨〉에 기용한 위험한 결정을 자랑스럽게 여깁니다. 그 누구도 아이언맨을 잘 몰랐고, 사람들은 B급 캐릭터라고 믿었지만요. 그것이 가능한 것은 우리의 믿음이 있었습니다."

마블이 〈아이언맨〉을 제작할 때 몇몇 영화 전문가는 아이언맨이 수퍼맨이나 배트맨보다 인지도가 떨어지는 B급 캐릭터라고 혹평했다. 그러나 파이기 사장은 "우린 언제나 모든 캐릭터가 위대한 창조물이라는 우리만의 믿음을 끝까지 고수했다"고 말했다.

케빈 파이기 Kevin Feige는…

영화사 마블 스튜디오의 사장이자 제작자이다. 〈아이언맨〉을 필두로 〈엑스맨〉 〈스파이더맨〉 〈판타스틱 포〉를 제작한 마블 영화 흥행의 주역이다. 2012년에는 그가 제작한 〈어벤져스〉가 전 세계 흥행 1위를 기록하기도 했다. 그의 영화 흥행 수익은 총 83억 달러 이상에 달한다. 만화를 기반으로 한 다양하고 인간적인 캐릭터와 흥미로운 크로스오버의 활용으로 전형적인 슈퍼히어로의 모습을 바꿔놓았다. 자신이 제작한 영화와 브랜드에 대한 확실한 믿음으로 콘텐츠를 확장시키고 있는 중이다.

우버 CEO
트레비스 칼라닉

DFJ 창업자
티모시 드레이퍼

성공할 때까지
실패하는 걸
왜 두려워하지요?

구글 투자받은 트래비스 칼라닉 미국 우버 CEO
"규제는 기회다"

#1. 7월 31일 서울

세계적인 모바일 차량 예약 서비스 회사인 우버의 트래비스 칼라닉 Travis Kalanick CEO의 스마트폰이 쉴 새 없이 울려댔다. 인터뷰는 예정 시각보다 40분가량 지나 시작됐다.

"사실, 어젯밤에 한숨도 못 잤어요. 하필 서울 서비스를 막 시작하는 이 시점에 수억 달러 규모의 자금 조달이 진행 중이라니요! 투자 받으면 무엇을 할 예정이냐고요? 전 세계 100개 도시에 진출할 예정입니다."

한숨도 못 잤다는 목소리치고는 굵고 카랑카랑했다.

#2. 10월 21일 샌프란시스코

칼라닉 사장과의 두 번째 인터뷰. 알고 보니 석 달 전의 대규모 투자자는 구글이었다. 그는 이번엔 멋쩍은 웃음을 터뜨렸다.

"(뉴스가 많이 나와서인지) 길거리에서 모르는 사람이 사인해달라는 경우도 있었어요."

2013년 8월 또 하나의 실리콘밸리 발 뉴스가 전 세계 IT 업계를 흔들어 놓았다. 구글의 벤처 투자 전문회사인 구글벤처스와 사모펀드인 텍사스퍼시픽그룹이 우버에 2억 5,800만 달러(약 2,800억 원)를 투자하기로 한 것이다. 이 회사는 아마존의 제프 베조스 회장으로부터도 투자를 받은 적이 있다.

흔해 빠진 콜택시 회사 같기도 한데, 왜 구글과 아마존 같은 회사가 눈독을 들이는 것일까? 샌프란시스코 공항에서 우버 사옥까지 가기 위해 우버 차량을 이용해보기로 했다. 스마트폰에서 우버 앱을 연결해 내 위치를 입력하자마자 주변에 있는 운전기사 사진이 떴다. 중동계 남자로 보였다. 사진 옆에 평점을 보니 5점 만점에 4.8점이었다. 선택하니 곧바로 문자가 왔다. "Hyunjung님, Sarfraz 기사님이 6분 이내에 도착할 예정입니다."

다음 날 샌프란시스코 하워드 거리에 위치한 고층 빌딩. 5층에 있는 우버 사무실은 도떼기시장 같았다. 직원이 갑자기 늘어나는 바람에 빈자리를 찾기 어려웠다. 10월에는 신입직원 70명이 들어왔다고 한다. 사무실 입구에는 다양한 인종의 중년 남성들이 줄지어 서 있었다. 우버 운전기사로 등록하려는 사람들이다. 20대로 보이는 젊은 직원이 아이패드를 보며 접수를 하고 있었다.

우버에 대한 평가는 크게 엇갈린다. '공유 경제의 첨병'에서부터 '교통업계의 악동' '불법 택시'에 이르기까지. 전 세계 60개 도시에서 서비스 중인 이 회사는 늘 택시업계, 규제 당국과 전쟁을 벌여왔다. 한국도 예외는 아니다. 우버의 서울 진출과 관련해 서울 택시 4개 단체는 성명을 내고 "우버는 택시 유사 영업"이라며 "당국이 방관할 경우 생존권 수호를 위해 강력하게 투쟁해나갈 것"이라 밝혔다.

기자와 동갑인 칼라닉 사장은 이 문제에 대해 이렇게 말했다. "택시업계는 허가권을 바탕으로 보호받고 살았습니다. 지난 60년 동안 택시 산업의 발전은 없었습니다. 정작 택시 운전사의 수입은 낮습니다. 손님을 찾지 못해 텅텅 빈 택시를 몰고 다니는 것은 또 얼마나 비효율적입니까. 택시 업주는 우버를 싫어하지만, 운전기사와 승객들은 우리를 좋아합니다."

그는 목소리를 높이며 말을 이어갔다. "나는 이런 문제들을 어떻게 다뤄야 하는지 알아요. 운전기사와 승객들에게 더 편한 서비스를 제공해준다는 원칙만 지키면 그들이 알아서 우리를 위해 싸워줘요. 그들이 좋아하면 규제에서도 승리하게 되지요. 택시 업계의 반발은 프랑스 요리 업체가 이탈리아 식당은 들어오지 말라는 격입니다."

그는 우버가 택시 영업과 다르다는 이유로 택시를 전혀 소유하지 않는다는 점을 든다. 운전기사와 승객을 중개해줄 뿐이란 것이다. 기사들은 여러 대의 차량을 보유한 차주이거나, 개인 프리랜서들이다. 전직 택시기사도 있다. 우버는 시간과 거리에 따라 달라지는 요금의 일부를 수수료로 받는다. 또 기사들을 평가해 평점을 매기며, 평점이 낮으면 퇴출시킨다. 처음에 고급 리무진으로 서비스를 시작한 우버는 지금은 SUV나 소형 차량으로도 대상을 확대했다.

어떤 점에서는 우리나라의 '나라시(일반 승용차로 택시 영업을 하는 행위)'나 '콜뛰기(유흥업소 종사자를 대상으로 하는 불법 택시)'와 비슷한 점도 있다. 불법과 혁신의 경계에 서 있는 것이다. 어떻게 보면 우버는 택시가 아니라 오랜 기간 시장 구조를 지배해온 전통 체계와 싸우고 있는 건지도 모른다. 칼라닉 사장은 "나는 남들이 하기 싫어하는 것을 좋아한다. 누구는 쓰레기를 치우지만, 나는 도시의 비효율성을 걷어내고 싶다"고 했다. 그런데 칼라닉 사장의 규제와의 싸움은 이번이 처음이 아니다. 우버는 그에게 네 번째의 창업이었는데, 그가 두 번째 창업한 기업은 규제와의 싸움에 져서 파산한다.

1998년 그는 22세의 나이에 음악 파일 공유업체 '냅스터'와 경쟁하는 P2P(다자 간 파일 공유) 업체를 차렸는데, 2000년 여름 29개 방송국과 영화사들이 2,500억 달러(약 265조 원)에 달하는 천문학적 금액의 소송을 제기한 것이다. 그는 방송국과 영화사들에 100만 달러를 배상하고, 회사를 접었다.

하지만 그는 곧바로 세 번째 창업에 나선다. 그것도 자신을 소송해 망하게 한 바로 그 회사들을 고객으로 끌어들여서 말이다. 방송국, 영화사들이 합법적으로 자료를 공유하게 도와주는 회사를 차린 것이다. 그 회사는 잘나갔고, 그는 150만 달러를 들여 창업한 회사를 2,300만 달러에 팔았다. 그리고 그 돈을 바탕으로 우버를 창업해 대박을 터뜨렸다.

한국에서는 한 번 파산한 기업가가 재기하기 어렵다고 하자 그는 이렇게 말했다.

"여기는 그렇지 않습니다. 다시 시작하는 것이 너무나 당연합니다. 모래주머니를 안 찬 사람에게 모래주머니를 차면 어떠냐고 묻는 말과 같아요. 스스로 마음을 추스르는 게 중요했지 (외부 여건이) 재기를 못하게 막는 것은 아무것도 없었어요."

보통 운동선수들이 강도 높은 훈련을 할 때 모래주머니를 차고 달리고는 한다. 트레비스 사장은 재기하는 데 자신의 발목을 잡은 장애물이 없었다는 뜻으로 모래주머니를 이야기한 것이다.

트레비스 칼라닉 우버 사장을 두 차례 인터뷰하면서 느낀 것은 두 가지다. 첫째, 실패를 용인하는 문화가 그의 성공을 낳고, 나아가 미국 벤처 생태계의 토대가 됐을 것이란 점을 재확인한 것이다. 둘째, 혁신가에게는 규제가 기회가 될 수도 있다는 점이다. 많은 기업이 규제를 핑계 삼지만 말이다.

칼라닉 사장은 열여덟 살 때 생애 첫 창업을 했다. LA에 살던 그는 수학능력시험SAT을 앞둔 동네 후배에게 수학을 가르쳤는데, 그 학생의 SAT 점수가 400점(당시 만점은 1,600점이었다) 이상 오른 것이 계기였다. 너도나도 SAT를 가르쳐달라는 요청이 쇄도했고, 그는 결국 보습 학원을 차렸다(사업을 제안해 공동창업한 사람은 한국인이었다).

그는 UCLA 컴퓨터 공학과에 입학했지만, 졸업은 하지 않고 중퇴했다. 재학 시절 단행했던 두 번째 창업의 실패 후유증 때문이었다. 그러나 곧이어 세 번째 창업에 성공해 회사를 비싼 값에 매각한 것이 그의 인생에 터닝 포인트가 됐다. 그는 "성공하기 전에는 새로운 일에 뛰어들 때 왠지 모를 장벽을 계속 두려워하는 마음이 있었다"

"다시 시작하는 것이
너무나 당연합니다.
스스로 마음을 추스르는 게 중요했지
재기를 못하게 막는 것은
아무것도 없었어요."

면서 "그런데 일단 성공한 뒤로는 어려워하지 않는 것이 훨씬 쉬워졌다. 투자받기도 쉬워졌다"고 말했다.

규제와의 전쟁에 대비하라

며칠 샌프란시스코를 돌아보니 우버가 마치 택시처럼 이용되고 있었다. 우버의 경쟁 업체인 집카, 사이드카, 리프트 등 다른 차량 공유 업체들도 성황이었다. 칼라닉 사장은 "샌프란시스코 시 당국이 올 초 차량 공유 서비스에 대한 규제를 크게 완화한 덕"이라고 말했다.

"공공시설위원회가 택시의 대안을 인정했고 경쟁을 촉진했어요. 위원회의 그 결정이 없었다면, 택시와 직접 경쟁하는 '우버엑스(저가형 우버 서비스)'도 탄생하지 못했을 겁니다. 우버를 통해 수천 개의 일자리가 창출된다는 점을 이해했기에 그런 결정을 한 겁니다."

그러나 샌프란시스코 시 당국이 원래 우버 서비스에 우호적이었던 것은 아니다. 시 당국은 택시 사업과 유사하다는 이유로 '정지 명령cease and desist order'을 내리기도 했다. 우버는 회사 명칭을 당초의 '우버캡ubercab'에서 '택시'를 뜻하는 '캡'을 뺀 '우버'로 바꾼 뒤 영업을 계속했고, 결국 시 당국이 뒤에 영업을 허용한 것이다.

샌프란시스코와 달리 워싱턴DC의 분위기는 여전히 살벌하다. 우버가 골머리를 앓는 곳 중 하나다. 미국 워싱턴DC 택시위원회는 우버가 시간, 거리 병산제로 요금을 산정하는 것이 규정을 어겼다고 지적한다. 2013년 8월 이 위원회는 택시와 경쟁하는 '우버엑스' 서비스를 사실상 금지했다.

한국에도 콜택시 서비스가 있다. 우버와 콜택시는 비슷한 서비스 아닐까? 기자의 이런 의문에 칼라닉 사장은 "분명히 다르다"고 말했다.

"우선, 우버는 중간 역할을 하는 콜센터 직원이 없습니다. 운전기사와 승객이 앱을 통해 직접 만납니다. 또 우버의 경우 손님이 스마트폰 앱의 지도를 보면서 운전기사의 위치를 알 수 있어요. 효율성의 차이입니다."

우버는 운전기사용 앱을 통해서는 고객 수요를 예측하는 정보를 별도로 전달한다. 고객이 많이 몰릴 시간과 장소를 지도에 표시해주는 것이다. 운행 데이터가 쌓일수록 우버의 고객 수요 예측 결과도 정확해지고 있다.

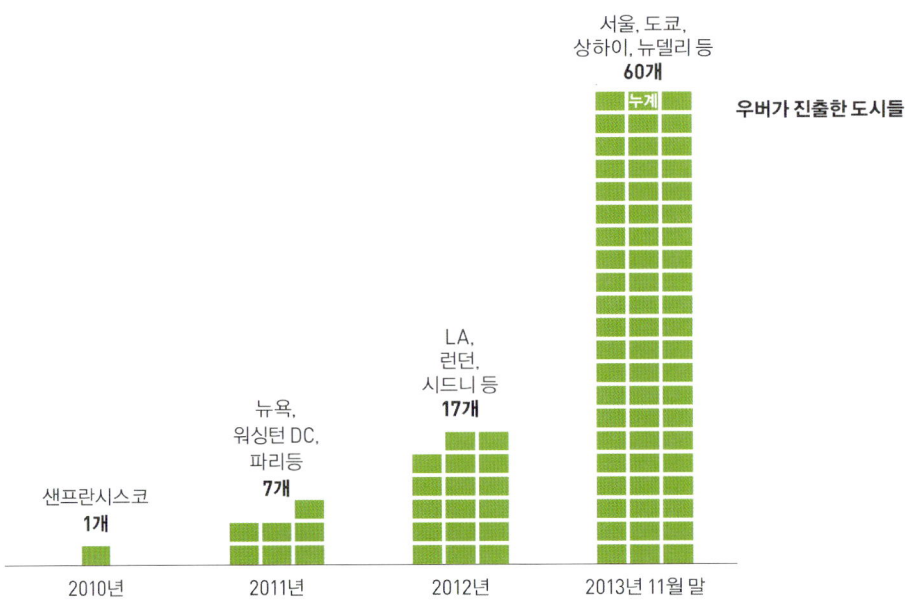
우버가 진출한 도시들

우버의 도발적 실험

그는 "사실 우버는 수학 회사라고 해도 과언이 아니다"라고 말했다. "핵물리학자, 데이터 과학자, 통계학자가 함께 일하고 있어요. 우리의 목표는 5분 안에 배차하는 것입니다. 교통 체증이 극심한 대도시에서 5분 배차는 어려운 도전입니다. 실시간 데이터를 정교하게 분석하는 알고리즘 없이는 불가능하지요."

우버의 도발적인 실험은 여기에 그치지 않는다. 우버는 '실시간 할증 요금제'를 출시해 논란을 불러일으켰다. 수요가 몰리면 그만큼 가격이 뛰도록 한 것이다. 가령 12월 25일, 12월 31일 등 성수기에는 우버 요금이 여섯 배까지 치솟기도 한다.

서울은 택시 요금이 상대적으로 저렴한 편입니다. 이 때문에 서울에서 우버가 인기를 끌지 못할 것이라는 전망도 있습니다.

"뉴욕에 진출할 때도 비슷한 질문을 받았습니다. 택시 요금도 싸고 어디서나 쉽게 탑승할 수 있기 때문이지요. 그런데 지금 뉴욕은 우버가 가장 성행하는 도시 중 하나입니다. 맥도날드 햄버거도 맛있지만, 매일 먹을 수는 없습니다. 어떤 날은 외식도 해야 하지요. 데이트할 때, 중요한 비즈니스 미팅이 있을 때 기사 딸린 리무진급 차량을 이용하기 마련입니다."

서울에서 우버 서비스는 리무진 차량만 이용할 수 있는데, 이용 요금은 일반 택시의 1.5~2배 수준이다. 예를 들어 강남역에서 여의도까지 약 3만 1,000원, 가로수길에서 이태원까지 1만 6,000원가량 요금이 나올 것으로 우버 앱에 떴다.

구글은 왜 우버에 투자했을까

최근 구글이 우버에 투자한 것을 두고 실리콘밸리에서는 여러 관측이 난무하고 있다. 무인자동차를 개발 중인 구글이 우버와 손잡고 '로보 택시Robo Taxis(무인 자동차를 이용한 택시 서비스)' 사업에 나설 것이라는 관측이 있는가 하면, 구글이 개발 중인 무인 자동차를 우버가 구매해 서비스에 이용할 것이라는 관측도 있다.

왜 구글로부터 투자를 받았나요?
"구글은 정말 매력적인 투자자입니다. 구글 맵부터 안드로이드 휴대전화에 이르기까지 전 세계 수십억 명에 접근할 수 있도록 해줍니다. 구글 제품과 우버가 결합하면 큰 시너지를 낼 것입니다. 구글의 전 세계 확장 전략도 배울 수 있겠지요."

'구글은 왜 우버에 투자했을까' 하는 의문을 풀기 위해 며칠 뒤 마운틴뷰에 있는 구글벤처스를 찾아가 데이비드 크레인 파트너를 났다. 우버에의 투자를 주도한 사람이다. 그는 구글벤처스 사상 최대 투자의 막전막후를 이렇게 털어놓았다.

"우버에 대해 관심을 가진 것은 2년 이상 됐어요. 직장 동료부터 아내까지 우버를 애용해 눈여겨봤어요. 올여름 테드TED 콘퍼런스의 뒤풀이에서 지인의 소개로 그를 만났고 일사천리로 투자가 진행됐습니다. 래리 페이지 구글 CEO부터 말단 직원까지 우버 투자에 대해 모두 찬성했어요. 올 초까지만 해도 우버는 20여 개 도시에 진출했는데 지금은 50개가 넘는 도시에 진출했잖아요. 구글이 폭발적으로 성장하는 것을 몸소 체험했기 때문에 구글벤처스도 우버의 성장이 무엇을 의미하는지 누구보다도 잘 이해합니다."

그는 구글의 무인 자동차 개발과 관련해 우버와의 협력 가능성에 대해선 "제발 날 믿어요. (최근 투자한 건) 수익을 올리기 위한 투자일 뿐이에요. 무인 자동차는 여전히 R&D 단계일 뿐"이라고 손사래를 쳤다.

미국 벤처캐피털 DFJ 창업자 드레이퍼
"새로운 영웅을 만듭니다"

2012년 5월, 미국의 대표적 벤처캐피털의 하나인 DFJ의 창업자 겸 대표인 티모시 드레이퍼Timothy Draper가 캘리포니아 산마테오에 위치한 80년 역사의 호텔 하나를 자비로 사들였다. 그러고는 '드레이퍼 대학'이라는 새 간판을 달았다.

그는 '핫메일' '스카이프' '오버추어' '바이두' 등에 투자했고, 2006년 미국 벤처캐피털 전문매체 VCJ는 그를 최고의 벤처 투자가로 꼽으면서 '캡틴 아메리카'라는 별칭을 붙여줬다.

드레이퍼 대학은 그의 28년 벤처 투자 노하우를 고스란히 담은 창업 전문 기숙학교. 창업을 꿈꾸는 18~28세 젊은이들을 모아 학기제로 강의한다. 지금까지 총 3기, 기수당 45명의 졸업생이 배출됐다.

"저는 항상 학교를 열고 싶었어요. 평생 기업을 운영하면서 깨닫고 배운 것을 젊은이들에게 알려주고 싶어요. 많은 사람은 기업가는 가르쳐서 되는 게 아니라고 합니다. 타고나는 것이라고 합니다. 하지만 제 생각은 다릅니다." 그는 "특별한 것을 하려면 새로운 영웅이

"성공은 예약돼 있지 않습니다.
오히려 실패하게 돼 있지요.
기꺼이 도전하고 성공할 때까지
기꺼이 실패를 계속하는 사람들이
필요합니다."

필요하다"면서 "우리가 가르치는 것은 영웅을 만드는 과정"이라고 말했다.

2013년 10월, 산마테오 도심의 호젓한 길가에 자리 잡은 드레이퍼 대학을 찾았을 때 4기 교육이 한창이었다.

스탠퍼드 같은 대학과 다른 점이 무엇인가요.
"보통 대학은 경영의 역사를 가르치지요. 스티브 잡스가 무엇을 했는지, 엘런 머스크(테슬라 창업자)가 어떻게 회사를 키웠는지요. 여기서는 미래를 가르칩니다. 예측 분석, 공상 과학 소설, IT 마케팅을 가르치고, 서바이벌 프로그램을 돌리지요. 그런 다음 창업 아이템을 만들어 벤처캐피털 리스트 앞에서 2분간 발표하게 합니다."

젊은이들에게 성공할 수 있다는 '헛된 환상'만 심어주는 건 아닐까요.
"노노No No. 성공은 예약돼 있지 않습니다. 오히려 실패하게 돼 있지요. 성공할 때까지 계속 실패하는 것이지요. 우리는 기꺼이 도전하고 성공할 때까지 기꺼이 실패를 계속하는 사람들이 필요합니다."

한국에서는 이공계 기피 현상이 심합니다. 정부가 창조경제를 모토로 내걸었지만, 효과를 보기 어렵다는 시각도 있습니다.
"저는 그렇게 생각하지 않아요. 한국은 우수한 기술력을 갖고 있습니다. 온라인 게임, 스마트폰 게임이 모두 한국에서 나오지 않았나요? 제가 걱정하는 것은 한국의 우수한 기술이 한국에서만 쓰인다는 점입니다. 영어는 한마디로 '머니 랭기지money language(돈이 되는 언어)'인데 한국 기업가 중에서는 영어를 제대로 구사하는 사람이 많지 않은 것 같아요. 가능하면 중국어도 배우면 좋겠어요.

　글로벌화는 중요한 키워드입니다. 미국인도 글로벌화를 위해 중국어를 배우고, 스페인어를 배워야 합니다. 중국의 샨다가 한국의 온라인 게임 '리니지'를 베껴 게임 업체를 만들지 않았나요? 중국 게임 시장 규모가 70억 달러입니다. 한국이라고 해봐야 인구가 겨우 4,000~5,000만 명 정도잖아요."

한국 창업 문화를 활성화하기 위해 또 어떤 것을 준비해야 할까요?
"실리콘밸리의 긴 역사를 보십시오. 실리콘밸리에서는 기업가들이 자신의 비즈니스만 하는 것이 아니라 다른 비즈니스를 도와서 시너지를 일으켜요. 실리콘밸리에는 '비트코인(가상 화폐)'을 만든 엔지니어도 있고, 동영상 서비스를 만든 창업가도 있고, 3D 프린터(물건을 찍어내는 프린터)로 사업을 하는 사람도 있어요. 동영상 서비스를 만든 창업가가 비트코인으로 결제하고 비트코인 업체가 3D 프린터로 출력한 물건을 사면서 아이디어를 발전시킵니다. 이것은 강력한 네트워크입니다. 한국 창업가들은 자기 것에 대한 소유 의식ownership이 강해요. 자기 것을 가치 있게 만들려면 더 나눠야 해요."

많은 나라가 실리콘밸리를 벤치마킹하려고 하는 데 큰 성과를 거두지 못하고 있습니다.
"나는 오랫동안 벤처캐피탈의 글로벌화를 꿈꾸며 전 세계 많은 나라를 돌아다녔어요. 그때 하나 깨달은 것이 있지요. 전 세계 어디든지 기업가 정신을 가진 사람들이 반드시 있다는 것입니다. 정부는 이런 사람들이 활동할 수 있도록 지원을 하면 됩니다. 한국 정부

는 그렇지 않다고 생각하지만, 많은 나라에서는 자꾸 규제하려고 해요. 그것이 기회를 잃게 하지요."

제2의 실리콘밸리 후보는 어디입니까.
"매우 흥미로운 질문입니다. 그나마 실리콘밸리와 비슷한 분위기를 찾으라면 베이징입니다. 그곳에는 10억 달러씩 버는 기업들이 널려 있어요. 70억 달러 버는 곳도 있고. 그렇게 돈을 많이 벌면 주변에서 자연스럽게 따라합니다. '어떻게 성공했을까, 나도 할 수 있다'면서 사람들이 몰려들지요.

실리콘밸리도 처음엔 기업이 몇 개뿐이었어요. 그런데 페어차일드, 인텔, HP 등 성공한 기업이 나타나면서 다른 기업들도 실리콘밸리에 뛰어들게 만든 것입니다. 한국 젊은이들도 '나도 Mr.삼성이 되고 싶다' '구글이 되고 싶다'는 열망을 가지고 도전해야 합니다."

래리 페이지 구글 CEO 등 실리콘밸리의 성공한 창업가들이 성공담을 후배들과 적극적으로 나누려는 점이 참 부럽습니다. 한국에도 네이버와 엔씨소프트, 넥슨 등 크게 성공한 기업들이 있는데 창업자들은 약속이나 한 듯이 은둔하고 숨어버립니다.

"독일어로 '샤덴프로이데Schadenfreude'라는 말이 있습니다. 다른 사람의 불행을 보면서 기뻐한다는 뜻이지요. 우리에게는 혹시 남의 성공을 보면서 그것을 인정하기보다는 뭉개려는 경향이 있지 않나요? 샤덴프로이데를 '영웅의 문화culture of heroism'로 바꿔나가야 합니다. 우리는 빌 게이츠 마이크로소프트 창업자를 숭상합니다. 사람들이 '와, 빌 게이츠다'라고 반기고 빌 게이츠는 '안녕하세요, 여러분. 나는 여러

분과 내가 이룬 것들에 대해 이야기하고 싶습니다'라고 말하지요."

드레이퍼 가문은 4대째 벤처캐피탈리스트로 활약하는 것으로 유명합니다. 집안에 특별한 유전자가 있는 것 아닙니까?

"하하. 올해 스물일곱인 제 아들은 액셀러레이터accelerator(창업 지원 기업)를 하고 있어요. 여하튼 아들까지 포함하면 4대째 벤처 투자업을 하고 있는 셈이지요."

트레비스 칼라닉Travis Kalanick은…

모바일 차량 예약 애플리케이션 '우버Uber'의 창업자이다. UCLA 컴퓨터 공학과 재학 중에 창업에 뛰어들었지만 여러 번 파산했다. 네 번째 창업인 우버가 '대박'을 터뜨렸고, 구글의 투자를 받으며 전 세계적으로 사업을 확장하고 있다.

티모시 드레이퍼Timothy Draper는…

실리콘밸리를 대표하는 밴처캐피털인 DFJ의 창업자 겸 대표이다. 그는 핫메일, 스카이프, 오버추어, 바이두 등에 투자했고, 2006년 미국 벤처캐피털 전문매체 VCJ는 그를 최고의 벤처 투자가로 꼽은 바 있다. 그는 28년간 벤처 투자 노하우를 고스란히 담은 창업 전문학교를 설립하여, 미래의 창업가들을 가르치고 지원하고 있다.

에버노트 CEO
필 리빈

경쟁이 아닌
오로지 제품을 위해서
우리의 에너지를
쏟아붓지요

스마트폰 장터에서 구할 수 있는 애플리케이션이 190만 개에 이른다. 그중에 기록·정리를 도와주는 '메모 앱'만 1,000개가 넘는다. 그리고 그 대부분이 무료로 배포된다. 무료 메모 앱 중에는 마이크로소프트의 원노트One Note나 구글의 '구글 킵KEEP'처럼 IT 골리앗들이 내놓은 제품도 포함돼 있다.

 도무지 돈이 되지 않을 것 같은 비즈니스인데, 5년 전에 메모 앱 시장에 뛰어들어 망하기는커녕 돈을 잘 벌고 있는 회사가 있다. '에버노트Evernote'가 그것이다.

 회사 이름과 같은 이름의 앱을 현재 전 세계적으로 6,600만 명이 이용하고, 한국에서도 180만 명이 쓰고 있다. 기본은 무료이지만, 저장 공간에 올릴 파일 용량을 늘리려면 월 5달러(6,000원)를 내야 한다. 그런 유료 가입자가 9월 현재 310만 명에 달한다.

최근 미국의 IT 전문지 《PC월드》는 가장 인기 있는 메모 앱 세 가지 즉 에버노트, 구글킵, 원노트의 성능을 비교 분석했는데, 이 가운데 에버노트가 단연 뛰어나다고 평가했다. 메모 앱이라는 단 하나의 상품을 만들었을 뿐이지만, 이 회사에 세쿼이아캐피털을 비롯한 벤처투자회사들이 2,500억 원을 투자했다. 전 직원이 330여 명에 불과한 이 회사는 현재 기업 가치가 1조 원으로 평가된다.

책 『에버노트 라이프』의 저자 홍순성은 "에버노트는 사용 단계를 단순화시켜 사용자 편의를 극대화한 것이 특징"이라며 "애플의 아이폰처럼 많은 이용자를 마니아로 만드는 브랜드"라고 말했다

다윗이 골리앗을 이긴 비결은 무엇일까. 실리콘밸리의 소도시 레드우드시티에 위치한 에버노트 본사를 찾아가 필 리빈Phil Libin 창업자 겸 CEO의 이야기를 들어봤다.

경쟁이 아니라 제품이 문제다

메모 앱이 1,000개 있고, 구글, MS까지 공짜 앱을 내놓았는데, 에버노트가 어떻게 살아남을 수 있었나요?

"우리가 처음 에버노트를 출시했던 5년 전으로 돌아가보지요. 구글이 최근 새로운 메모 앱을 내놓았지만, 5년 전에도 구글은 이미 좋은 메모 애플리케이션을 갖고 있었습니다. 마이크로소프트, 블랙베리도 그들만의 제품을 갖고 있었고요. 따라서 에버노트는 출시 첫날

부터 무한경쟁 상황에 놓여 있었습니다.

솔직히 나는 다른 업체가 성공을 위해 무엇을 어떻게 하는지 잘 모릅니다. 다른 업체가 우리를 쫓아오지 못하도록 어떻게 블로킹할지도 생각하지 않고요. 우리는 에너지의 100퍼센트를 오로지 우리 제품을 더 좋게 만드는 데만 집중합니다. 이런 노력이 좋은 결과를 가져왔다고 생각합니다.

뒤를 본다고 당신이 더 빨리 달릴 수 있을까요? 다른 업체가 무엇을 하는지 신경 쓴다고 더 좋은 제품이 나오지 않지요. 경쟁은 자신과 하는 것입니다. 그리고 한 번에 끝나지 않습니다. 매달 계속해서 사용자들에게 '에버노트를 써보니 더 좋아졌다'고 느끼게 할 만한 경험을 줘야 합니다. 더 편하고 쉽게 사용할 수 있도록 기능을 개선해 나가는 것이지요. 다음 버전의 에버노트는 지금 것보다 좋아야 합니다."

구글이나 MS 같은 거인에 밀려 도태하지 않을까 걱정해본 적은 없나요?

"사람들이 경쟁이 무엇인가에 대해 크게 오해하는 게 있는 것 같아요. 스타트업이 뭔가 재미있는 비즈니스를 만들면, 큰 회사가 비슷한 것을 만들어 결국 스타트업은 망한다는 스토리입니다.

하지만 미국에서 이런 경우는 극히 드뭅니다. 내 기억으로 가장 큰 사례는 1990년대 초반 '윈도 3.1'에 팩스 기능이 들어가면서 인터넷 기반의 팩스 소프트웨어 회사들이 무너졌던 게 마지막이었을 거라고 생각합니다. 최근 페이스북이 인스타그램을 거액에 샀지만, 이것은 대기업·스타트업 양쪽 모두가 큰 이익을 보게 된 경우입니다.

사실 애플, 구글, 마이크로소프트, 페이스북, 아마존은 우리와 경쟁하는 제품이나 서비스를 제공하기도 하지만, 우리는 그것을 경쟁이라고 생각하지 않아요. 그들과 함께 일해서 더 나은 무엇을 만드는 것에만 집중합니다.

　비즈니스와 기술은 제로섬게임이 아닙니다. 아주 많은 사람이 비즈니스를 내가 이기면 당신이 지는 스포츠 게임과 비슷하다고 생각하는데, 비즈니스는 스포츠라기보다는 음악 연주에 더 가깝지요. 조화를 이뤄 더 멋진 음악을 만들어낼 수 있습니다. 구글은 우리의 최고 파트너 중 하나예요. 어떤 부분에서는 경쟁하지만, 어떤 부분에서는 협력하지요. 구글이 에버노트의 적일까요? 기록을 저장할 수 있는 놀라운 하드웨어들이 앞으로 점점 더 생겨날 겁니다. 구글글라스(안경처럼 쓰는 컴퓨터)가 아주 좋은 예지요. 구글글라스로 찍은 화상을 에버노트에 자동 저장하고, 필요할 때 구글글라스 화면에 기록 내용을 불러낼 수 있게 될 것입니다. 구글은 에버노트에 위기가 아니라 기회가 될 수 있습니다."

생산적인 사람들에게 가장 중요한 브랜드

아무리 좋은 기술을 만들어도 경쟁자들이 복제한다면 허무하지 않나요. 어떻게 방어하고 있나요.

"누가 에버노트를 복제하는 것은 두려워하지 않아요. 복제하는 것은 이미 너무 늦었어요. 복제를 했을 때 우리는 이미 더 많은 것을 했을 것이기 때문이지요. 누가 우리를 능가하기 위해선 복제가 아니라 우리보다 더 잘해야 합니다."

"비즈니스는 내가 이기면 상대가 지는 스포츠 게임과 비슷하다고 생각하는데, 스포츠보다는 음악 연주에 더 가깝지요. 조화를 이뤄 더 멋진 음악을 만들어낼 수 있습니다."

그는 앞으로 에버노트를 어떤 브랜드로 만들고 싶으냐는 질문에 "에버노트를 메모 앱 업계에서 애플, BMW 같은 브랜드로 만들겠다"고 말했다.

"GM은 미국, 유럽, 중국에서 각각 차를 만드는데, 저마다 다릅니다. 하지만 애플이나 BMW는 제품이 세계 어디에서나 거의 비슷하지요. 삼성전자도 5년 전에는 시장에 따라 제품이 전혀 달랐을 것입니다. 하지만 지금 삼성의 플래그십 스마트폰 '갤럭시' 시리즈를 보세요. 전 세계 어디에서나 같은 형태로 팔립니다. 다시 말해 '로엔드 low-end'에서는 지역별 취향이 중요하지만, '하이엔드high-end'로 가면 어디에서든 환영받습니다. 물론 제품이 끝내주게 좋다는 게 전제돼야 하겠지만요.

에버노트는 생각을 가장 효과적으로 정리하고, 생산적인 사람이 되고 싶은 이들에게 세상에서 가장 중요한 브랜드가 되고 싶어요. 똑똑한 사람들의 라이프 스타일에서 가장 중요하고 가장 잘 알려진 브랜드가 되고 싶다는 게 앞으로 100년 동안의 에버노트의 비전입니다."

단 하나의 수익 모델에 집중한다

에버노트가 실제로 얼마나 돈을 버는지는 베일에 싸여 있다. 아직 기업이 공개되지 않아 실적을 발표하지 않기 때문이다. 그러나 기업가치가 1조 원에 이른다는 평가를 받는 것을 보면 투자자들로부터 수익성을 어느 정도 검증받았다는 이야기다. 이 회사는 실제로 어떻게 돈을 버는 것일까?

리빈 사장은 "에버노트의 수익 모델은 고객에게 좋은 제품을 제공해 고객이 돈을 내도록 하는 것 단 한 가지이며, 이 모델은 앞으로 100년간 절대 바뀌지 않을 것"이라고 말했다. 그는 "그게 전부예요. 소비자가 모르는 어떤 영리한 수익 모델 따위는 없습니다. 우리는 고객 데이터를 활용해서 돈 벌 궁리를 하지 않습니다"라고 덧붙였다.

광고를 붙인다든지 하는 방법을 쓰지 않나요?

"사용자들이 에버노트라는 제품 자체를 경험하는 것 이외의 모든 요소를 제거하고 있습니다. 우리는 소셜 서비스가 아닙니다. 우리는 당신을 친구와 연결하고 그것을 오락 요소와 연결해 돈 버는 일을 하지 않습니다. 우리는 몇 달 전 '에버노트 비즈니스'라는 기업용 앱을 출시했습니다. 기업 고객들이 우리 앱을 사내에 보급하기 위해 비용을 지불하기 시작했지요. 에버노트 입장에서 추가적인 수익 창구가 생겼다는 것을 의미합니다."

아무리 돈 많이 줘도 회사 팔지 않겠다

구글이나 페이스북 같은 데서 거액을 주고 인수하겠다면 어떻게 할 건가요?
"우린 처음부터 남들이 아니라 우리 자신을 위한 회사를 만들고자 했어요. 정말 우리가 쓰고 싶은 것을 만들겠다, 세상을 바꿀 수 있는 것을 만들겠다는 것이었지요. 그런 생각으로 회사를 만들었는데, 팔고 나간다고 하면 이치에 맞지 않습니다. 대기업에 팔지 않겠습니다. 대기업들이 거액을 제시하고 우리 회사를 사겠다고 하는 경우가 있었습니다. 그럴 때 나는 '감사합니다. 영광입니다. 하지만 그

돈을 우리 회사에 투자하시면 어떨까요?'라고 말합니다."

올해 가장 큰 인상 받은 책이나 영화는?
"내 인생에 가장 큰 영향을 준 책이 있습니다. 『느림의 지혜The clock of the long now』예요. 1만 년 동안 작동할 시계를 만들겠다는 사람들의 얘기인데, 이 책에는 왜 에버노트가 앞으로 100년 가는 스타트업이 되겠다고 했는지 그 이유가 들어 있습니다. 재빠른 것이 이긴다고 생각하지만 장기적인 관점에서 정말 해야 할 일의 본질을 꿰뚫는 것이 얼마나 중요한지를 알려주는 책이지요."

"재빠른 것이 이긴다고 생각하지만 장기적인 관점에서 정말 해야 할 일의 본질을 꿰뚫는 것이 더 중요합니다."

필 리빈Phil Libin은…

러시아인으로 8세 때 미국으로 이민을 왔다. 보스턴 대학에서 컴퓨터 프로그래밍을 배웠지만, 중퇴하고 보스턴에서 통신 서버 운용 프로그램 회사를 차려 노키아에 납품하기도 했다. 그의 세 번째 창업은 '에버노트'로, 이는 모바일 기기와 PC에서 동일한 메모를 공유할 수 있는 세계 최대 메모 앱이다. 전 세계 사용자 5000만 명 이상을 확보했으며, 한국에서도 180만 명 정도가 이용하고 있다. 다수 대기업에서 회사를 매각하라는 유혹을 받았지만 모두 거절한 것으로도 유명하다.

트랜스포머 로봇의 원작자
가와모리 쇼지

몸으로 생각하고
감각을 열면
창의성도 켜집니다

중고 자동차가 거대 로봇으로 탈바꿈하고, 소형 로봇이 휴대용 CD 플레이어로 변신·합체한다. 할리우드 흥행 대작 〈트랜스포머〉의 장면들이다. 이 영화는 시리즈 네 편으로 흥행 수익을 3조 원 올렸다.

그런데 이 영화의 핵심 포인트인 '자동차로 변신하는 로봇'의 원형이 30년 전 일본에서 만들어졌다는 사실을 아는 사람은 많지 않다. 그 창조자가 바로 '세계 최고의 변신 로봇 디자이너' 가와모리 쇼지河森正治다.

영화 〈트랜스포머〉는 1980년대 초 미국의 완구회사 하스브로Hasbro가 일본 완구회사 다카라의 변신 로봇 장난감 '다이아크론'의 판권을 사들여 미국 취향으로 고쳐 내놓은 장난감 '트랜스포머'가 영화화된 것이다. 그런데 가와모리는 바로 이 다이아크론의 자동차 변신 로봇 개발자였다. 당시 그는 게이오 대학 공대생 신분으로, 로봇에서 자동차로 완벽하게 변신하는 장난감을 만들어냈다.

그를 2013년 11월, 부천 국제 학생 애니메이션 페스티벌 현장에서 만나 최고의 크리에이터가 되는 방법을 들어봤다. 그의 대답은 크게 세 가지로 요약된다. 즉 '몸으로 생각하라' '시제품을 손으로 만들어 보라' '스타일링을 하지 말고 디자인을 하라'가 그것이다.

그는 일본에서 1980년대 초 애니메이션 〈마크로스〉에서 전투기로 변신하는 로봇 '발키리'를 디자인한 인물로 더 유명한데, 그 이후로도 애니메이션 80여 편과 게임 20여 편에서 감독·제작·로봇 디자인을 담당했다. 소니의 강아지 로봇 '아이보', 닛산·스바루의 TV 광고용 자동차 변신 로봇을 개발하기도 했다.

어떻게 변신 로봇 디자인에 관심을 갖게 됐나요?
"아버지가 전기 부품 관련 일을 하셨는데 기계를 아주 좋아하는 분이라, 내게 기계나 탈것을 많이 보여주셨어요. 어릴 때 아버지와 함께 에어쇼에도 자주 갔지요. 초등학교 2학년 때 '이스즈 117 쿠페'라는 일본 스포츠카를 보게 됐는데, 그때 아버지가 '이 차를 이탈리아인이 디자인했다'고 했지요. 그때 디자인이라는 말을 처음 들었습니다. '디자인이라는 것을 하면 이렇게 멋진 게 만들어지는구나'라고 생각했습니다.

내가 살았던 요코하마는 당시 일본 수퍼카(초고성능 자동차) 문화의 중심이었습니다. 중학교 때 자전거를 타고 가다가 또 하나의 차를

가와모리가 자신이 만든 변신 로봇 모형을 들어 보였다. 한 군데도 떼었다 붙일 필요 없이 전투기에서 로봇으로 완벽하게 바뀌는 것이 특징이다. 오른쪽은 가와모리의 애니메이션에 등장하는 동물 캐릭터.

보고 충격을 받았어요. '데 토마소 망구스타'라는 이탈리아 자동차였습니다. 나중에 알았지만 두 자동차를 디자인한 사람이 같았지요. 조르제토 주지아로Giorgetto Giugiaro라는 사람이었습니다(주지아로는 현대자동차 '포니'와 폴크스바겐의 '골프'를 디자인한 인물로도 유명하다).

  어릴 때 이렇게 실물 기계장치를 많이 보면서 자연스럽게 변신 로봇의 세계로 빠져들었어요. 한 가지 강조하고 싶은 것은 기계든 탈것이든 실물을 봐야 한다는 것입니다. 요즘 애니메이션의 리얼리티가 떨어진다고 하는데, 이는 애니메이터들이 실물을 보지 않고, 전부 조립식 플라스틱 장난감으로만 대상을 접하기 때문이지요."

기업에서 창의성이 화두인데, 어떻게 하면 직원들을 창의적으로 만들 수 있을까요.

"직원들에게 '자, 지금부터 창조적인 것을 해보세요'라고 얘기한다고 얼마나 효과가 있을까요? 창의력을 키우라면서 영화를 보러 가게 한다면 그건 의무가 돼버립니다.

본인이 진짜 호기심을 갖는 것이 이상적인데, 호기심이 교육으로 만들어질 수 있는 것인지도 문제예요. 사실 창의력, 호기심 이런 것들은 아주 어릴 적에 만들어집니다. 어른이 되면 점점 어렵지요.

그래서 어른일 경우에는 그 어른을 아이 시절로 되돌리는 작업이 필요합니다. 어린 시절을 생각해봅시다. 2~3살이 되기 전까지 말을 못하다 갑자기 말문이 터지기 시작합니다. 말문이 터지기 이전에 갑자기 말을 하라고 재촉하면 안 돼요. 겉으로 보이지 않을 뿐 아이의 내면에서 무엇인가가 계속 진행되고 있기 때문이지요. 어른도 마찬가지예요. 창조적인 것을 기대할 때는 당장 결과를 구하는 것이 아니라, 기다려줘야 합니다.

또 하나는 몸을 움직여보라는 것입니다. 자신의 몸으로 그 움직임을 느끼고, 움직임으로 무언가를 표현한다는 것. 그런 것이 정말 아이들 놀이처럼 자연스러워지면 어른들도 호기심의 스위치가 켜지고 어린 시절의 감각으로 돌아가는 기폭제를 만날 수 있습니다."

몸을 움직인다는 것에 대해 좀 더 구체적으로 설명해주세요.

"4~5인으로 팀을 만들어 새로운 탈 것을 생각해본다고 합시다. 인간형 로봇도 좋고 자동차도 좋아요. 그걸 생각할 때 몸을 사용해서 표현해보는 겁니다. 팀원들의 몸을 한데 연결해 같이 걸어보기도 하

CREATIVE

"창조적인 것을 기대할 때는 당장 결과를 구하는 것이 아니라, 기다려줘야 합니다."

고, 새로운 형태나 느낌을 몸으로 엮어서 표현해보기도 합니다. 처음에는 서먹서먹하겠지만, 시간이 지나면 아마 분위기가 무르익어 서로 적극적으로 참여하게 될 것입니다. 이렇게 자신의 몸으로 형태를 표현하면, 어릴 때의 유연한 감각이 돌아올 수 있어요.

신체의 감각을 우선하는 것은 아주 중요해요. 제품은 결국 인간이 사용하기 위한 것이기 때문이지요. 몸으로 직접 느끼지 않고 모니터 앞에서 그리기만 하는 것은 문제가 있습니다.

아이가 여섯 살이 되기 전에는 TV를 보여주지 말기 바랍니다. TV만 보다보면 눈의 초점거리가 아주 짧게 고정돼버리기 때문에 실제 거리가 얼마인지 잘 모르게 됩니다. 게임도 눈의 초점거리가 고정돼 버리니까 공간감을 잃어버리게 돼요. 공간을 모르게 되면, 전체적으로 여러 가지 요소의 관계에서 어떤 것이 진짜인지 잘 모르게 됩니다."

당신은 뛰어난 애니메이션 프로듀서로도 유명합니다. 좋은 프로듀서는 어떤 사람인가요?

"과거 한국의 2D 애니메이션을 보면, 최종 결과물은 별로인데 최초 스케치를 보면 끝내주게 좋다는 느낌을 받았던 적이 많았어요. '아니 이렇게 멋진 스케치가 어떻게 이렇게 멋없는 작품으로 바뀌어 버렸지?'라는 느낌이에요. 최종 단계까지의 품질관리가 잘못됐거나 스토리를 다듬어가는 작업에 문제가 있었다는 생각이 듭니다.

뛰어난 프로듀서는 우선 '보는 눈'이 중요합니다. 그러나 보는 눈이 있더라도 그것을 끝까지 만들어낼 수 있는 추진력이 없으면 평론가로 끝나버릴 것입니다. 따라서 이 둘의 균형감을 갖추는 것이 중요하지요."

균형감을 키우는 방법이 있다면?

"가장 좋은 방법은 어릴 적에 평평한 곳에서 놀지 않는 것입니다. 울퉁불퉁한 곳에서 뛰어놀고, 나무에도 올라가고, 약간만 실수하면 넘어지고 떨어지고, 그런 스릴과 재미를 느껴야 합니다. 평지에서 놀기만 한 아이는 성인이 돼서도 일의 균형 감각을 갖기 어렵다는 것이 내 생각입니다.

나는 어린 시절 대부분 밖에서 놀았어요. 집이 언덕에 있었는데, 언덕에서 굴러 상처투성이가 되는 일이 많았지요. 요즘은 어린 시절에 이렇게 몸으로 부딪치며 경험하는 아이들이 줄어들고 있습니다. 역으로 그런 경험을 한 아이들이 나중에 확실히 차별화될 수 있을 것이라 생각합니다.

어릴 때는 미끄러지고, 넘어져야 하고, 숨을 장소가 있어야 합니다. 요즘 학교는 운동장이 너무 평평하고, 숨을 곳도 별로 없어요. 학교 건물이 원래 감옥을 모델로 했다는 말도 있잖아요. 가장 적은 관리자 수로 전원을 감시할 수 있는 시스템 말이에요. 결국 지금의 학교는 기성 사회가 아이들을 관리하고 자신들이 말하는 대로 하도록 만들기 위한 시스템일지 모릅니다."

로봇 디자인을 하기 전에 레고블록으로 시제품을 미리 만들어보는 이유는 뭔가요?

"비행기로 변신하는 로봇을 디자인한다면, 변신할 때 어떤 메커니즘으로 움직일지, 또 그것이 완구로 형상화될 때는 변형 구조를 어떻게 만들어야 할지까지 면밀히 검토해야 합니다. 그럴 때 시제품을 레고블록으로 미리 만들면 일이 쉬워지지요. 어디를 빼서 다시 끼우거나 하는 일 없이 100퍼센트 실제와 똑같이 변형이 가능합니다. 그리고 만든 모형을 찍어 3D 컴퓨터 그래픽화하고, 다시 종이에 그려보고 하면서 디지털과 아날로그 작업 사이를 왔다 갔다 하지요.

이런 습관이 생긴 데는 초등학교 2학년 때 아버지가 사 온 '피셔테크닉'이라는 독일 블록 완구가 큰 영향을 미쳤습니다. 이게 다른 블록 완구와 다른 점은 블록을 조립한 채로 '슬라이드(수평 이동)'가 가능하다는 것이었어요. 슬라이드되는 부품에다 원형 핀(가동축)을 조합하면 어디로든 이동해 회전시키는 것이 가능했지요. 형태를 변화시킨다는 것이 어떤 것인지 이 블록을 가지고 놀면서 자연스럽게 익히게 됐습니다.

많은 사람이 물건을 고정시켜놓고 생각합니다. 그래서 한번 정해진 것은 바꾸고 싶어하지 않습니다. 회전하는 물체도 결국 중심이 고정돼 같은 곳을 맴돌 뿐이지요. 반면 슬라이드란 하나의 중심이 있는 게 아니라 이곳에서 저곳으로 흘러가듯 이동하는 것입니다. 사물이 어떤 정해진 축을 중심으로 움직이지 않고, 아예 다른 지점이나 차원으로 움직인다는 개념을 어릴 적에 저절로 배우게 됐어요."

디자인과 스타일링의 차이는 무엇입니까?
"이야기, 세계관, 세계의 얼개를 생각하는 것이 디자인이라고 생각합니다. 디자인은 단순히 그림을 그리는 것이 아니라 콘셉트의 핵심까지 만들어내는 작업이지요. 스타일링은 그것을 어떻게 보이게 할지의 문제입니다. 패션에 가까워요. 옷이라면 어떻게 몸에 맞춰서 비나 바람을 막고, 막는다면 어느 정도 옷의 두께로 막을까 생각하는 것이 디자인입니다. 그것의 형태를 만드는 것은 패션, 스타일링이라고 할 수 있어요.

만약 자동차의 껍데기만 그리는 데 치중한다면 그건 디자인이 아니라 스타일링입니다. 하지만 같은 외관을 그리더라도 공기저항, 안전성, 창의 크기를 어느 정도로 만들어야 시야를 잘 확보하면서도 아름답게 보일 수 있는지를 생각한다면 디자인이라 할 수 있습니다. 그런 디자인을 하기 위해서 필요한 것이 호기심이에요. 뭐든 탐험하고 싶다는 마음이 중요하지요. '왜 그렇게 됐지?'라고 계속 묻고 그 이유를 알려고 하는 것이 중요해요."

가와모리 쇼지河森正治**는…**

〈카우보이 비밥〉, 〈공각기동대〉 등의 메커닉 디자인으로 '변신로봇 디자인의 일인자'라 불린다. 1980년대 초 일본의 장난감 회사 다카라와 함께 변신로봇 시리즈 '마이크로 맨'과 '다이아크론'을 만들었고 이는 미국에서 '트랜스포머Transformers'로 변형돼 애니메이션, 만화책 등으로 큰 인기를 끌었다. 그는 기존 로봇 디자인과 개념을 달리한 '발키리' 디자인을 선보이며 일본 메커닉 디자인 역사에 획기적인 전기를 마련했다. 현재 디자인은 물론 원안, 각본, 콘티, 연출까지 애니메이션의 전 영역을 아우르며 활동 중이다.

하버드 대학 정치학과 교수
하비 맨스필드

진정한 남자다움이 강한 리더를 만듭니다

'초식남, 그루밍족(미용에 아낌없이 투자하는 남자), 꽃중년······.'

요즘 이런 남성들이 대세다. 아니면 TV 연예 프로그램의 캐릭터들처럼 망가지기라도 해야 한다.

반대로 여성은 어떤가? 남성복 광고 모델로 짧은 머리에 날카로운 눈매를 가진 여성들이 선호되고 있다. 여성이 남성화되고, 남성은 여성화되고 있다. 이른바 성性 중립 사회다. 그런데 『남자다움에 관하여Manliness』라는 책의 저자인 하비 맨스필드Harvey Mansfield 하버드 대학 정치학과 교수는 이렇게 외친다.

"초식남은 사회의 리더가 될 수 없습니다! 왜 그런지 아세요? 초식남은 시대의 여론에 대해 강력하게 반대할 수 있는 담대함이 없거든요."

그는 우리 시대 남성들이 남자다움을 회복해야 한다고 경고한다. "남자다움이란 위험을 감수하고, 변화의 시류에 휩쓸리지 않으며, 누가 뭐래도 강단 있게 반대의 목소리를 낼 줄 아는 사람입니다. 그런데 요즘 남성들은 스스로를 섬세하고 부드러운 여성처럼 생각합니다. 하지만 남성은 여성과 똑같지 않습니다. 남자는 남자답고, 여자는 여자다워야 합니다!"

그는 50년 이상 하버드 대학 강단에서 학생들을 가르치며 프랜시스 후쿠야마, 윌리엄 크리스톨 등의 제자들을 배출해낸 미국 보수주의의 사상적 기둥이다. 그는 2006년 『남자다움에 관하여』라는 책을 낸 뒤 미국 페미니스트 단체와 언론의 거센 저항에 직면했다. 《뉴욕타임스》는 "지구 밖 은하계에 망원경을 갖다대고 있다"라고 혹평했다.

우리는 맨스필드 교수를 만나 '남자다움'에 대한 그의 도발적인 생각을 직접 들어봤다. 공교롭게도 그를 만난 날은 미국의 '현충일' 격인 2013년 5월 27일 메모리얼 데이Memorial day였다. 그는 "젊은 시절 2년간 군에 있었는데 남자다웠던 그 시절이 내 심장이 살아 있음을 깨달았던 날"이라고 말하며 웃었다. 그는 갈색 체크무늬 넥타이, 하늘색 남방과 캐러멜색 구두 차림이었고, 패션 감각이 살아 있는 노신사였다. 그와 하버드 대학 연구실에서 마주 앉았다.

남자다움을 말한 철학자들
자료: 『남자다움에 관하여』

- **아리스토텔레스**
"남자와 여자의 절제와 용기는 기본적으로 다르다."

- **소크라테스**
"누군가 모르는 것을 알아내야 한다고 마음먹으면 그는 더 남자답고 덜 게을러질 것이다."

- **바뤼흐 스피노자**
"남성의 분노가 사회에 평화를 정착하는 데 긍정적인 공헌을 한다."

- **에드먼드 버크**
"나에게는 남자다운 기교 외에 다른 아무 기교도 없다."

- **장 자크 루소**
"여성은 잘 관찰하고 기지가 있다. 남성은 재능이 많고 사유한다."

남자다움이란
스스로 옳다고 생각하는 것을
주장해 영향력을 끼치며
야망을 갖는 것이다.
또 명예를 위해 몸을 던지면서
약자를 보호해야 한다.

남자다움의 첫 단계는 "노"라고 말하는 것

책을 쓰면서 비판을 많이 받으셨는데요.

"사서 비판받은 셈이지요. 하지만 제 얼굴은 두껍습니다(웃음). 사실 저에겐 『남자다움에 관하여』이란 책을 쓴 일 자체가 남자다운 일이었습니다. '남자다움manliness'이라는 영어 단어는 더는 쓰이지 않고 있었습니다. 남자다움에 대한 연구도 없어요. '남성미masculinity'에 대한 연구는 있었지만, 그건 남자로 태어나면 누구나 가지는 것입니다. 그러나 진짜 남자다움은 소수의 남성에게 해당합니다. 남자다운 남자는 남자답지 못한 남자를 내려다보거든요(웃음)."

그렇다면 남자다움이란 무엇입니까?

"남자다움의 근간은 고대 플라톤과 아리스토텔레스 시절에 통용된 개념인 '두모스thumos'입니다. 그건 남자의 영혼에 있는 용맹함을 의미합니다.

남자다움에는 세 단계가 있어요. 가장 낮은 단계는 저항입니다. '노No!'라고 말하는 겁니다. 특히 누군가 당신에게 이익을 가져다준다고 해도, 그것이 부당한 것일 때 가차 없이 '노'라고 하는 거지요. 여성은 현실적이라서 뭔가 나에게 이득이 되면 받아들이기 쉽지요.

그다음 단계는 어떤 상황에 부닥쳐 무언가 행동이 필요할 때, 그런데 주위의 누구도 행동하지 않을 때, 당신이 의자를 박차고 행동에 나서는 것입니다. 뭔가를 반드시 내가 이뤄야 한다는 아름다움, 그게 남자다움이지요. 중요한 위치에서 위험을 지고 실패할 각오를 하겠다는 겁니다.

최상위 단계는 매우 철학적 남자다움입니다. 그건 많은 사람의 이야기에 대해 의문을 제기하고 반론을 펴는 일입니다. 여기엔 큰 용기가 필요합니다. 그리스 말로 '용기'를 나타내는 '안드레이아andreia'는 '남자다움'과 의미가 같아요. 그 용기는 두려움을 통제하는 미덕입니다. 두려움을 떨치고 일어서는 게 남자입니다. 남자다운 남자는 신념이 있고, 독립성을 유지하며, 자신의 임무에 대해 명확한 지식을 갖고 있습니다.

남자다운 남자는 보험회사가 하는 것처럼 위험을 계산하지 않습니다. 실제 거대한 일에서 위험을 무릅쓰는 사람들 덕분에 나머지 사람들이 큰 혜택을 입습니다. 위험을 무릅쓰는 사람들이 인간의 자유를 대표합니다."

남자다움은 '마초'와는 어떻게 다릅니까?
"마초는 남자다움의 낮은 레벨이라고 볼 수 있습니다. 범죄자가 매우 남자다워 보일 때도 있지요. 마초는 떠벌리고, 뽐내고, 상대에게 상처도 가할 수 있는 사람입니다. 반면 신사gentleman의 경우 남자다움에 훨씬 가깝습니다. 신사는 약자를 약탈하지 않습니다. 특히 여자를요. 신사는 위엄이 있습니다. 표현하지 않으면서도 표현합니다. 자랑하고 떠벌리거나 오버하지 않으면서 스스로 통제 가능하다는 것을 입증합니다."

남자다움이 상실된 이유가 무엇입니까?
"첫째는 페미니즘의 영향입니다. 그들은 남성과 여성이 똑같고, 중요한 차이가 없다고 주장하지요. '성 중립 사회'란 개념도 만들었지요.

인간의 역할이나 해야 할 일 등에 있어 성은 무관하다는 입장입니다.

부모를 예로 들까요? '어머니의 역할mothering'이나 '아버지의 역할 fathering' 같은 말이 사라졌습니다. 그걸 똑같이 '육아법parenting'이라고 부르지요. 아버지는 권위를 내세우지 말고 부드러워야 하고, 엄마도 남자의 역할을 해야 한다고 가르치면서 남성과 여성의 구분이 모호해졌습니다.

둘째 전문성이 커졌기 때문입니다. 50년 전 군에 있을 때, 군인은 남자다움을 표현하는 직업이었습니다. '전쟁에서 도망치지 마라' 같은 개념이 있었지요. 그러나 요즘은 군의 규칙을 따르고, 매뉴얼을 따르면 직업군인이 됩니다. 여성도 규칙을 잘 따르면 직업군인이 되는 세상이 됐습니다.

셋째 '부르주아' 개념의 발전이지요. 누구든 상업에 관심이 있으면 거래에 관심이 생기는데, 거래가 늘어나면서 근본적으로 인간 자체에 내재된 가치보다도 가격을 매겨 거래하는 행위를 더 중시하게 됐어요. 그런데 남자다운 남성은 절대 내놓으면 안 되는 게 있습니다. 위엄은 절대 거래로 사고팔 수 없습니다."

남자다운 리더들을 말하다

책에서 존 웨인, 루스벨트 전 대통령 등을 남자다운 인물로 묘사했는데 누가 가장 남자답나요?

"대중적인 인물로는 카우보이인 존 웨인이지요. 그가 나온 〈역마차〉라는 영화에서 존 웨인은 결혼을 할지 자신을 필요로 하는 임무를 맡을지 갈등하고, 〈추적자〉에서는 남자다운 독립성과 통솔력을 관찰할 수 있습니다.

철학적인 인물로는 소크라테스가 정말 남자답지요. 소크라테스는 상상을 초월하는 생각을 할 수 있다는 것을 보여줬습니다. 진정 생각한다는 건, 모두가 믿는 통념을 검증하고 필요할 때 뒤집으며 자신만의 뚜렷한 생각을 내는 행위거든요. 테디 루스벨트 전 미국 대통령의 남자다움도 배울 만합니다. 1897년 해군 차관보 직을 사퇴하고 국경 의용대를 조직해 스페인 전쟁에 나섰지요. 스페인과 쿠바 연합군을 격파했지만, 그는 미국 의회에서 주는 명예훈장을 고사했습니다. 그 정도의 일이 아니었다고 믿었기 때문입니다."

지난 50년간 가장 남자다운 리더가 누구였습니까?
"마거릿 대처입니다. 대처는 시종일관 자신을 밀어붙인 보기 드문 인물로, 그 어떤 남성 리더도 대처를 못 따라갔어요. 남성들이 지배해온 과거에 대처는 극히 드문 케이스입니다.

하버드 대학이 가장 위대했던 대처에게 명예박사 학위를 주지 못한 게 아쉽습니다. 그에 비하면 오바마는 정말 아닙니다(웃음). 오바마는 감각적인 남자다움의 소유자입니다. 여성을 잘 이해하는 감각이 있다는 겁니다. 하지만 그뿐이에요. 요즘은 독일 메르켈 총리가 뭇 남성을 압도하는 상황입니다."

반대로 남자다움을 잃은 리더는 누구일까요?
"북한의 리더들입니다. 남자다운 것 같지만, 제가 보기에는 그냥 로봇이에요. 그냥 북한 구조에서 필요한 리더의 요구 사항을 발휘할 뿐입니다. 국제사회에 협박해야만 존재를 입증한다는 방식인데, 극

"신사는 표현하지 않으면서도 표현합니다.
자랑하고 떠벌리거나 오버하지 않으면서
스스로 통제 가능하다는 것을 입증합니다."

도로 약한 남자다움입니다. 리더 개인의 가슴 깊숙한 곳에서 나오는 뜨거움은 없다는 것입니다.

2013년 3월 세상을 떠난 베네수엘라의 우고 차베스 전 대통령도 그렇습니다. 그는 대중적으로 인기가 많았는데, 나라를 통합하고 민주화할 수 있었지만, 그는 그냥 자신의 권위만 지켰고, 나라가 기울어졌어요. 쿠바의 피델 카스트로도 그렇습니다. 그러므로 남자다움은 객관적으로 실천해야 합니다."

대기업에서 일하는 서른 살짜리 직원이 있다고 칩시다. 아직 젊은데도 새로운 리스크를 지지 않으려 하고, 큰일 없이 은퇴해 연금을 받아 살려고 하는데 이런 상황에 대해서는 어떻게 보십니까?

"모든 남자가 다 남자다운 건 아닙니다. 사실 많은 남성이 안정적 삶을 추구합니다. 모두가 탁월할 필요는 없어요. 하지만 하버드는 모두가 탁월하길 원하는 곳입니다. 그래서 하버드 대학은 민주사회의 모델이 될 수 없어요."

리더가 남자다우면서도 욕먹지 않고 조직을 이끌 수 있을까요?
"사실 그러긴 어려워요. 제2차 세계대전 때 패튼 장군이란 리더가 있었는데, 주변 사람들은 그와 같이 일하기 어려웠어요. 너무 남자다워 총사령관은 못됐어요. 총사령관은 아이젠하워 전 대통령이었습니다. 그는 스스로를 통제할 수 있는 인물이었거든요."

하 비 맨 스 필 드

남자다움과 여자다움의 정의

많은 사람이 교수님을 '빅토리아 시대에 사는 인물'이라고 합니다. 변화를 읽지 못한다는 비판에 대해 뭐라고 답변하실 수 있습니까?

"당연히 변화를 인지했으니까 책을 쓴 것이지요(웃음). 빅토리아 시대는 미국과 영국에서 매우 과장된 남자다움을 내세웠던 시대였어요. 헤밍웨이, 키플링이 탄생했고, 『타잔』이란 책이 나왔습니다. 그때로 되돌아갈 필요는 없습니다. 다만, 그 시대에 숭고한 가치가 여전히 지금 시대에도 숭고하고 가치가 있다는 겁니다."

남자다움이 있으면 여자다움도 있어야 하는 것 아닌가요?

"맞습니다. 어떤 여자분이 여자다움의 개념을 만들었으면 좋겠습니다(웃음). 여성도 여성으로 자부심 있는 것, 그것을 만들어야 한다고 생각합니다. 요즘 여성들은 그게 아니라 남자들이 좋아하고 잘하는 걸 배우고 있거든요. 또 남자다움에 대해서도 여성이 먼저 인정했으면 좋겠습니다."

사람들이 남자다운 리더십에 너무 지쳤기 때문에 여성적인 리더십이 뜨고 있는 것 아닙니까?

"어느 정도까지는 사실이라고 봅니다. 여성은 남성보다 간접적입니다. 야망이 간접적으로 표현되지요. 그리고 여성에게도 두모스가 있습니다. 요즘 정말 수많은 자기계발서에서 여성적 리더십을 주제로 다루고 있어요. 하지만 제 생각에 여성적 리더십은 어느 정도 만들어진 측면도 있다고 봅니다."

교수님은 여성이 남성보다 순발력, 적응력이 뛰어나다고 했습니다. 언젠가 여성 중심 사회가 될 수도 있지 않을까요?

"아니요. 여성은 여전히 남성에게 의존할 겁니다. 여성 CEO가 필요하다고 해도, 한편으로 여성적인 남성 CEO가 많아질 거예요. 결국 당신의 국가, 공동체를 보호하려면 남자다움의 정신이 있어야 한다는 겁니다."

교수님은 많은 비판을 받아왔습니다. 비판에 대응하는 자신만의 원칙이 있습니까?

"제가 용납받거나, 아니면 받아들여지지 않더라도 비판받았다는 이유만으로 화를 내지는 않았습니다. 그냥 교실의 제자들처럼 그들을 대했지요. 반대가 있어도, 내가 인정할 만한 일리 있는 부분이 반드시 있다는 걸 믿었지요. 나에 대한 비판에 대한 이론적 전제를 인정해주는 것이지요. 물론 그것이 반대론자들을 더욱 열받게 할 때도 있습니다(웃음).

비판을 받으면 하루나 이틀을 기다리는 게 제 원칙이에요. 이를테면 다음 날 전화하겠다고 하는 거지요. 중요한 건 상대방보다 나의 화부터 진정시켜야 한다는 겁니다. 마음에 드는 생각을 즉각 이야기하는 것만큼 해로운 게 없습니다. 때로는 그렇게 해야 하지만 대개는 그런 상황은 피해야 합니다."

맨스필드 교수는 얼마나 남자다울까

"제가 얼마나 남자답냐고요? 100점 만점에 70점을 주겠습니다." 맨스필드 교수는 '말타기'를 못하는 것을 제외하고는 남자답게 살아왔다고 말했다. 《보스턴 글로브Boston Globe》는 맨스필드 교수에 대해 '하버드대의 나쁜 남자'라고 표현하기도 했다. 그는 스스로 "평생 입장을 굽히지 않고, 도발적인 발언과 행동을 서슴없이 해왔다"고 말했다.

2006년 로렌스 서머스 전 하버드 대학 총장이 '여성이 남성만큼 과학을 잘할 수 있는지 연구해봐야 한다'는 성차별적 발언으로 사퇴했을 때, 맨스필드 교수는 하버드 대학 교수 중 유일하게 그의 편을 들어 화제가 됐다. 그는 "아직도 그 발언이 가치가 있다고 생각한다"고 했다.

그는 또 하버드 대학이 학생들에게 무조건 학점을 잘 주는 '학점 인플레이션' 현상에 젖어 있다고 비판, 미국 학계에서 논란이 됐다. 그는 2001년부터 학생들에게 공식 학점 외에 별도의 학점을 주고 있다. 하나는 공식 성적표에 기재될 학점, 또 다른 하나는 성적표에 기재되진 않지만 자신이 진짜로 생각하는 학점이다.

"제 수업에서는 공식적으로 A학점을 받는 학생도 진짜 학점으로는 C학점을 받습니다. 과거 베트남전 때 학생들이 전쟁에 가지 않도록 학교에서 학점을 후하게 줬습니다. 지금도 이어져 오고 있는 그 관행을 제가 반대한 겁니다."

그는 세 번 결혼했다. 첫 아내와는 이혼했으며, 열두 살 어린 둘째 아내는 2006년 암으로 사망했다. 2009년에는 38세의 대학 연구원과 재혼했다. 젊은 아내와 결혼한 비결을 물어봤더니 "나한테 물어보지 말라"며 웃었다.

"아내는 매우 도전적입니다. 그러나 제가 더 나이가 많으니까 그녀가 말하게 내버려둡니다. 저는 집안일은 조금 돕지만, 요리나 빨래는 하지 않고 무거운 가구를 옮기는 일도 하지 않습니다. 그건 아내의 몫이죠. 남성과 여성에 대한 제 생각에 대해 아내와 자주 말다툼을 합니다. 말도 마세요(웃음)."

하비 맨스필드Harvey Mansfield는…

하버드대학 정치학과 교수로 '미국인문학센터'의 연구원이다. 2004년 정치철학 분야의 연구성과를 인정받아 국립인문학재단NEH에서 수여하는 '인문학 훈장'을 받은 바 있다.
그는 다양한 정치적 문제에 있어 보수적인 입장을 견지하는 논객이자 저술가로도 유명하며 《월스트리트 저널》《위클리 스탠다드》《타임스 리터러리 서플러먼트》 등에 기고하고 있다.
후쿠야마와 더불어 네오콘의 핵심 이론가로 평가 받는다. 저서로는 『남자다움에 관하여』, 『마키아벨리의 덕목』 등이 있다.

3부
위기를 헤쳐나온 강력한 생존 전략은 무엇입니까

세계 최고 컨설팅회사 맥킨지 회장
도미니크 바튼

변화가
있는 곳에서
가장 빨리
성장할 수 있습니다

삶은 선택의 연속이다. 그리고 선택 한 번이 인생 전체를 결정할 수도 있다. 도미니크 바튼Dominic Barton 맥킨지 회장에게 그것은 '한국'이었다.

1996년 맥킨지 캐나다의 촉망받는 컨설턴트였던 그에게 한국 사무소에서 일해보자는 선배의 제안이 왔다. 그의 멘토들은 극구 말렸다. "경력에 하등 도움이 안 된다" "힘든 곳이다"는 것이었다.

하지만 그는 자신의 경력이 정체기에 들어섰다고 느꼈고, 변화가 필요하다고 생각했다. 그는 결국 한국에 왔는데, 이 선택이 없었다면 결코 세계 최고 컨설팅 회사의 수장이 될 수 없었을 것이다. 그는 맥킨지 한국사무소 대표에 이어 중국 상하이의 맥킨지 아시아 회장에 이르기까지 12년을 아시아에서 일했다. 급성장하는 아시아를 몸으로 겪은 그의 남다른 경력은 2009년 맥킨지의 회장 선출에서 경쟁자들을 물리치는 데 결정적인 요인으로 작용했다.

> **맥킨지는 이런 회사**
>
> **설립년도** 1926년
> **컨설턴트 수** 8,000명
> **전 세계 100대 기업 중 맥킨지 컨설팅을 받는 기업 수** 90개
> **맥킨지 출신 중 매출 10억 달러 이상 기업의 CEO로 재직 중인 사람 수** 315명

왜 한국을 선택했느냐는 질문에 그는 "많은 변화가 있는 곳, 급격한 변화가 있는 곳일수록 빨리 성장할 수 있으니까"라고 대답했다. "저에게 최고의 리더십 경험은 여기서 사는 것이었습니다. 리더는 변화 속에서 배우거든요. 많은 변화가 있었고, 많은 도전을 받았고, 그리고 많은 것을 배울 수 있었습니다. 서울과 상하이의 삶은 마치 커튼이 열리는 현장을 목격하는 것 같았습니다."

그는 한국에서 배운 가장 큰 교훈은 '야망'이라고 했다. "한국에는 다듬어지지 않은 야망raw ambition이 있어요. 야망의 수준이 높습니다. 런던 사무실에 제가 커다랗게 걸어놓은 사진이 바로 포스코 건설 현장 사진입니다. 하얀 작업모를 쓴 사람들이 땅 구덩이를 파는 사진입니다. 당시 모두가 한국은 철강 회사를 만들 수 없다고 했지요. 세계은행은 나쁜 아이디어라고 했지요. 당시 맥킨지에 물어봤더라도 하지 말라고 했을 겁니다(웃음). 그런데 그걸 했고, 결국 엄청난 회사를 만들었습니다. 한국인은 매우 공격적입니다. 저는 그것을 사랑합니다."

그가 한국에서 배운 다른 한 가지는 "모호함과 씨름하면서 강력하게 실행하는 능력"이라고 했다. "정부 규제가 변하고, 기업의 경쟁 판도가 급변하는데 어떻게 경영을 할까 감탄할 때가 많았어요."

도미니크 바튼 맥킨지 회장은 "한국에서 근무한 6년 동안 한국 기업인들의 높은 야망과 장기적으로 생각하는 방식을 배웠다"고 말했다.

그는 중국에서는 거대 조직을 관리하는 방법을 배웠다고 말했다. "예를 들어 중국에서 지사 2,500개와 직원 80만 명을 관리하는 것은 캐나다에서 직원 2만 명의 회사를 관리하는 것과는 전혀 차원이 다른 문제이니까요."

그는 아시아에서 장기적으로 생각하는 방법도 배웠다고 말했다. "아시아 기업들의 시간관념은 뭘 하든지 장기적으로 일을 하려 한다는 것입니다. 3개월이나 3년 정도가 아닙니다. 20~30년을 내다봅니다. 변동성이 극심한 데도 말입니다. 그리고 그것이 경쟁력의 원천이 되는 것입니다. 그런데 제가 아시아 근무를 마치고 서구로 돌아와보니 서구의 자본주의는 너무 단기적으로 운영되고 있는 겁니다. 그래서 《하버드 비즈니스 리뷰》에 '멀리 내다보는 자본주의Capitalism for the long term'라는 글을 쓰기도 했습니다."

한국의 성장과 변화를 진단하다

한국에 2004년까지 살았는데, 그 이후 가장 크게 달라진 게 뭡니까?

"기본적으로 한국에 훨씬 많은 글로벌 챔피언이 생겼다는 겁니다. 세계적으로 큰 회사가 엄청 많아졌지요. 둘째는 글로벌 무대에서 한국의 위상 변화입니다. G20을 주최했잖아요. 그리고 서울은 훨씬 국제적인 도시가 됐어요. 제가 처음 1996년에 왔을 때 인도 음식점이 하나도 없었어요. 하지만 지금은 세계 모든 음식을 맛볼 수 있게 됐어요. 하지만 한국에 여러 가지 도전도 있다고 봅니다. 사람들에게 압박이 너무 많아졌어요. 교육비 부담과 부동산 가격이 치솟고, 사람들이 너무 힘들어졌어요. 중산층이 줄어들고 있습니다. 어떤 것은 변하지 않았어요. 매우 긍정적인 방향으로 말입니다. 높은 야망과 강한 에너지가 그렇습니다. 한국은 언제나 새로운 아이디어를 찾고, 스스로 앞으로 나아가길 원합니다. 그건 변하지 않았어요."

전혀 바뀌지 않은 안 좋은 점은 무엇이 있나요?

"하나는 금융 시스템입니다. 한국은 중요한 금융센터가 될 수 있는 곳인데, 아직 그 잠재력을 끌어올리고 있지 못하고 있습니다. 한국의 주요 금융 플레이어들이 더욱 광범위한 지역의 플레이어로 성장할 수도 있었다고 봅니다. 홍콩이나 싱가포르만 할 수 있는 일이 아닙니다. 그래서 저는 실망했습니다. 물론 위기가 있었다고 하지만, 은행이 파산한 것도 아니고……."

그는 한국에서 10년 동안 바뀌지 않은 다른 한 가지는 교육 시스템이라고 했다.

"한국 사람들의 두뇌와 에너지를 보면 한국에 하버드 대학이 5개 정도는 있어야 해요. 모든 게 대학 입시에만 초점이 맞춰져 있는 것도 문제입니다. 지금 한국은 학생들을 막무가내로 대학에 집어넣어 이 시대에 필요한 직업 능력을 개발해주고 있지 않습니다. 교육 시스템에 더 많은 역동성과 혁신이 있어야 한다고 봅니다. 또 한 가지, 한국에 새로운 대기업이 탄생하고 있습니까? 제가 한국을 떠난 이후로 주목할 만한 기업이 새로 생겨났다는 이야기를 들어보지 못했어요. 미국이라면 어마어마하게 많은 기업 이름을 댈 수 있어요. 한국은 중소기업이 성장해 대기업이 되는 경로가 매우 약합니다."

그가 34세로 다시 돌아가 근무지를 선택할 수 있다면 이번엔 어떤 나라를 선택할까. 그는 "아프리카"라고 대답했다.

"나이지리아나 에티오피아를 고르겠습니다. 왜냐하면 그곳은 10~12퍼센트의 매우 높은 성장률을 구가하고 있기 때문이지요. 변화가 많기에 리더십 관점에서 많이 배우고 할 일이 많을 겁니다. 아시아의 베트남이나 인도네시아 이런 곳도 좋습니다."

사무실이 어디인가요?

"여러 곳이지요. 하지만 내 옷을 보관하는 (진짜) 사무실은 런던입니다. 4년 전 런던으로 이사 갔는데, 거기가 내 허브hub입니다."

뉴욕이 아니라 런던을 택한 이유는?

"시간대 때문입니다. 만약 아시아 쪽에 말할 게 있으면 아침 4~5시에 일어나거나 밤늦게 사무실에 남아 있으면 전화할 수 있어요. 또

오후 2시면 미국은 어디든 이야기할 수 있어요. 편리하지요. 비행시간 문제도 있어요. 아시아의 어떤 곳을 가든 13시간 안에 갈 수 있어요. 뉴욕에서는 18시간이 걸려요. 저는 늘 여행하거든요. 여기 앱을 보여줄게요. 제 삶을 추적하는 앱입니다."

그는 갤럭시S 스마트폰을 보여줬다(그는 블랙베리도 갖고 다니지만, 아이폰은 없다고 했다). 그동안 어디를 다녔는지를 알려주는 앱이었다. 그는 지난 7일간 8,077킬로미터를 다녔고, 지난 209일 동안 24개국, 75개 도시에 있었던 것으로 기록돼 있었다. 그는 태생부터 코스모폴리탄이었다. 캐나다인인 그는 아프리카 우간다에서 성공회 선교사의 아들로 태어났다.

창조경제를 위한 기본 조건

즐겨 먹는 음식이 갈비라던데.

"네 가장 좋아하는 음식입니다. 좀 몸이 안 좋을 때는 꼬리곰탕을 먹습니다. 딸은 고추장을 좋아합니다. 그래서 항상 서울에 올 때마다 작은 튜브에 담긴 볶은 고추장을 몇 상자씩 사 갑니다."

이명박 대통령에게 조언을 많이 하셨지요. 박근혜 대통령에게 조언을 한다면 이 대통령에게 한 것과 무엇이 다를까요?

"무엇에 열정을 가지느냐가 다른 것 같습니다. 이 대통령은 녹색 산업에 큰 관심을 가졌어요. 또 G20을 포함해 세계에서 뭔가 역할을 하는 것, 그것이 그의 열정이었어요. 박근혜 대통령의 열정은 국민을 행복하고 균형 잡히게 하는 것 같습니다. 중요한 문제입니다. 내가 집중하는 것은 '무엇'이 아니라 '어떻게'입니다. 또 하나 중요한 것은 타르야 할로넨 전 핀란드 대통령이 말했듯이 '전임자가 했던 것 중에서 좋은 것은 바꾸지 않고 그대로 시행하는 것'입니다."

새 정부가 강조하는 것은 창조 경제인데, 한국이 혁신의 메카가 되려면 어떻게 해야 할까요?

"정부가 도울 수 있는 것은 해외의 플레이어들을 끌어모으는 것이 첫째입니다. 애니메이션 영화 제작자, 엔터테인먼트 종사자 등……. 여기를 허브로 만들 수 있을 겁니다. 생태계를 만들려면 무엇이 필요한지 우선순위를 만들어 외국 사람들이 쉽게 한국에 올 수 있도록 하는 것이 중요합니다. 싱가포르가 그런 걸 잘합니다. 싱가포르 경제개발청이 정말 잘해요. 그들은 마치 혁신기업 P&G 같아요. '뭐가 필요한가? 뭐가 걱정되나?' 그들은 늘 기업에 물어봅니다. 교육을 볼까요? 어떤 교육이 창조 경제를 만들까? 한국에 영화 학교가 몇 개인가? 줄리아드 같은 음악 학교가 몇 개인가? 우리가 어떻게 교육 시스템을 재설계할 수 있을까? 이런 것을 고민해야 합니다. 최고의 인재가 뉴욕이 아닌 한국에 오도록 해야지요."

그동안 삼성전자나 현대차 같은 한국 대기업이 글로벌 플레이어로 급성장했습니다. 그들에게 문제가 있다면?

"가장 큰 도전은 사업 포트폴리오를 새롭게 구축하는 문제가 아닐까요? 몇 년 동안 성공하게 만든 것이 지속적인 성공 공식은 아니니까요. 그러면 어떻게 포트폴리오를 바꾸느냐, 그건 어려운 일일 겁니다. 특히 조직이 클수록 말이지요."

바튼 회장의 Advice

• **리더가 되려면 변화가 많은 곳을 선택하라**
많은 도전을 경험해야 많은 것을 배울 수 있다.

• **한국 정부는 싱가포르 경제개발청 같은 조직을 만들라**
그리고 외국인재와 기업을 끌어들이라. 그들은 늘 기업에 '뭐가 필요한가, 뭐가 걱정되나' 하고 묻는다.

• **가끔 거울을 보면서 '필요한 속도로 변화하고 있는가' 하고 물어보라**
변화를 싫어하는 본능을 피하려면 의식적인 노력이 필요하다.

• **회사보다 높은 기준을 세워라**
회사에서 부당한 대우를 받았다고 느낄 때 '내 기준은 회사보다 훨씬 높다'고 다짐하라.

• **조직의 3~4단계 아래에서 숨은 인재를 찾으라**
조직에는 늘 숨은 인재가 있다.

승진에 두 번 떨어지고 회장이 되다

전 세계 100대 기업 중 90개 사가 컨설팅을 받는 회사, 매출 10억 달러 이상 회사 중 315개 사의 CEO가 몸담았던 회사, 세계에서 가장 일하고 싶은 직장 2위에 꼽힌 회사…….

이런 회사의 1인자라면 인생에서 무슨 실패를 했을까 싶다. 하지만 바튼 회장의 삶도 순탄하지만은 않았다. 그에게 가장 쓰라린 실패는 맥킨지 초년병 시절 파트너 심사에서 두 번 연속 떨어진 일이다(파트너가 되면 회사 지분을 가지면서 경영진의 일원이 되는데, 일반 회사로 치면 등기 이사쯤 된다고 볼 수 있다).

"왜 떨어졌는지 도무지 알 수 없었는데, 한 프로젝트 매니저가 '당신은 좋은 문제 해결자가 아닌 것 같아'라고 하더군요. 수학자에게 수학을 못한다고 말하는 것과 마찬가지였어요. 엄청난 충격을 받았습니다. 그런 이야기를 들어본 적이 없었거든요. 두 번 탈락하고 나서는 너무 화가 나서 회사를 그만둘 뻔했지요."

하지만 그럴수록 그는 끝까지 가보자는 오기가 생겼다. 그는 결국 세 번째 파트너 심사에 통과했고, 지금은 조직의 수장이 됐다.

그는 당시의 실패 경험을 지금은 고맙게 생각한다고 했다. "그때 저는 스스로에게 다짐했습니다. '나는 맥킨지보다 훨씬 높은 기준을 세워야지' 하고요. 내 운명을 남이 아니라 내가 정하겠다는 겁니다."

그가 이렇게 생각했던 것은 자신에 대한 평가가 공정하지 않다고 생각했기 때문이다. 그는 고객의 문제에 대해 시간이 걸리더라도 본질을 파고드는 스타일이었고, 자기주도적으로 문제를 해결하려 했다. 이를테면 정유 회사 컨설팅을 나가면 주유소에서 직접 주유원으로 일하기도 했다. 그러다보니 시간이 오래 걸렸고, 그의 상사는 받아들이지 못했다.

그는 실패의 경험들이 자기를 성장시켰다고 말했다. "만약 뭔가를 시도해보고 실패하지 않으면 복원력resilience이 무엇인지에 대해서도 잘 모르게 됩니다. 많은 CEO와 이야기를 나눠보면 항상 무언가가 그들을 넘어뜨리지만, 그들은 다시 일어나고는 하지요."

과거 경험을 돌이켜볼 때 기업들이 늘 겪지만, 쉽게 극복하지 못하는 만성적인 문제가 무엇인가요?

"한 가지를 꼽는다면 변화에 대한 저항감입니다. 1935년 S&P500주가지수에 포함된 500개 회사의 평균 수명이 90년이었습니다. 그런데 요즘은 18년입니다. 많은 회사가 사라졌습니다. 변화를 거부했기 때문입니다. 코닥과 팬암항공을 포함해서요. 아이러니한 것은 성공했을 때 변하기 어렵다는 겁니다. 변화를 거부하는 저항감이 모든 회사의 공통된 고질병이고, 맥킨지도 마찬가지입니다. 저는 가끔 거울을 보면서 '우리가 필요한 만큼 빨리 변화하고 있느냐?' 하고 묻습니다."

조직의 밑바닥에는 늘 숨은 인재가 있다

컨설턴트로 일하면서 가장 기억에 남는 고객은?

"첫 다섯 고객을 기억합니다. 첫 번째는 미국의 대형 소비재 기업 CEO였습니다. 당시 전 스물세 살이었는데, 그는 저를 놀리곤 했습니다. 제가 뭔가를 프레젠테이션하면 그는 면도날로 수염 깎는 시늉을 했습니다. 면도기를 이용해본 적이나 있나, 어른이 된 게 맞나 하고 놀리는 것이었어요.

그가 하루는 자기 집에 초대했어요. 갔더니 '내 손자들과 놀아라'라고 하더군요. 그래서 저는 '당신에게 저는 컨설턴트가 돼야 하지 않나요?' 했어요. 그랬더니 그가 말하더군요. '나는 53세이지만, 18세의 두뇌를 갖고 있어. 내 얼굴에는 면도날에 벤 상처 자국이 많지만, 난 여전히 18세의 두뇌로 생각해'라고요. 그 말을 잊을 수가 없습니다.

한번은 한 정유 회사의 주유소에 편의점을 설치하는 일을 도왔습니다. 저는 그게 매우 가치 있는 일이라고 했는데, 그들은 시간을 질질 끄는 것이었어요. 사실 저는 맥킨지를 그만두고, 그 일에 뛰어들고 싶을 정도로 유망한 기회라고 생각했어요. 그들도 그게 큰 기회라고는 생각했지만, 유가가 조금 오르기만 한다면 그 정도의 돈(주유소에 편의점을 설치해 버는 돈)은 푼돈 수준이었던 겁니다.

그 모든 변화를 해야 하느냐, 마느냐? 정답이 무엇인가가 중요한 게 아니라 조직 문화가 중요하다는 것을 배웠습니다. 그들의 야망이 무엇이고, 그들을 움직이는 동기가 무엇인지. 한국의 어느 은행에서도 배웠습니다. 그 은행장이 내게 '우리 조직에서 3~4단계 아래에 있는 직원들을 만나서 인재를 찾아보라'고 부탁했는데, 그 일을 통해서 조직에 파묻혀 있는 정말 중요한 핵심 인재 4~5명을 발견했어요. 그래서 그 은행장이 그들을 잡아서 임원으로 앉혀 성공적인 비즈니스맨으로 키웠지요. 그래서 전 조직에는 늘 인재가 숨어 있다는 것을 알게 됐어요."

"멘토를 찾아라, 그리고 딱 7분만 이야기하라"

바튼 회장에게 이 땅의 젊은이들에 대한 인생 조언을 부탁했다. 어려운 환경에서도 큰 꿈을 키웠고, 인생의 중요한 고비에서 용기 있는 선택을 한 그는 멘토로서 자격이 충분하다고 생각했기 때문이다. 그가 다녔던 캐나다 고등학교에서 동창생 200명 중 대학에 진학한 사람은 6명밖에 안 된다.

"먼저 당신이 하고 싶은 일에 엄청 큰 야망을 가지길 바랍니다. 왜냐하면 당신의 잠재력은 생각보다 훨씬 크기 때문입니다. 큰 꿈을 꾸세요. 당신의 꿈을 부모가 두려워해도 개의치 마세요. 그런 꿈이면 더 좋아요.

둘째 당신이 하려고 하는 일을 다른 사람들의 생각에 맞추려 하지 마세요. 그건 당신의 열정이 향하는 곳일 수도 있고, 당신이 다른 사람보다 잘하는 일일 수도 있습니다. 굉장히 좁은 분야일 수도 있고, 광범위한 분야일 수도 있습니다. 어린 시절 아버지는 '네가 어떤 일을 하든 정말 하고 싶으면 해라. 너를 도와줄게'라고 말하곤 했어요. 꿈을 크게 꾸고, 열정이 어디로 향하는지 봐야 한다는 것이죠.

그리고 만일 내가 당신이라면 멘토를 찾겠습니다. 당신이 좋아하고 존경하는 사람을 찾고 만나려고 노력하겠어요. 내가 만나려고 했지만 만나주지 않은 사람도 있었습니다. 하지만 저를 기꺼이 만나서 얘기해주는 사람도 많았어요. 그들의 이야기를 들으면 많은 것을 배울 수 있을 겁니다. 그들의 삶이 얼마나 기구하고 힘들었는지 그들이 그런 상황에서 무엇을 했는지 알게 되면서 배울 겁니다. 저는 멘토가 어마어마하게 많아요. 그냥 그들에게 가서 딱 7분만이라도 들으세요. 나는 당신이 반드시 성공할 것이라고 믿습니다."

도미니크 바튼Dominique Barton은…

세계 최고의 컨설팅 회사 맥킨지 앤드 컴퍼니의 회장이다. 1997년부터 2004년까지 맥킨지 서울사무소에서 근무하며 대표까지 지냈고 이후 아시아태평양 회장을 거쳐 2009년부터 글로벌 회장을 맡고 있다. 브루킹스연구소 이사회 임원이며 한국의 미래와 비전을 위한 대통령 국제자문위원회 위원장을 지내는 등 국내외에서 다양한 자문역을 맡아 왔다. 캐나다의 브리티시 콜럼비아 대학을 졸업한 뒤 영국 로즈Rhodes 장학생으로 옥스퍼드 대학에서 경제학 연구 석사 학위를 받았다.

JAL 회장
오니시 마사루

망해봐야 무엇이 중요한지 가슴으로 깨닫게 되지요

역대 일본 기업 가운데 가장 크게 망했다가 3년 만에 부활한 일본항공JAL의 오니시 마사루大西賢 회장은 "망해보고서야 무엇이 정작 중요한지 가슴으로 깨닫게 됐다"면서 망해본 기업 CEO만이 들려줄 수 있는 절절한 이야기를 꺼내놓았다.

  아시아 최대 항공사 JAL은 누적 적자를 견디지 못해 2010년 1월 파산 보호(한국의 법정관리 격)를 신청했다. 그다음 달에는 일본에서 가장 존경받는 경영자 중 한 사람인 이나모리 가즈오稻盛和夫 교세라 창업자 겸 명예회장이 구원투수로 영입돼 월급 받지 않고 일하는 회장이 됐다. 당시 사장으로 발탁된 사람이 JAL에서 주로 정비 분야에서 일해온 지금의 오니시 회장이다.

두 사람은 그해 8월 도쿄법원에 회생 계획을 제출했고, 전 직원 4만 8,000명 가운데 1만 6,000명을 내보내는 일본 기업사에 전무후무한 매머드 구조조정을 단 1년 만에 끝내버린다. 그 뒤 2011년부터 올해까지 매년 2조 원대 영업 흑자를 내면서 증시에 재상장한다.

종신 고용이 살아 있는 일본, 그것도 직군별로 강성 노조 총 여덟개가 버티고 있는 노조 왕국 JAL에서 어떻게 전 직원의 3분의 1을 구조조정할 수 있었을까. 이달 초 서울에서 열린 세계여행관광협회 아시아 총회에 참석하기 위해 한국을 찾은 오니시 회장에게 들어봤다. 2012년 2월 이나모리 회장이 JAL의 구조조정을 마무리하고 물러나면서 그는 회장이 됐다.

오니시 마사루 JAL 회장이 서울의 한 호텔에서 가진 인터뷰에서 망해본 기업의 CEO만이 들려줄 수 있는 진솔한 이야기를 들려주고 있다.

기업은 왜 망할까?

JAL이 망한 이유는 이미 잘 알려져 있다. 무늬만 민영 기업이었던 비효율의 온상, 정부 낙하산의 천국, 포퓰리즘 정치에 휘둘려 적자인 줄 알면서도 전국 각지에 노선을 늘려야 했던 속사정, 정년퇴직한 스튜어디스에게까지 연금을 월 500~600만 원 지급하도록 만들어놓은 강성 노조, 문제가 자기 재임 기간에 터지는 게 두려워 메스를 대려 하지 않았던 경영진이 그것이다. 오니시 회장은 이렇게 설명했다.

"망하기 전 JAL의 경영진은 '조금 손을 대면 아마 조금이라도 좋아지지 않을까' 이런 식으로 생각해왔어요. 피를 많이 흘리지 않도록 하면서도 개선될 방법을 생각해왔지요. 하지만 사실은 그런 상황이 아니었어요. '피를 많이 흘리더라도 당장 수술을 해!'라고 말해야 했어요."

그는 결연한 표정으로 말을 이어갔다.

"당시 이나모리 회장은 제게 이런 말을 자주 하고는 했습니다. '소선小善은 대악大惡과 닮아 있고, 대선大善은 비정非情과 닮아 있다'고요. 몇몇 사람에게 작은 선을 베푼다고 한 것이 전체적으로 보면 좋지 않은 것일 수 있다는 것입니다. 또 사람들에게 아주 쓰라린 것을 얘기하는 것이 전체적으로는 아주 좋은 것일지도 모른다는 것입니다.

예전의 경영자들은 '이렇게 하면 피를 조금만 흘리고도 반드시 좋아질 것'이라 믿으며 소선을 반복해왔다고 생각해요. 하지만 그것이 옳지 않았다는 겁니다. 많은 피를 흘리지 않으면 회사는 재생할 수가 없었던 것입니다."

독실한 불교 신자이며 자비를 경영 철학의 근간으로 삼고 있는 이나모리 회장이 '대선은 비정과 닮아 있다'며 구조조정의 결단을 촉구한 것은, 기업 경영의 어려움을 새삼 깨닫게 한다.

어떻게 전 직원의 3분의 1을 구조조정할 수 있었느냐고 묻자, 오니시 회장은 몸을 앞으로 내밀고 한 마디 한 마디 힘을 실어 설명하기 시작했다.

"당연히 계속 일하고 싶다는 사람이 대부분이었지요. 저는 JAL이 살아남기 위해선 구조조정하지 않으면 안 된다고 설득했습니다. 비교적 나이 많은 사람으로 한정했습니다. 그들에게 '우리 회사를 다시 태어나게 하고 싶습니다. JAL을 사랑한다면 후배들에게 자리를 내주십시오' 하고 계속 얘기했어요. 그런데 대부분이 'JAL을 사랑한다. 내가 그만두는 것으로 JAL이 살 수 있다면 그만두겠다'고 얘기해주었습니다."

오니시 회장은 "그 뒤 남은 3만 2,000명은 모두가 그만둔 선배들에게 미안한 마음을 갖고 '절대 이 회사를 망하게 해서는 안 된다. 반드시 부활을 성공시키지 않으면 안 된다'는 각오를 다지게 됐습니다. 가장 중요한 것은 그것이었다고 생각합니다."

당시 상황이 떠오르는 듯 그의 눈가에 눈물이 맺히기 시작했다.

"이런 일은 다시는 되풀이하면 안 된다고 생각했습니다. 사람을 자르는 일을 다시 해서는 결코 안 되는 것입니다. 그러기 위해서는 특히 경영진이 확실히 하지 않으면 안 된다고 계속 얘기해왔고, 지금도 계속 얘기하고 있습니다."

한국의 대한항공과 아시아나항공이 적자 행진을 벌이는데, 고비용 구조 일본에서 어떻게 실적 개선을 이룰 수 있었습니까.

"글쎄요, JAL의 비밀 같은 것은 없습니다. 아마도 대한항공이나 아시아나도 적자 노선이 있을 것입니다. '그것을 왜 없애지 못합니까'라고 물으면 '직원들 얘기를 듣고, 현지 사정을 생각하면 없앨 수 없다'고 할 겁니다. 만약 그렇다면 망하기 전 JAL과 마찬가지 상황입니다. 노력을 하고 있을지는 모르지만, 훨씬 더 큰 노력을 하지 않으면 안 되는 곳에서 머뭇거리고 있는 겁니다. 물론 우리가 했던 방법

"소선小善은
대악大惡과 닮아 있고,
대선大善은
비정非情과 닮아 있다!"

이외에도 문제를 해결하는 다른 방법이 또 있을지 모릅니다. 그쪽이 절대적으로 행복할 겁니다. 하지만 '그렇게 계속해서 시간을 끌면 JAL처럼 쓰러질 수도 있습니다'라는 말은 꼭 해주고 싶습니다."

이나모리 회장의 애제자라고 들었는데, 그로부터 배운 교훈은 무엇이었습니까.

"이나모리 회장이 늘 얘기한 것은 '어떻게 되고 싶은지'를 항상 간절히 생각하는 것, 그것이 우리가 가장 먼저 해야 할 일이라는 것이었습니다. 어떤 결과가 갑자기 일어나는 것은 아닙니다. '그렇게 되고 싶다. 그렇게 하고 싶다'고 계속 생각하는 것이 중요하다는 겁니다. 생각이 행동으로 나오고, 그것이 시작이 돼 결과로 연결된다는 것이었습니다.

예를 들어 옛날 옛적 인류가 어느 날 갑자기 불을 일으킨 것이 아니지 않습니까. '불을 피우고 싶다, 불을 피우고 싶다'고 계속 강렬하게 원하고 생각했기 때문에 계속 시도했고, 그 과정에서 처음으로 불을 피울 수 있었을 겁니다.

이나모리 회장이 항공 업계에 대해 구체적으로 잘 알 리가 없지요 (그는 1959년 교세라를 창업한 이래 소재·전자 업계에서 반세기를 보냈다). 그는 우리에게 구체적으로 '이렇게 하는 것이 좋다'는 식의 이야기는 일절 하지 않았어요. '사람으로서 올바르다는 것이 무엇인가' 하는, 기본에 관한 것을 계속 강조했어요. 마치 부모의 가르침을 받는 느낌이었다고 할까요?"

전문가들이라면 JAL에도 얼마든지 있었는데, 이들이 못한 것을 이나모리

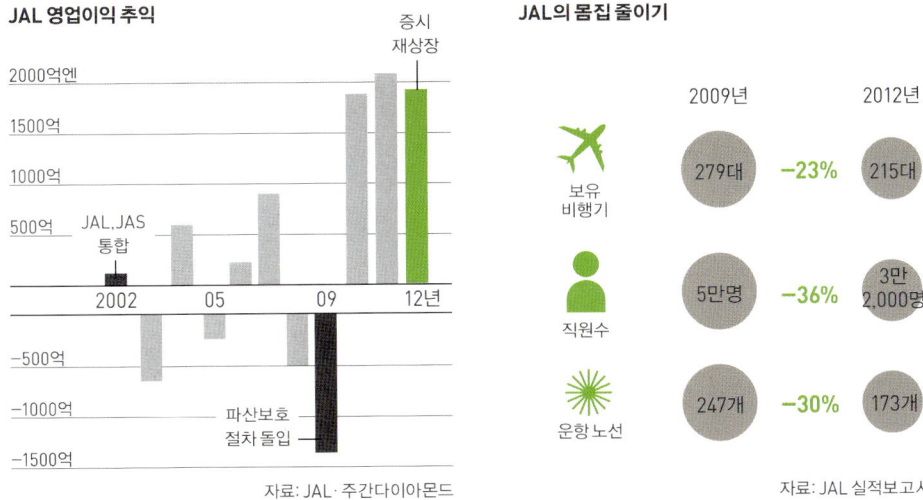

회장이 할 수 있었던 이유는 무엇입니까.

"결정적인 것은 JAL이 이나모리 회장 얘기를 우리가 그대로 받아들일 수 있느냐 없느냐였습니다. 예전의 JAL은 다른 사람이 조언해도 그것을 받아들일 수 있는 회사가 아니었습니다. 우리는 망한 다음에야 처음으로 여러 가지를 생각하지 않으면 안 되는 상황이 됐습니다. 정말 솔직해지지 않으면 안 되는, 과거와는 완전히 다른 회사가 되지 않으면 안 되는, 백지에서 시작하지 않으면 안 되는 때 이나모리 회장이 여러 얘기를 한 것이 정말 가슴속에 사무치게 된 것이라고 생각합니다.

물론 이나모리 회장이 JAL에 오게 된 것은 큰 행운이었지요. 하지만 망하기 전에 이나모리 회장이 왔다면 JAL 구성원들이 그가 말한 것을 그대로 받아들이고 마음에 새겼을까요? 그러지 않았을 것이라고 생각합니다."

3년 걸릴 구조조정을 1년 만에 끝내다

이나모리 회장과 다른 CEO의 차이는 무엇이었나요.

"역시 뭔가를 간절하게 생각하는 것을 그 무엇보다 중요하게 여긴 점입니다. 신념을 가져야 한다는 것이지요. 이나모리 회장이 JAL에 왔을 때, 그는 세 가지 대의를 강조했습니다. 첫째 이 회사를 재생시켜야 한다, 그러지 못하면 일본 경제에도 큰 악영향을 미친다는 것이었습니다. 둘째는 남은 3만 명 넘는 직원을 반드시 지킨다는 것이었습니다. 셋째는 일본의 항공 업계를 경쟁 환경으로 유지해야 한다는 것이었습니다. JAL이 망하면 전일본공수全日空·ANA 독점 체제가 되니까 소비자를 위해 좋지 않으며, 경쟁 관계는 반드시 있어야 한다는 뜻이었지요. 이 세 가지가 가장 중요한 포인트였습니다.

그가 JAL 회장으로 왔을 때는 이미 79세였는데, 하루 24시간 어떻게 하면 JAL을 재생시킬 수 있을까만을 생각하며 최선을 다했다고 생각합니다. 그런 생각이 워낙 간절했기 때문에 여러 가지가 결과로 나타난 거지요."

구조조정을 빠른 속도로 진행하셨는데, 일본 문화에서는 이례적이었던 것 같습니다.

"사실 이나모리 회장과 제가 오기 전까지 당초의 구조조정 계획은 3년에 걸쳐 서서히 하겠다는 것이었습니다. 하지만 신체제 즉 이나모리 회장과 저의 체제에서 경영진 간 격론이 벌어졌습니다. 결론은 '구조조정은 단번에 빨리 해버리지 않으면 안 된다'는 것이었습니다. 구조조정을 서서히 3년에 걸쳐 했더라면 직원들 마음이 전부 조각

나버렸을 겁니다. 단번에 끝내버려서 남은 직원이 전원 일치단결해서 새로운 목표로 나아가도록 하지 않으면 안 되었지요."

애초의 구조조정 계획을 뜯어고쳐야 했기 때문에 법원에 회생 계획을 내는 것도 늦어졌다. 당초 2010년 6월에 제출하기로 돼 있었는데, 2개월 늦어져 8월 말에 제출했다.

"회생 계획 제출이 늦어지자 언론에서는 '역시 JAL은 재생 불가능이다. 회생 계획조차 세우지 못하는 것 봐라' 하는 식으로 엄청나게 때려댔지만, 어차피 각오한 것이었어요."

JAL이 구조조정한 것은 인력뿐만이 아니었다. JAL은 이전까지 정치인 눈치 보느라 울며 겨자 먹기로 유지하던 적자 노선을 대폭 없앴다. 2009년 67개에 이르던 국내 노선 중 수익이 안 나는 20개 노선을 1년 만에 없애버렸다. 국제선까지 포함해서 247개에 이르던 노선이 2012년 초 173개로 30퍼센트가 줄었다. 항공기는 대형, 중형, 소형에 각각 한두 기종으로 가짓수를 줄여 규모의 경제를 키웠다. 이를 통해 구매는 물론 부품, 정비 비용까지 낮출 수 있었다. 보유 비행기의 평균 운행비용을 20퍼센트 낮췄다.

JAL이 부활에 성공한 데는 물론 이나모리 회장의 리더십이 중요했지만, 결국 성공하려면 구체적 실행력이 필요했을 텐데요.

"JAL 직원들도 이나모리 회장의 메시지를 모두 글로는 읽어봤겠지만, '정말 어떤 기분으로 이런 말을 했을까' 하는 부분까지는 잘 전해지지 않습니다. 이메일이나 편지로도 어렵지요. 역시 직접 말하지 않으면 전해지지 않습니다. 그래서 이나모리 회장과 저, 특히 저는 처음

사장이 된 이후 3년 동안 전혀 쉬지 않고 현장에 가서 직원들을 만났습니다. 쉬는 날은 제가 할 수 있는 한도 내에서는 '제로'였습니다.

3년 동안 회사에 나가지 않은 것은 딱 5일뿐이었습니다. 그중 사흘은 아들 결혼식 때문이었는데, 샌프란시스코에서 했기 때문에 시간이 좀 걸렸습니다. 또 JAL은 12월 31일과 1월 1일 이틀간, 고객에게 감사의 마음을 전하기 위해 공항에 가서 이틀간 거의 자지 않고 인사하는 행사를 엽니다. 이틀간 잠을 못 자 1월 2일 하루만 쉬었습니다(웃음). 그게 2011년과 2012년 이렇게 두 번입니다."

제멋대로 이야기하는 회사에서 이념을 공유하는 회사로

인력 구조조정 후 인사 제도나 신입사원 채용에서 달라진 것이 있습니까.
"망하기 전까지 JAL은 직원들에게는 아주 자유로운 회사였습니다. '자유로운 회사란 직원들이 여러 가지를 자유롭게 얘기할 수 있는 회사다. 그게 좋은 회사다'라고 모두 생각했지요. 그런데 지금 생각해보면, 결국 한 가지에 대해 모두가 집중할 수 있는 회사가 아니었어요. 다들 제멋대로 얘기해버리는 회사, 그것을 자유로운 회사라고 착각했던 겁니다.

그래서 우리는 기업 이념, 즉 우리 회사가 이렇게 해야 한다는 이념과 정책을 새로 정했습니다. 그리고 채용할 때에도 '이 아이디어에 찬성합니까' 하고 후보자들에게 묻습니다. (그는 갑자기 양복 안주머니에서 흰색 수첩을 꺼내 보였다.) 이게 우리 직원 모두가 가지고 다니는 수첩인데, 기업 이념이 쓰여 있어요. 우리 마음의 거점, 믿는 구석이라고 할 수 있습니다. 새로운 기대를 걸고 JAL에 응시한 이들에게 이것을 보여주고 '우리는 이런 회사입니다. 당신은 여기에 완전히 동의할 수 있습니까. 이런 회사에서 일하고 싶습니까. 충분히 이해했습니까' 하고 묻고 '그렇다'고 답한 사람 중에서만 채용합니다. 다시 말해 '이렇게 되고 싶다'는 목표가 모두 일치하는 회사가 된 것이지요. 예전엔 달랐어요. '아, 선망하는 회사 JAL' '손 들어! 능력 있나. 음, 능력이 있으니까 채용!' 뭐 이런 식이었지요. 그 사람이 어떤 마음가짐을 가지고 있는가는 전혀 안중에 없었습니다."

오니시 마사루大西賢는…

2010년 2월부터 JAL의 사장으로 취임했다. 그는 도쿄 대학 공학부 출신으로 35년 전 JAL에 입사했다. 2002년 정비기획실장, 2009년 JAL 자회사인 일본 에어커뮤터 사장을 역임했다. 2010년 1월 파산 보호를 신청했던 JAL은 그를 사장 겸 최고운영책임자COO의 자리에 앉히고, 이나모리 가즈오稻盛和夫를 영입했다. 파산 전이었다면 영업·관리 파벌이 강했던 JAL에서 엔지니어 출신인 그가 사장이 되는 것은 어려웠을 것이다. 그는 회생에 대한 절실한 신념과 단호한 실행력으로 1년 만에 JAL을 흑자 경영으로 돌려놓는다.

꿈쩍하지 않던 공룡, 살아 움직이게 한 '아메바 경영'

이나모리 전 일본항공JAL 회장은 올 들어 한 일본 주간지 인터뷰에서 "JAL은 과거 일본 국영 항공사였다는 엘리트 의식이 아주 강했고, 관료의 낙하산 인사가 많았다. 도산했을 때도 사원들은 '우리 잘못이 아니라 경영진 책임이다. 국가가 잘못했다'는 의식이 강했다"고 술회했다.

JAL은 1987년 완전 민영화됐지만 2000년대 들어 경영 악화가 지속되면서 매번 정부에 자금 지원을 요청하는 애물단지로 전락했다. 계속된 실적 악화로 2010년 파산 직전에는 빚이 30조 원에 달했지만, '정부가 계속 뒤를 봐줄 것'이라는 의식이 조직 내에 팽배했다. 2008년에 직원들 퇴직금을 주기 위해 쌓아둔 비용이 10조 원에 이를 만큼 강성 노조 천국이기도 했다. 그러나 2009년 말 당시 하토야마 정부가 더 이상 '대마불사'를 용납하지 않겠다며 JAL을 파산시키는 쪽으로 방침을 바꾸면서 결국 2010년 1월 19일 파산에 이른다. JAL 파산은 '잃어버린 20년'이라는 일본 경제 위기의 상징이 됐다.

이나모리 회장은 지금 와서는 골칫덩이 JAL을 정상화한 경영의 달인으로 칭송받고 있지만, 팔순 노인인 그는 끊었던 담배를 다시 찾았을 만큼 극심한 스트레스에 시달렸다. 파산 초기만 하더라도 회생보다 완전 청산(자산을 전부 매각해 빚을 갚고 사업을 아예 접는 것)으로 갈 것이라는 관측이 적지 않았다.

JAL은 파산과 더불어 수많은 굴욕을 겪는다. 직원 대량 해고와 주주·고객의 피해로 여론은 분노했다. 2010년 말 JAL 여성 승무원들은 용역 직원을 대신해 기내 청소까지 맡게 된다. 해고된 여성 승무원의 제복이 일본 성性 상품 시장에서 비싸게 팔리기도 했다.

이나모리 회장은 평소 '회계장부를 볼 줄 모르는 경영자는 경영할 자격이 없다'고 할 만큼 경영에서 숫자의 중요성을 강조했지만, JAL은 딴판이었다. 월말 결산 집계도 2~3개월 걸려서야 겨우 받을 정도였다.

이나모리 회장은 취임 1개월 반 뒤 한 기자회견에서 "JAL은 매일 적자를 내면서도 책임 의식이 명확하지 않다. JAL 임원들은 야채 가게 하나도 경영할 능력이 없다"고 혹평했다. 이후 JAL에는 이나모리 회장의 전매특허인 '아메바 경영(부문별 독립채산제)'이 도입됐고, 2~3개월 걸리던 월말 결산은 3일 후 잠정 집계해 곧바로 다음 달 영업 계획에 반영할 수 있도록 뜯어고쳤다.

달라진 JAL의 모습은 2011년 3월 11일 발생한 동일본 대지진 때 드러난다.

대지진 이후 초기 대응에 실패해 우왕좌왕한 정부·도쿄전력과는 달리 JAL은 기민한 위기 대응 능력을 보여준다. 오니시 사장과 우에키 노선총괄본부장(현 사장)은 지진 당일에 곧바로 비상 체제를 가동, 다음 날부터 후쿠시마 인근 지역에 임시 항공편을 투입한다. 퇴역이나 매각을 앞둔 항공기까지 동원해 4개월간 피해 지역에 20만 명을 실어 날랐다. 발 빠른 대처는 곧바로 실적으로 연결됐다. 그해 일본 국내 전체 항공 수요가 40% 줄었지만, JAL은 2012년 3월 결산에서 2,049억 엔(약 2조 2,000억 원)이라는 사상 최대 영업이익을 올렸다.

싱가포르 하이플럭스 CEO
올리비아 럼

세상을 구하기 위한 꿈을 꾸었더니
그 꿈이 나를 구했지요

"세상을 구하기 위한 꿈을 꾸었더니 그 꿈이 나를 구했다."

싱가포르에서 출생 직후 말레이시아의 한 할머니에게 입양돼 탄광촌 판잣집에서 자란 고아. 생부모 얼굴도 모른 채 그는 매일 꼭두새벽에 물을 길어 먼 거리를 왕복해야 했고 하루 두 시간만 전기가 들어오는 열악한 환경에서 컸다. 단 두 시간 동안 모든 학교 숙제 등을 해결해야 했고 소녀 가장으로서 가족 생계를 위해 각종 물품을 팔며 돈도 벌었다. 9세 때부터 나무로 가방을 짜고 장례식장에서 피리도 불었다.

그는 "공부를 포기하지 않았던 게 나에게는 가장 큰 행운"이라며 "매순간이 위기였지만 어떤 상황에서도 긍정적으로 세상을 봤다"고 했다. 28세에 창업해 동남아 최고 여성 갑부(2011년 순자산 4억 6,000만 달러)로 발돋움해 '물의 여왕'으로 불리는 올리비아 럼Olivia Lum 싱가포르 하이플럭스Hyflux 최고경영자 이야기다.

하이플럭스는 바닷물을 정화해 산업용수나 식수로 만드는 '해수 담수화' 분야의 첨단 기술을 갖고 있다. 알제리에 있는 세계 최대 해수 담수화 공장(2008년)과 중국 내 최대 담수화 공장(2003년), 인도 최대 담수화 공장(2012년) 등을 수주했고 최상급 친환경 수질 정화 장치인 멤브레인membrane 기술에서 세계 최고 수준이다.

하이플럭스의 매출은 2001년 1,400만 달러에서 2011년에는 3억 700만 달러로 25배나 늘었다. 멤브레인 사업 분야에서 세계 6위이다. 싱가포르항공과 싱가포르텔레콤 등 대다수 대기업이 국영인 데다 보수적 경영 일색인 싱가포르에서 보기 드문 민영기업의 여성 창업자이자 CEO인 럼은 싱가포르인들이 가장 좋아하고 가장 만나고 싶어하는 기업인에 첫 손꼽힌다.

영국 《파이낸셜 타임스》가 선정한 '세계에서 가장 영향력 있는 여성 기업인' 35위(2011년)에 뽑힌 올리비아 럼 CEO를 2013년 1월 싱가포르 본사에서 만났다.

싱가포르 벤드미르 가에 있는 하이플럭스 본사 건물은 작년 7월 오픈한 10층짜리 친환경 그린빌딩이다. 1층에는 호텔에 버금가는 방문객 라운지와 인공 호수 정원을 갖추고 있다. 라운지에서 기자에게 악수를 청한 올리비아 럼 CEO는 호수 정원을 바라보면서 환한 미소를 지었다. 판잣집에서 살던 소녀가 스스로 일군 회사에 대한 자부심이 엿보였다.

올리비아 럼은 어린 시절 도박에 빠진 양할머니를 대신해 각종 장사를 하면서도 공부를 손에 놓지 않고 싱가포르국립대학에 진학해 화학을 전공해 우등졸업했다. 글로벌 제약회사 글락소스미스클라인에 취업했다가 3년 만에 퇴직해 28세이던 1989년 창업했다. 살던 집과 차를 팔아 1만 2,000달러(2만 싱가포르달러)를 마련해 오토바이와 수처리water treatment 장비를 샀다. 직원은 단 2명.

"영업부터 용접, 배관까지 직접 했지요. 내가 할 줄 알았기 때문에 직원들도 지시를 잘 따랐어요."

새벽 5시에 일어나 밤 12시까지 저렴한 산업용수가 필요해 보이는 중소기업들의 문을 두드렸다. "돈, 기술, 경험, 브랜드가 모두 없었지만, 분명 세상이 이 일을 필요로 할 것이라 믿고 무조건 뛰었지요."

"실패를 두려워하지 마라, 열 번 중 한 번 성공하면 다행이다"

그의 첫 인상은 강인하고 단단해 보였지만 꿈 많은 소녀 같은 면모도 엿보였다. "당시에는 모두 불확실하고 불가능한 일이라고 했어요. 정말 순진했지요. 하지만 그 나이에는 누군가를 돕고 싶다는 게 꿈이 될 수도 있지 않나요?"

그는 "내가 시작한 일이 '떠오르는 태양 같은 사업sunrise business'이라고 믿고 맨손으로 출발했는데 수질 정화에 대한 관심이 높아진 지금도 물 산업은 성장 가능성이 무궁무진한 뜨는 사업"이라고 했다.

직장생활 3년 만에 그것도 불확실한 사업에 뛰어들었습니다. 무슨 배짱이었나요?

"화학자로서의 생활에는 자극이 없었습니다. 나는 어릴 때부터 생계를 위해 과일이든 빵이든 뭔가를 팔아야 했지요. 비즈니스가 무엇인지 배우기 쉬웠고 크면 무엇이든 내 사업을 하겠다고 생각했어요. 그런데 당시 글락소는 수처리에 꽤 많은 돈을 투자해 폐수를 산업용수로 재활용하고 있었습니다. 돈이 없는 아시아에서는 엄두도 못 내던 일이었지요. 모두가 물을 오염시키고 있었지만, 아무도 깨끗하게는 하지 않았어요. 누군가는 해야 한다고 생각했습니다."

당시 수처리와 관련한 특별한 기술이라도 갖고 있었나요?

"전혀, 오직 꿈만 있었어요. 하지만 시장 조사를 통해 잠재력을 봤어요. 이 길로 나를 이끈 건 두 가지였습니다. 하나는 시장이 매우 크다는 것이고, 둘째는 '고귀한noble 사업'이라는 점이었지요."

열악한 상태에서 어떻게 회사를 키웠나요?

"첫 사업은 각종 제조기업들을 상대로 폐수를 화학처리해 산업용수로 재활용할 수 있게 해주는 일이었습니다. 그런데 싱가포르 기업들은 큰 회사만 상대하려고 했습니다. 나는 선택의 여지가 없어 말레이시아로 갔어요. 오토바이를 직접 몰고 보이는 곳마다 찾아갔습니다. 문을 두드리면 열어주지 않거나 열었다가도 쾅 닫아버리는 일이 허다했지요. 열 번 두드리면 한 번 열어줬습니다. 한 번이라도 문을 열어주면 정말 다행이라고 생각하면서 그 고객을 위해 최선을 다했습니다. 초기엔 공짜로 시범 서비스를 해주기도 했어요. 그러면 이

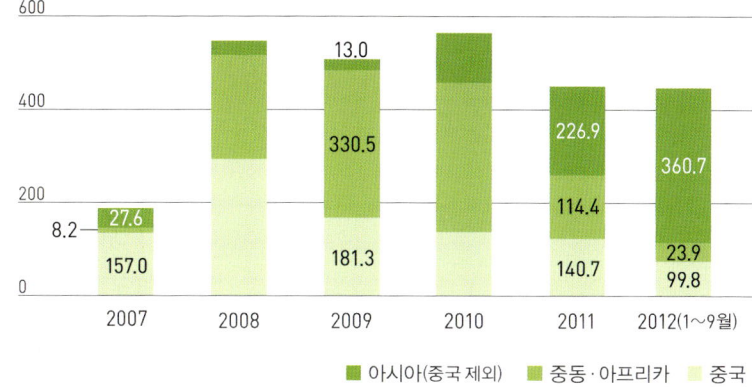

하이플러스 지역별 매출 규모
단위: 100만 싱가포르달러
자료: 하이플럭스

고객이 다른 고객을 소개시켜줬지요. 고객의 전화가 오면 무조건 네 시간 이내에 달려가서 서비스를 완료했습니다. 최고의 광고는 입소문이에요. 입소문 덕에 거래가 늘었고, 2년 뒤에는 싱가포르 기업들도 우리 회사를 인정해주고 받아줬습니다."

넓은 시장으로 일찍 가라

회사가 가장 큰 도약을 하게 된 계기는요?

"중요한 이정표가 두 개 있었습니다. 첫 번째는 1994년 중국 진출이었습니다. 나에게 말레이시아와 싱가포르 시장은 너무 비좁았어요. 처음엔 어려웠지요. 당시 중국은 수처리 산업에 관심이 없었어요. 나이 어린 여자라는 것도 약점이어서 60대 남자 직원을 고용하기도 했습니다. 첫 3년간은 거래가 거의 없어 부도날 뻔했어요. 하지만 중국인들은 끈기와 인내, 꾸준한 헌신을 좋은 덕목으로 생각합니다. 포기하지 않고 고객과의 관계를 꾸준히 쌓았고 정부 관계자들과 인맥도 구축했습니다. 결국 그것이 2003년 중국 최대 담수화 공장 수

주로 이어졌어요. 초기부터 현지에 중국팀을 만들어 현재 중국인 직원이 1,000명에 달합니다. 이 중 60퍼센트가 기술직, 40퍼센트는 사무직입니다."

두 번째 이정표는 무엇인가요?

"창업한 지 8년 만인 1997년 물 부족 국가인 싱가포르가 물 자급자족 달성을 목표로 물 산업 육성을 선언하고 나선 것입니다. 정부가 첫 10년간 많은 돈을 투자했고, 관련 기업에 인센티브도 줬습니다. 중국까지 활동 반경을 넓힌 하이플럭스는 정부 투자를 받기 쉬웠어요. 정부 지원으로 R&D 투자를 늘릴 수 있었고, 2003년 싱가포르 최대 담수화 공장인 싱스프링도 수주할 수 있었습니다."

올리비아 럼 하이플럭스 CEO에게 당신의 에너지는 어디에서 나오느냐고 물었다. 그러자 그는 머리를 가리키며 "여기요, 생각mind에서 나오지요"라고 했다. "당신이 즐겁다고 생각하면 즐거워지고, 행복하다고 생각하면 행복해져요. 모든 게 다 마음먹기 달려 있지요!"

하이플럭스가 보유한 담수화 핵심 기술은 어떻게 개발 됐나요?

"R&D 투자의 결실입니다. 10년 전부터 우리는 매년 순이익의 최소 10퍼센트 이상을 무조건 R&D에 투자합니다. R&D는 연구 효율성도 중요해요. 우리는 개별 연구원들이 시장 가치가 없는 연구 분야에 매몰되지 않도록 물산업 시장 전문가들을 연구에 투입합니다. 연구원들에게 시장이 필요로 하는 상품이 무엇인지 교육시키고 분야 간 소통을 원활하게 해 통합적 사고를 하도록 합니다."

위기는 최고의 인재를 영입할 기회, "나는 위기를 기다렸다"

하이플럭스에게 위기는 없었나요?

"많은 도전이 있었어요. 펀딩에 어려움을 겪었고 인재 부족, 경기 불황 같은 대외 환경 위기도 있었지요. 하지만 기업하는 사람들은 어떤 위기든지 대비가 돼 있어야 합니다. 비즈니스는 기나긴 여행입니다. 위기는 늘 기회로 반전됩니다. 경기가 좋을 땐 핵심 비즈니스에 집중해야 하고, 어려운 시기엔 다른 부분에도 신경을 써야 해요. 나는 위기 때 훌륭한 인재를 뽑는 데 집중했습니다. 위기는 우리처럼 작은 회사들이 인재를 데려올 수 있는 절호의 기회였습니다. 그렇게 영입한 인재들이 회사를 성장으로 이끌었습니다. 그래서 나는 오히려 위기를 기다렸지요."

어떤 인재를 어떻게 영입했나요?

"기본적으로 핵심 기술에서 최상위급 실력을 가진 사람들을 적극 영입했습니다. 인재들은 고급 헬스장과 식당이 딸린 멋진 사무실에서 근무하기를 바라지만, 나는 그들에게 회사의 비전을 얘기했어요. 그리고 그들이 회사의 성장과 함께 돋보이는 경력을 쌓을 수 있다는 점을 강조했습니다. 어떤 인재는 설득하는 데 몇 년이 걸렸어요. 나는 또 긍정적인 사고방식과 에너지를 가진 사람을 뽑습니다. 비관적인 사람들에게는 관대하지 않아요. 그들의 부정적인 에너지는 비즈니스에 도움이 안 됩니다."

2001년 IT 버블이 꺼지면서 주식시장이 폭락할 때 상장했는데요.
"당시 대다수 기업들이 IPO를 꺼렸어요. 우리에게도 연기하라는 주변의 만류가 있었지요. 하지만 우리 회사는 IT와는 좀 다른 분야입니다. 미래 성장 잠재력이 충분한 기업이고 싱가포르 거래소에 첫 상장되는 수처리업체로 승산이 있다고 생각했습니다. 결국 상장 3주도 안돼 주가가 두 배 뛰었어요."

당신의 리더십은 어떤 스타일인가요?
"나는 처음 바닥부터 회사를 일궜기 때문에 많은 일을 내 손으로 직접 챙기는 '살림형' 스타일이에요. 직원들과 최대한 대화를 많이 하고 현장을 자주 찾지요. 비즈니스는 몸과 같아요. 눈보다 귀가 더 중요하다거나 입이 손보다 중요하다고 할 수 없습니다. 인사·재무·전략 어느 하나 중요하지 않은 게 없지요. 중국 속담에 '집의 꼭대기가 튼튼하지 않으면 아래도 부실하다'는 말이 있어요. 리더가 단단히 비즈니스를 쥐고 있지 않으면, 조직이 느슨해집니다."

"기회는 당신이 만드는 것입니다. 기회를 잡으세요.
꿈이 없으면 당신의 모든 것이 끝납니다.
꿈꾸는 것을 멈추지 마세요."

여성 기업인이라 어려움이 더 많았을 것 같습니다.

"비즈니스는 여자든 남자든 누구에게나 똑같이 어렵습니다. 성공한 여성 기업인이 드문 것은, 애초에 사업을 하려는 여성들이 적기 때문일 것이에요. 이것은 개인의 선택의 문제입니다. 여성이 일과 가정에서 동시에 성공하는 것은 더더욱 어렵지요. 완전히 다른 두 방향을 수시로 바꿔가며 전진하기가 쉽지 않습니다. 물론 이 두 가지를 다 잘하는 여성도 있지요. 그들은 진정한 '수퍼 우먼'입니다."

젊은 세대에게 조언한다면.

"어떤 꿈이든지 꿈을 가지세요. 꿈을 갖고 노력하다보면 기회가 찾아옵니다. 기회는 당신이 만드는 것입니다. 그리고 그 기회를 잡으세요. 꿈이 없으면 당신의 모든 것이 끝납니다. 꿈꾸는 것을 멈추지 마세요."

올리비아 럼 Olivia Lum은…

싱가포르 수질정화기업 하이플럭스 CEO이다. 2011년 언스트앤영에서 주는 '세계 최우수 기업가상'을 수상하며 세계적인 인물이 됐다. 동남아에서 손꼽히는 여성 부자 중 한 명이자 2012년 《포브스》에서 선정한 '아시아 파워 비즈니스우먼 50인'에 들기도 했다. 1986년부터 1989년까지 글락소스미스클라인GSK 연구원으로 재직했고, 1989년에 회사를 나와 수처리업체 하이드로켐(하이플럭스의 전신) 설립했다. 2002년부터 2005년까지 싱가포르 국회의원(지명직)을 역임했고, 싱가포르 물 협회SWA 회장으로 활동하고 있다.

유뎬 대학 교수
자오위핑

진정한 리더는
자신을 낮추고
비전을 제시해야 합니다

조비(조조의 아들이자 위나라의 초대 황제)가 세상을 떠나고 나서 47세 사마의는 조진(조조의 조카)과 나란히 어린 황제 조예를 최측근에서 보필하는 중책을 맡았다. 중국 역대 왕조는 항상 대신들 간 권력 투쟁이 극심했고, 이때도 예외는 아니었다.

조진은 함께 서쪽 전선을 지키던 사마의를 줄곧 견제했다. 그러나 사마의는 조진을 위해 적극적으로 아이디어를 냈고, 심지어 자신이 세운 공을 모조리 조진에게 돌리기까지 했다.

예순이 되었을 때 사마의는 황제 조예의 특별대우로 오랜만에 고향에 돌아갔다. 마을 사람들의 열렬한 환영을 받으며 눈물을 글썽

이던 그는 호쾌한 기개와 포부를 드러내는 시를 한 수 지어 읊었다. 그러나 마지막 구절 '고성귀로 대죄무양告成歸老 待罪舞陽'은 의미심장하다. 위업을 이루고 고향에 돌아가 처벌을 기다린다, 즉 권력에 뜻을 두지 않는다는 의미로 해석될 수 있다. 득의양양하고 술에 취해 야심의 일부를 드러내더라도 마지막 순간 슬그머니 감춰버리는 처세술은 사마의가 평생에 걸쳐 지켜온 것이었다.

사마의, 기회 잡을 때까지 묵묵히 참아

『삼국지연의』에서 사마의는 라이벌 격인 제갈량보다 언제나 한 수 뒤처지는 상대로 묘사된다. 하지만 그는 이처럼 속내를 드러내지 않고 시기와 비판을 참고 버티는 탁월한 인내심을 갖고 있었다.

사마의가 조조를 비롯해 40년간 조씨 집안 4대를 섬기며 훗날 삼국통일의 기초를 다질 수 있었던 것은 이런 처세술 덕분이었다.

지금처럼 정년퇴직이 보장되지 않은 조직 생활에서는 "강한 자가 살아남는 것이 아니라 살아남는 자가 강한 것이다"라는 말이 일종의 진리가 된 지 오래다. 이런 시각에서 보자면 기회를 잡을 때까지 묵묵히 참으며 73세까지 천수를 누리다 간 사마의가 어쩌면 『삼국지연의』를 통틀어 가장 강한 인물일지도 모른다.

조조, 부하에 냉혹했지만 융통성도 발휘

그렇다면 '난세의 교활한 영웅'이라 일컬어지는 조조는 어떨까. 그는 냉혹했지만, 부하직원을 다룰 때 융통성을 발휘할 줄 아는 리더였다. 관도대전에서 원소를 무찌른 이후 조조는 구리 화로에 불을 피워 원소와 내통한 자신의 부하들 명단을 모조리 불태웠다. "원소 세력은 참으로 강해서 나조차 스스로를 지킬 수 있을지 걱정스러웠다. 하물며 다른 이는 어땠겠는가." 제갈량이 단 한 번 실수를 저지른 마속을 눈물을 흘리며 베었던 것과 대조되는 장면이다.

중국 삼국시대 영웅호걸을 다룬 『삼국지』가 지금까지도 많은 이들의 입에 오르내리고, 최고 경영자들이 가장 열독하는 도서로서 종종 거론되는 이유는 이렇듯 『삼국지』에 등장하는 인물들의 처세술과 리더십이 끊임없이 재해석되며 현대를 살아가는 우리에게 늘 새로운 교훈을 주고 있기 때문이다. 최근 중국 국영 채널 CCTV 인기 인문학 프로그램 '백가강단百家講壇(논어, 사기 등 중국 고전에 대한 강좌로 매일 밤 방영된다)'에서 『삼국지』 강의가 인기를 끄는 이유도 여기에 있다.

제갈량, 디테일 보면서도 큰 그림 놓치지 않아

베이징에 있는 유뎬郵電 대학 관리학과(경영학과에 해당) 자오위핑趙 玉平 교수도 '백가강단'의 『삼국지』 강의를 통해 일약 스타덤에 오른 인물 중 하나다. '백가강단'은 2001년부터 13년째 방송하는 인문학 강좌.

자오위핑 교수는 지난 10년간 '백가강단'을 비롯해 차이나텔레콤, 중국노키아그룹과 칭화 대학, 푸단 대학 등에서 활발하게 강의 활동을 펼쳐 2009년 중국 기자들로부터 '대륙 10대 강사'로 선정되기도 했다. 텔레비전 강의를 바탕으로 쓴 『마음을 움직이는 승부사 제갈량』과 『자기 통제의 승부사 사마의』는 국내에도 출간됐다.

지난 20일 베이징 서부 하이뎬 지역에 있는 찻집에서 자오위핑 교수를 만났다. 그에게 무려 1,800년 전에 쓰인 『삼국지』에서 현대 경영자가 나아가야 할 길을 찾은 이유를 물었더니 그가 대답했다.

유비, 홀로 결정 안하고 부하 의견 중시

"『서유기』를 보면 손오공이 삼장법사에게 화도 내고 때론 제멋대로 굴기도 합니다. 손오공이 그렇게 할 수 있었던 것은 뛰어난 능력이 뒷받침되어 있었기 때문이지요. (조직에서) 능력이 있는 사람은 화를 내거나 상사에게 대들어도 어느 정도는 '저 사람은 그래도 일은 잘해'라고 수용이 됩니다. 하지만 능력도 없는 이가 그렇게 군다면 화를 자초하는 것이겠지요. 이런 문화적 패턴, 인간관계 같은 부분은 예전이나 지금이나 크게 달라진 것이 없습니다. 그렇기 때문에 현대를 사는 우리도 과거에 조직에서 적용됐던 규칙을 보고 배울 수 있는 것입니다."

그는 올해 초 중국에서 조조의 리더십과 처세술에 관한 책을 출간했다. 내년 상반기에는 국내에도 번역돼 나올 예정이다. 오늘날 우리가 조조에게서 배워야 할 점은 무엇일까?

"성품이 '온화하다'는 자질은 결코 리더의 필수 성공 조건은 아닙니다. 그렇다면 어떤 리더가 성공했을까요? 첫째 멀리 내다볼 수 있는 시각, 둘째 결정적인 시기에 흔들리지 않고 결단을 내릴 수 있는 과감성, 셋째 포부와 기개가 필요합니다. 조조에게서는 이 세 가지

"문화적 패턴, 인간관계는 예전이나 지금이나 크게 달라진 것이 없습니다. 그렇기 때문에 현대를 사는 우리도 과거에 조직에서 적용됐던 규칙을 보고 배울 수 있는 것입니다."

자질을 전부 발견할 수 있습니다.

예를 들어 조조의 밑에는 하후돈이라는 용감한 장수가 있었습니다. 하후돈은 용맹하기 그지없어서 큰 전쟁에서 수차례 승리를 이끌었는데, 조조는 하후돈에게 이렇게 말합니다. '너의 장점은 용감한 것이다. 하지만 너는 그 장점으로 인해 실패할 수 있다.' 불같은 성격의 하후돈은 여포 정벌에 나섰다가 화살에 맞아 애꾸눈이 됩니다. 이처럼 조조는 항상 먼 앞을 바라볼 수 있는 사람이었습니다."

자오위핑 교수는 설명할 때 예시와 비유를 많이 썼다. 조조가 적벽대전에서 진 이유 가운데 하나로 "상대가 너무 강했다"고 할 때, 이창호 9단과 대국할 때마다 번번이 간발의 차이로 지는 중국 바둑 기사 창하오를 예로 들었고, "손권의 수군이 강하다"고 할 때는 "마치 한국의 이순신 장군처럼"이라고 덧붙였다. 어린아이에게 설명하듯 옆에 있는 종이에 직접 뭔가를 그리기도 하고, 주위에 있는 사물을 빗대어 비유하기도 했다. 그처럼 세심하고 알기 쉬운 설명 방식이 시청자를 사로잡은 비결이었을 것이다.

조조와 유비의 리더십

조조에게서 배울 게 많다고 주장하는 사람은 그만이 아니다. 마오쩌둥은 "조조는 세월을 뛰어넘는 영웅"이라고 했고, 최근엔 국내에서도 조조의 리더십을 긍정적으로 평가하는 저서들이 소개되고 있다.

하지만 절대적으로 숫자가 많은 조조의 군대가 적벽대전에서 유비·손권 연합군에게 대패한 것 자체가 조조 리더십의 한계를 보여주는 것은 아닐까. 이에 대해 자오위핑 교수는 "조조의 잘못이 있다면, 그때까지 너무 순조롭게 성공해서 주변의 리스크를 보지 못한 것"이라고 말했다.

그는 조조가 결정적으로 방심했던 사례를 들었다. 손권의 장수인 황개가 매를 맞은 뒤 앙심을 품은 것처럼 위장하고 조조에게 거짓 투항한 때였다. 황개는 투항한 뒤 동남풍이 불 때를 기다렸다가 군량 보급선으로 위장한 배를 타고 조조의 수군에 접근해 불을 질렀다. 불길은 바람을 타고 걷잡을 수 없이 번져 조조군의 배를 모조리 불태웠다.

"조조는 그 전의 수많은 전쟁을 통해서 훌륭한 장수를 많이 얻었습니다. 적벽대전에서도 훌륭한 장수를 얻을 수 있다고 믿어 의심치 않았지요. 현대의 기업들도 이렇게 성공에 도취하다가는 위험을 겪을 수 있습니다. 노키아나 마이크로소프트, 애플도 마찬가지입니다." 그는 조조가 적벽대전에서 실패한 또 다른 이유로 혼자서 결정을 내렸다는 점을 들었다.

조조, 사마의, 제갈량 가운데 현대 조직 사회에 가장 걸맞은 리더를 꼽으라면 누굴 들겠습니까?

"물론 제갈량, 사마의, 조조도 리더로서 훌륭한 자질을 가진 인물이라고 생각합니다. 하지만 제가 유비를 꼽은 이유는, 앞서 말한 세 인물은 모두 개인 기량이 대단히 뛰어나고, 그래서 홀로 결정을 내리는 경향이 있는 반면, 유비는 '지지支持형 리더'이기 때문입니다. 유비가 가진 개인적 역량 자체는 걸출한 것이 못 됩니다. 문文으로 치자면 지략 면에서 제갈량과 어깨를 겨루는 방통에 범접하지 못하고, 무武에서는 중국에서 신으로 숭배받는 관우에 비할 수 없습니다. 하지만 유비는 그들과 차별화되는 자신만의 장점을 가지고 있었습니다. 바로 문관과 무관을 가리지 않고 뛰어난 인재들을 기용해 능력을 꽃피우게 만든 용인술用人術입니다.

그러나 업무나 시장 상황이 비교적 단순한 기업에서는 조조의 방식이 성공하기 쉽습니다. 반면 업무가 복잡하고 변화가 급할수록 유비형 방식이 성공하기 쉽습니다. 간단하고 단순한 업계는 통제해야만 잘 돌아가고, 복잡한 쪽은 전문가들이 능력을 잘 발휘할 수 있도록 지지해야 조직이 잘 돌아가게 마련이니까요. 지금까지는 조조형 리더가 많았지만, 앞으로는 기업 문화가 바뀌면서 유비의 방식이 더 중요해질 것입니다."

그는 또 이상적 중간 관리자로는 제갈량, 이상적 일선 직원으로는 조자룡을 들었다. "제갈량은 만사 일처리가 착실하고 디테일을 잘 보면서도 큰 그림을 놓치지 않습니다. 위로는 보스의 신임을 얻고 아래로는 병사들의 존경을 받았지요. 조자룡은 능력이 뛰어나고 충성심이 강했습니다. 조조가 형주를 공격해 유비가 달아날 때 조자룡은 품에 유비의 어린 아들 아두를 안고 단기필마單騎匹馬로 적진을 돌파했습니다."

천리마 같은 인재에겐 드넓은 초원을 제공하라

『삼국지』에 나온 영웅들에게서 발견할 수 있는 한 가지 공통점은 우수한 인재를 자기 밑에 두기 위해 노력을 아끼지 않았다는 것이다. '인재 전쟁'이라고 할 정도로 기업마다 우수한 인재를 영입하려고 애를 쓰는 오늘날, 『삼국지』 영웅들로부터 무엇을 배워야 할까.

"『삼국지』에서 아주 많이 알려진 이야기 가운데 하나가 삼고초려三顧草廬입니다. 유비는 제갈량을 얻고자 세 번이나 몸소 제갈량이 사는 누추한 집을 찾아갔습니다. 이 이야기에서 우리가 배워야 할 첫째는 큰일을 하는 사람은 항상 겸손하고 자기를 낮춰야 한다는 것입니다. 지금 우리가 차를 마시고 있는데, 다도를 예로 들어 말하자면 인재는 물이고 조직은 찻잔입니다. 찻잔에 물을 따르려면 찻잔이 아래에 있어야 합니다. 그러기 때문에 조직을 이끄는 리더는 항상 자신을 낮춰야 합니다."

인재를 적재적소에 배치해야 한다는 점 역시 『삼국지』의 교훈이다. 방통은 굉장히 못생기고 세련되지 못해서 처음엔 유비가 좋아하지 않았다. 유비는 방통을 뇌양현이라는 변방의 작은 마을을 다스리도록 발령냈지만, 방통은 그 일을 너무나 못해서 면직됐다. 나중에 방통의 재주를 높이 산 제갈량이 그를 다시 중앙으로 불러들여 군대 지휘를 맡긴 뒤에야 방통은 능력을 발휘했다.

"우리 손을 보면 굵은 손가락은 엄지, 제일 긴 것은 중지, 활동을 가장 안 하는 약지, 이런 식으로 손가락마다 하는 일이 다릅니다. 하지만 이 모든 손가락이 적재적소에 있어야 건강한 손을 가질 수 있습니다. 그런데 엄지가 굵어서 좋다고 손가락이 전부 다 엄지가 되거나 전부 다 긴 중지가 되려고 한다면 그런 손은 기능을 발휘할 수 없습니다."

유비의 밑에는 우수한 인재가 많았습니다. 인재를 모으려면 어떤 노력을 해야 합니까.

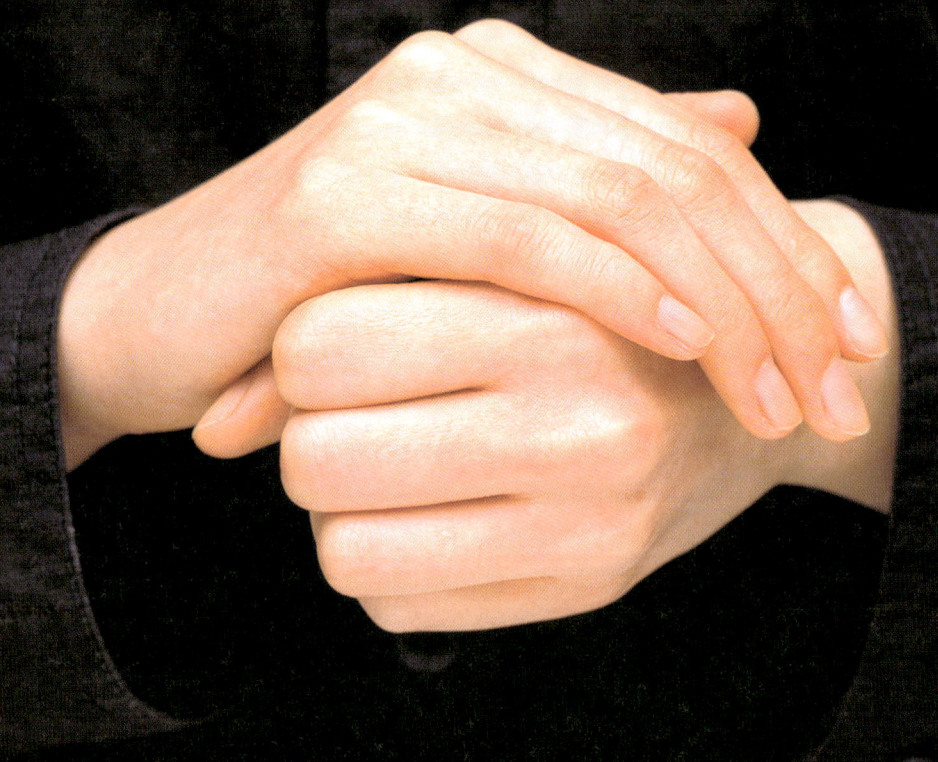

"찻잔에 물을 따르려면
찻잔이 아래에 있어야 합니다.
그러기 때문에 조직을 이끄는 리더는
항상 자신을 낮춰야 합니다."

"하루에 천 리를 간다는 전설 속 천리마가 좋아하는 것은 넓게 뛰놀 수 있는 초원입니다. 그래서 만약 천리마를 가지고 싶다면 그런 공간을 만들어줘야 합니다. 이것이 유비가 제갈량을 데리고 있을 수 있었던 가장 큰 이유였습니다. 둘째, 우리는 젊은이들에게 빵을 나눠주지 말고 젊은이들 스스로 빵을 그릴 수 있도록 도와줘야 합니다. 무슨 말이냐 하면 젊은이들에게 비전을 제시해줘야 한다는 것입니다.

유비가 제갈공명에게 준 비전은 대단히 유혹적이었습니다. 유비가 천하 통일이라는 커다란 대의를 이루기 위해 제갈량이 어떤 기여를 할 수 있을지를 제시한 것이었습니다. 셋째로는 구성원들의 능력에 따라 각기 다른 비전을 제시해야 합니다. 비교적 능력이 약하고 평범한 집단에는 편안함과 만족을 보장해주면 족합니다. 하지만 능력이 뛰어나고 자존감이 강한 구성원이 모인 집단에서는 그런 만족감만으로는 직원들을 붙들어둘 수 없습니다. 이상이나 이념, 가치관을 실현해줄 수 있어야 합니다. 이들이 자아를 실현하고 꿈을 이룰 수 있도록 비전을 줘야 합니다."

리더는 정서가 안정돼야 한다

유비는 말년에 관우를 잃고 상심한 나머지 주변의 만류를 뿌리치고 무리하게 오나라를 침공하다가 실패하고 맙니다. 때로는 이처럼 리더의 무리한 아집이 조직에 큰 위기를 불러오기도 합니다. 이런 실패를 범하지 않기 위해 리더는 어떤 노력을 해야 합니까?

"먼저 지도자는 정서가 안정적이어야 합니다. 옛날부터 지금까지 수

많은 역사의 사례를 보면 정서가 안정되지 않은 상태에서 일하면 전부 실패합니다. 사업을 할 때는 고민거리가 아주 많습니다. 그러니 '갖가지 시험에 부닥칠 때 내가 이런 불안정한 정서를 잘 견뎌낼 수 있을까' 하고 자신을 냉철하게 판단할 수 있어야 합니다. 둘째로는 중대한 일을 결정할 때 한 사람이 독단적으로 해서는 안 됩니다. 리더가 정신을 잃으면 주변 사람들이 옆에서 잘 보필하고 조언해줄 수 있어야 합니다."

10만 대군, 800명 군사에 진 이유는?

『삼국지』에는 경영인에게 반면교사가 되는 내용이 많다. 손권의 합비성 전투도 그중 하나다. 손권에게는 장소, 주유, 노숙, 여몽 등 쟁쟁한 신하가 많았다. 그럼에도 조조의 장수 장료는 단 800명의 군사로 손권의 10만 대군을 무찔렀다. 자오위핑 교수는 "이 전투에서 세 가지를 짚고 넘어갈 수 있다"고 말했다.

"첫째, 손권은 수군엔 강했지만 육지에선 별로 강하지 못했습니다. 조선의 이순신 장군이 수군을 지휘하는 데는 탁월한 능력을 발휘했지만, 육군이라면 어땠을까요? 손권은 자신이 취약한 곳에 잘못 도전했다가 실패한 것입니다.

둘째, 손권은 공격의 방향을 잘못 정했습니다. 조직의 역량을 이길 수 있는 곳에 투입해야 하는데, 손권이 공격한 쪽은 너무나 뛰어난 장수인 장료였습니다. 손자병법 36계 중에서 '피실취허避實就虛(적의 주력을 피하고 약한 곳을 취하라)' 전략에서 실패한 것입니다."

제갈량과 사마의가 기산에서 맞붙었을 때 제갈량이 채택한 것이 바로 이 피실취허 전략이다. 사마의는 소규모 부대를 상규에 배치하고 자신은 주력 부대를 이끌고 기산에서 제갈량과 결전을 치르기로 했다. 그러자 제갈량은 사마의와 정면 대결을 피하고, 위나라 군대가 취약한 상규로 후퇴했다.

자오위핑 교수는 "셋째가 가장 중요하다"며 조직 내 단결을 강조했다. "손권의 부대는 관리 방식에 허술한 점이 많았습니다. 조직원이 서로 협력해서 도와주는 모델이 전혀 자리 잡지 않은 것입니다. 손가락을 모두 모아 주먹을 쥐어야 힘이 생기는데, 손가락을 그냥 펴버리면 힘이 사방으로 분산돼 주먹질할 수가 없습니다. 결국 합비성 전투에서 얻을 수 있는 교훈은, 기업은 자신의 역량을 집중할 수 있도록 조직을 관리해야 한다는 겁니다."

백가강단百家講壇

중국 국영 채널 CCTV에서 매일 밤 12시 45분에 방송하는 고전 인문학 강좌 프로그램. 2004년 시청률이 낮아 폐지될 뻔했지만, 전국 각지 명강사를 초빙해 대중적 눈높이에 맞춘 해설을 하면서 인기를 끌기 시작했다. 홍콩 영화배우 유덕화가 "40시간 연속 시청했다"고 해서 화제가 되기도 했다. 강좌를 계기로 『홍루몽』 『삼국지』 『논어』 등 중국 고전에 대한 대중적 관심이 급격히 커졌고, 방송 내용이 책과 DVD로도 제작되면서 문화 브랜드로 자리 잡았다.

자오위핑赵玉平은…

기업 관리 및 리더십, 인력 자원과 중국 고전 관리 사상의 전문가이다. 청화대학교, 복단대학교, 성도전자과학대학에서 MBA 과정을 강의하며 연구활동을 했다. 중국 국영 방송과 북경 TV의 인기 프로그램인 '심리방담心理放談'과 '과교관찰科教观察'에 출연했다. 차이나모바일, 중국석유화학그룹, 상해대중자동차그룹 등 중국 경제를 움직이는 핵심기업에서 인사관리 및 소통과 인력 자원 관리를 지도했다. 저서로는 『자기 통제의 승부사 사마의』 『마음을 움직이는 승부사 제갈량』 등이 있다.

GE 부회장
존 라이스

하겠다고 말한 것을 실천하고, 되겠다고 한 사람이 되어야 합니다

2013년 3월, 홍콩 금융 중심지 센트럴中環의 업무 빌딩인 원익스체인지스퀘어 33층 사무실에 들어서자 키가 190센티미터에 가까운 존 라이스John Rice 제너럴일렉트릭GE 부회장이 "웰컴"을 외치며 성큼 걸어와 기자를 맞았다.

  회사에 들어서서 안내 데스크 바로 옆 그의 방에서 인터뷰를 시작하기까지 채 1분이 걸리지 않았다. 그는 소파에 앉자마자 "어떠한 질문을 다 던져도 좋다"고 말했다. 사진에서 미리 본 수줍은 표정과 달리 인터뷰 내내 그의 어투에서는 미국인 특유의 저돌성이 그대로 묻어나왔다. 회의실을 마다하고 자기 사무실 소파에 몸을 묻고 기

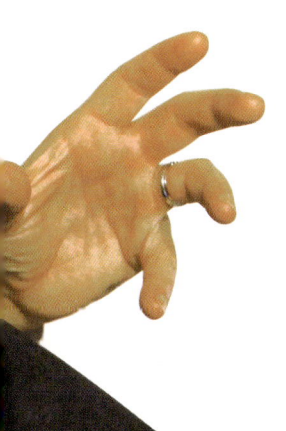

"21세기에 살아남는 길은 20세기를 지배한 공식과 다른 방식을 요구한다. 그것은 현명한 세계화 전략이다."

자와 1미터도 떨어지지 않은 거리에서 인터뷰를 하는 그의 모습에서 격식을 따지지 않는 실용적인 성격이 드러났다.

그는 시가총액 세계 5위 거대 기업 GE에서 제프리 이멜트 회장 바로 아래 2인자다. 공식 직함은 부회장 겸 글로벌 성장 운영Global Growth & Operations 부문 CEO다. 미국을 제외한 전 세계 시장에서 이멜트 회장을 대변하는 사람이 바로 그다.

올해 다녀온 나라가 어디냐고 묻자 그는 곧바로 "사우디아라비아와 아랍에미리트에 각각 세 번, 그리고 파키스탄, 오만, 튀니지"라고 대답했다. 그는 잠시 생각하더니 "알제리, 스위스, 영국, 독일, 체코,

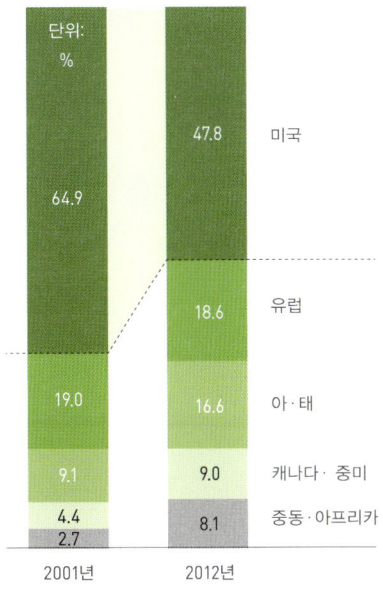

GE의 지역별 매출 비중 변화
(※2001년 제프리 이멜트 회장 취임)
자료: GE연차보고서

이탈리아, 싱가포르, 필리핀, 미국, 중국도 다녀왔고, 다음 주에는 한국과 일본도 방문 예정이며, 5월에는 인도, 7월에는 라틴아메리카를 방문할 것"이라고 말했다.

발명왕 에디슨이 GE의 모기업 에디슨전기조명회사를 설립한 것이 1878년이니, GE는 올해로 135년 역사를 맞는다. 그런 GE의 고민은 어제나 오늘이나 한결같다. 거대한 덩치를 이끌고 어떻게 성장하느냐이다. GE는 그 해답을 외부에서 찾아왔다. GE는 2008년에 처음으로 매출의 절반 이상을 미국 바깥에서 올렸고, 2012년엔 52퍼센트에 달했다. 2020년까지는 80퍼센트로 올릴 계획이다. 라이스 부회장은 이 새로운 여정을 주도하는 선장인 셈이다.

그는 "21세기에 살아남는 길은 20세기를 지배한 공식과 다른 방식을 요구한다"며 "그 공식이란 현명한 세계화 전략"이라고 말했다. 그는 마치 강연을 하듯 설명하기 시작했다.

"GE는 130년 넘게 글로벌 프랜차이즈 비즈니스를 발전시켜왔습니다. 하지만 본부 책상머리에 앉아 160개가 넘는 시장에 대해 결정을 내리는 게 가장 큰 문제였지요. 상하이, 베이징, 시안, 충칭 등 도시마다 환경이 천차만별인 중국을 하나의 시장으로 보는 것과 같은 문제가 여기서 나옵니다. 우리는 세상을 제대로 들여다볼 다른 렌즈가 필요하다는 것을 절감하게 됐고, 2010년 글로벌 성장 운영 부문을 신설했어요. 우리의 규모와 경쟁력을 최대한 레버리지 하기 위해서였지요.

그렇다고 지역마다 작은 GE들을 다 세울 수는 없습니다. GE에서 제트 엔진을 구매한 국가들은 저마다 자기 나라에 제트 엔진 서비스센터를 세우길 원하지만, 그것은 경제적인 결정이 아니에요. 그래서 우리는 선택을 해야 합니다. 글로벌 성장 운영 부문은 그룹이 좀 더 효율적으로 자원을 배분하고 투자를 실행할 수 있도록 방향을 제시합니다."

요약하자면 현명한 세계화 전략이란 세계화와 현지화의 균형, 그리고 선택과 집중인 셈이다.

각종 보너스와 스톡옵션 등을 포함한 그의 2012년 연봉은 약 280억 원에 이른다. 시간당 320만 원을 번 셈이다. '제4회 아시안리더십콘퍼런스'에 연사로 초청된 그를 미리 만나 320만 원어치 한 시간을 가로채 '직설' 인터뷰를 가졌다. 그는 인터뷰에서 '여정journey' '균형balance'이라는 단어를 즐겨 사용했다.

1년에 보통 40여 개국을 다닌다고 들었습니다. 그렇게 많이 다니는 이유는 무엇인가요?

"각 지역에서 고객과 시장을 직접 경험하는 매니저들은 우리에게 매우 소중한 인적 자산입니다. 나는 주로 혼자 출장을 다니면서 그들과 함께 직접 고객을 만나고 현장 정보를 얻습니다. 해당 지역 직원들과 한 차를 타고 다니다보면 걸러지지 않은 생생한 정보를 들을 수 있지요. 회사가 무엇을 잘하고 있고, 앞으로 무엇을 더 잘할 수 있는지 알게 됩니다."

GE는 2020년까지 전체 매출의 80퍼센트를 미국 바깥에서 올릴 계획을 가진 것으로 아는데 전략은 무엇입니까?

"지난해 우리가 100만 달러 이상의 수주를 딴 나라가 모두 164개국입니다. 이중 20개국에서는 각각 10억 달러 이상의 매출을 올렸지요. 가장 중요한 것은 글로벌 기술과 지역의 수요 사이에서 균형을 맞추는 것입니다. 예를 들어 중동 사막에서 쓸 엔진은 열, 바람, 모래를 견딜 수 있어야 하며, 고원 지대의 엔진과는 달라야 해요. 우리는 획일화된 기술로는 살아남을 수 없는 시대에 살고 있어요. 우리는 세계 톱클래스의 기술을 개발함과 동시에 그것을 로컬 시장의 니즈에 맞게 현지화하는 이중의 과제를 안고 있습니다."

1년에 40개국을 출장 다니는 존 라이스 GE 부회장은 15분 만에 출장 짐을 쌀 수 있다. 그렇게 짐을 빨리 싸기 위해서는 가방을 자주 바꾸지 않아야 한다. 그래야 가방의 어디에 어떤 물건을 넣을지 익숙하고 외울 수 있기 때문이다. 그는 15년간 똑같은 서류 가방을 들고 다니다 너무 낡아져 최근에야 바꿨다고 했다.

그와 인터뷰를 하는 동안 책상 한쪽 구석에 낯익은 용기가 눈에 띄었다. 한국산 홍삼 농축액이었다. 그는 비밀을 들켜버렸다는 쑥스러운 표정을 지으며 "몇 년 전부터 친구가 권해준 한국 홍삼을 먹고 있다"고 말했다. 그의 건강 유지 비결은 한국산 홍삼과 세계 어디로 가든 매일 새벽 5시에 하는 아침 운동이다.

앞으로의 10년을 전망하다

앞으로 10년간 GE가 경험할 세계는 지난 10년과 어떻게 다를까요?

"지역에 따라 엇갈릴 것입니다. 앞으로 3~5년간 유럽의 일부 나라는 역풍을 계속 맞을 것이고, 이에 따라 세계 경제도 거친 바다처럼 출렁일 것입니다.

중요한 변화 중 하나는 정부의 역할이 커진다는 것이지요. 지역을 불문하고 정부들은 스스로의 운명을 결정하는 데 장악력을 높이고 있어요. 우리 같은 기업에 그것은 관세나 비관세 장벽 같은 '규제 행동주의regulatory activism'를 의미해요. 한국에도 새 대통령이 들어섰습니다. 그는 기업의 비즈니스 관행과 투명성에 대해 강한 소신을 갖고 있는 것 같아요. 이런 상황은 다른 나라들도 비슷할 것입니다.

내가 또 하나 눈여겨보는 것은 디지털 세상에서 스피드가 가속화하고 있다는 점입니다. '아랍의 봄'이나 '월가를 점령하라' 시위를 보세요. 요즘 사람들은 시위를 하기 위해 시청 광장으로 갈 필요가 없어요. 60억 인구가 자기 방에서 손가락 하나로 의견을 표현하고 집단행동을 할 수 있는 시대입니다. 이는 정부뿐 아니라, 우리 같은 기업의 행태에도 큰 영향을 미칩니다. 만일 정부나 기업이 투명하지 않거나 윤리적으로 작동하지 않는다면 그것이 큰 은행이든 GE든 튀니지 정부이든 책임을 피할 수 없어요. 예전엔 없던 일이지요."

앞으로 어느 지역이나 사업이 앞으로 가장 유망한가요?

"영업 비밀입니다. 내가 말하는 순간 거기 포함되지 않은 지역이나 사업 담당자들이 미쳐버릴 것이기 때문이지요(웃음). 지난 10년간 우리

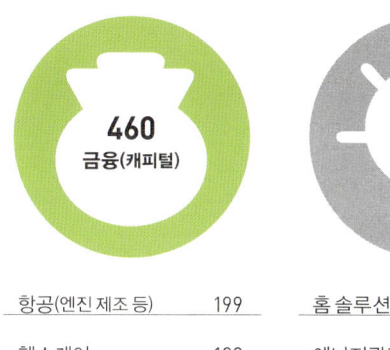

GE의 사업별 매출
2012년 기준
단위: 억 달러
자료: GE annual report 2012

460 금융(캐피털)

282 물·전기

항공(엔진 제조 등)	199	홈 솔루션(가전제품 등)	79
헬스케어	182	에너지관리	74
석유·가스	152	운송(철도 등)	56

는 사회적 생산 기반infrastructure 분야에 자본을 집중 투입했습니다.

지금도 세계에는 전기, 물, 병원 등등 기본 생활 조건이 턱없이 부족한 상황에서 사는 사람이 20억 명에 이릅니다. 심지어 미국과 한국에도 그런 사람들이 있어요. 수요는 무궁무진해요. 우리는 그들에게 솔루션을 제공합니다. 물론 이는 자선이 아니며, 궁극적으로 주주들에게 이익을 환원시키기 위한 과정입니다. 하지만 결국은 한 국가의 양극화 해결과 민주주의 정착으로까지 연결되고 있어요. 최근 진출한 미얀마 시장이 좋은 예지요. 미얀마가 GE의 매출에 중요한 비중으로까지 자라기 위해서는 많은 시간이 필요합니다. 하지만 미얀마 정부는 국민에게 민주주의와 함께 삶의 질이 개선되고 있다는 걸 보여주기 위해 사회적 생산 기반 건설에 매진하고 있습니다."

2020년까지 글로벌 부문을 80퍼센트로 키운다는 건 거꾸로 미국 비중이 20퍼센트로 줄어든다는 말인데, 미국의 시대가 저무는 것인가?

"미국은 적어도 내가 살아 있는 동안에는 여전히 세계에서 가장 중요한 시장으로 남을 것입니다. 문제는 다른 나라들의 성장 속도가 미국이나 서유럽보다 빠르다는 데 있어요. 현재 금융을 제외한 산업 부문 매출이 1,000억 달러 정도인데, 이중 40퍼센트 정도가 개도국에서 발생하고, 나머지는 미국, 유럽, 일본에서 생깁니다. 신흥시장은 두 자릿수로 성장하는데, 서유럽의 일부 지역은 전혀 성장하지 않습니다.

그러나 '이것 아니면 저것' 식은 결코 아닙니다. 신흥시장만 중요하고 선진국은 의미가 없다는 식이 아니라는 것이지요. 사람들은 유럽이 곤경에 처해 성장도 투자 기회도 없을 거라 말하지만, 그건 남유럽 일부 국가에 국한된 얘기입니다. 1억 4,000만 인구의 동유럽은 여전히 인프라 건설이 활발해요. 유럽이라는 하나의 이름으로 모든 지역을 동일시할 수는 없지요. 마찬가지로 아시아도 하나의 시장이 아닙니다. 아시아라는 이름 하나로 정의내리는 건 불가능합니다."

하지만 미국의 제조업은 힘을 잃었고, 일자리는 잘 늘어나지 않고 있습니다.
"일자리 문제에 대해 한 가지 밝혀두고 싶은 게 있어요. 일자리라고 하면 사람들은 흔히 제로섬 게임을 떠올리지요. 내가 중국에 일자리 하나를 만들면 미국이나 서유럽에 일자리 하나가 줄어든다고 생각합니다. 그러나 잘못된 생각이에요. 일자리는 시너지입니다. 보잉이나 에어버스가 중국에 비행기를 수출하고, 우리가 두 회사에 비행기 엔진을 팔기 때문에 미국에 수천 개의 일자리를 유지할 수 있는 것이지요. 다시 말해 우리가 글로벌 시장을 이용하기 때문에 일자리가 생기는 것입니다. 일자리란 '여기 아니면 저기' 식이 아니에요."

GE는 늘 배울 수 있는 회사

라이스 부회장에게 GE는 첫 직장이고 35년을 일했다. 미국은 물론 한국에서도 이례적이다.

35년간 GE에서 일하면서 가장 기억에 남는 경험은 무엇인가요?
"그 질문을 '왜 나는 35년 동안 GE에 계속 남아 있을까'라고 바꿔도 될까요? 그 질문에 세 가지 대답이 있어요.

첫째, 세상에서 가장 훌륭한 사람들과 함께 일한다는 점입니다. 우리가 하루 중 그렇게 긴 시간을 직장에서 보내는데, 같이 일하는 사람들이 좋은 사람이면 더 좋겠지요.

둘째, GE는 늘 배우는 문화를 가진 회사입니다. 오늘의 나는 작년의 나보다 더 나은 리더가 돼야 합니다. 또한 내년에는 올해보다 더 성장해야 하고요. 이는 실수에서 배우고, 새로운 나라와 문화, 시장, 제품에서 늘 배우려는 문화가 있어야만 가능합니다.

셋째, 여기서는 중요한 일을 할 수 있어요. 세상에는 돈을 버는 여러 길이 있지만, 가능하다면 중요한 일에 노력을 기울이고 싶습니다. 인생은 하찮은 것에 신경을 기울이기에 너무 짧아요. 나의 기억할 만한 경험은 모두 이러한 것으로부터 비롯됐습니다."

GE의 글로벌 부문 본부는 원래 영국 런던에 있었다. 2001년 GE가 항공기 부품업체 하니웰을 인수하려다 EU의 승인을 못 받아 무산된 뼈아픈 경험을 치른 적이 있다. 이후 본부를 브뤼셀로 옮겼고, 2010년 글로벌 부문을 글로벌 성장 운영Global Growth & Operations

부문으로 통합·확대되면서 홍콩으로 옮겼다.

왜 글로벌 본부를 홍콩에 뒀나요?

"우리가 미국에 머무른다면 세계의 고객들이 우리의 글로벌 비즈니스 의지를 진지하게 보지 않을 거라 생각했습니다. 홍콩을 택한 데는 상징적인 이유도 있고, 실용적인 이유도 있어요. 실용적인 의미란 홍콩이 드나들기 편하고, 자본 거래와 무역이 개방돼 있다는 점입니다. 상징적인 이유는 지금 전 세계에서 가장 중요한 지역 중 하나인 아시아의 한가운데 있다는 점이고요. 홍콩은 중국에 속해 있으면서도 분리된 일국양제—國兩制를 택하고 있습니다. 그러나 우리가 여기에 있다고 해서 중국만 중요하다고 보는 건 결코 아닙니다."

새로운 직원을 채용할 때 중시하는 것은 무엇인가요?

"아까 이야기한 GE의 기업 문화에 맞는 사람인가가 가장 중요하지만, 또 하나 중요한 것은 뭔가 하나라도 남달리 잘하는 게 있는 사람인가입니다. 1980년대나 1990년대에는 여러 가지를 적절히 아는 제너럴리스트형 관리자가 통할 수 있었어요.

하지만 요즘 같은 세상에서 직장을 가지려면 처음엔 뭔가 하나라도 남들보다 잘하는 게 있어야 합니다. 그게 금융일 수도 있고, 엔지니어링일 수

존 라이스의 Advice

• 해외 출장 갈 때 누구를 만날지는 현지 팀이 결정하게 해라
내가 누구를 만나야 우리 회사에 도움이 되는지 그들이 가장 잘 알 테니.

• 출장 짐은 15분 만에 싸라
언제 어디로 가야 할지 모르니. 그러기 위해서는 여행 가방과 서류 가방의 공간별 용도를 정해두면 좋다.

• 강한 정부에 대비하라
지역 불문하고 정부의 역할은 강해지고 기업에 대한 요구는 늘어가고 있다.

• 조직은 투명하고 관리하고 윤리적으로 경영하라
60억 인구가 자기 방에서 손가락 하나로 의견을 표현하고 집단행동을 할 수 있는 시대다.

• 리더십은 선택이다
어제의 아이디어 중 바꿔야 할 것과 지켜야 할 것을 고르는 일.

• 리더는 단순 명쾌하게 말해야 한다
리더는 혼란 속에서 질서를 만들어내는 사람이다.

• GE에 취직하려면 제너럴리스트보다 스페셜리스트가 되라
요즘 같은 세상에서 출발할 때 뭐든 한 가지에 능하고 볼 일이다. 다른 기능은 승진하면서 차차 배울 수 있다.

도 있어요. 일단 뭔가 하나에 강한 상태로 출발하고, 다른 일반적인 기술들은 승진을 해가면서 배우면 됩니다."

리더는 혼란 속에서도
질서를 만들어내는 사람이다

존 라이스 부회장은 35년 GE 생활 동안 3명의 회장을 모셨다. 레그 존스Reginald Jones가 3년, 잭 웰치Jack Welch가 20년, 제프리 이멜트 Jeffrey Immelt가 나머지 12년이었다. 3명 중 누가 가장 인상에 남느냐는 질문에 그는 즉답을 피하는 대신 세 사람의 장점에 대해 이야기했다.

"존스 때는 내가 너무 신참이어서 그가 내 이름도 몰랐을 거예요. 잭(웰치)과 제프(이멜트)에게서는 지금과는 다른 길, 더 좋은 길을 찾아내는 힘을 배웠습니다. 그리고 지금까지와는 다른 방법으로 점들을 연결하는connecting dots 능력을 배웠지요. 트렌드와 기회를 포착하고, 바꿀 수 있는 것과 바꿀 수 없는 것을 구별해 내는 능력을 배웠고요.

리더십은 과학이자 예술입니다. 그 요체는 어제의 아이디어 중에서 별로 좋지 않아 바꿔야 할 것과 완벽해서 바꿀 필요가 없는 것을 구별해내는 것입니다. 이게 어려운 이유는 세상은 움직이는 표적 moving targets들로 가득하고, 사람이 바뀌는 속도보다 상황이 더 빨리 변하기 때문이에요. 리더는 또 단순 명쾌하게 말해야 합니다. 리더는 혼란 속에서 질서를 만들어내는 사람입니다. 이런 덕목을 잭과 제프에게서 배웠어요."

"하겠다고 말한 것을
실천으로 옮기고,
되겠다고 한 그 사람이
되는 사람이 진정한 리더입니다."

당신이 생각하는 리더십의 정의는 무엇입니까?

"간단해요. 하겠다고 말한 것을 실천으로 옮기고, 되겠다고 한 그 사람이 되는 것입니다. 이는 당신의 투자자와 고객, 직원들에게 하는 약속이지요. 도대체 누가 오로지 더 높은 다음 자리에만 신경을 쓰고, 거짓말을 일삼는 상사를 믿고 따르겠나요."

가장 존경하는 리더는 누구입니까?

"기업가는 아니지만 싱가포르의 리콴유李光耀 전 총리를 꼽고 싶어요. 30년 전 그가 내린 결정으로 작은 섬나라가 세계경제 강국이 됐습니다. 그는 교육과 경제에 대해 용기와 확신을 가지고 매우 중요한 결정을 내렸어요. 모든 사람이 영어를 쓰도록 해 싱가포르를 글로벌한 장소로 바꾼 것도 포함해서 말이에요."

존 라이스 John Rice는…

2010년부터 제너럴 일렉트릭GE의 부회장으로 홍콩의 글로벌 오퍼레이션 사장을 겸하고 있다. 1995년 GE 아시아태평양 플라스틱 사업 사장을 지냈고, 1997년 운송시스템 사장을 거쳤다. 2000년 11월부터 2005년 6월까지 GE 에너지 사업 대표이사를 지냈다. 2005년부터 2007년까지 GE 산업인프라 사업 부회장을 거쳐, 2007년부터 2010년까지 GE 기술 인프라 사장을 지냈다. 미국 해밀턴대학과 에모리대학 이사를 맡고 있다. 사우디 아라비아의 왕립 파드석유광물대학의 국제자문위원과 미국 질병예방관리재단 이사를 겸하고 있다.

유럽 최대 컨설팅 회사 롤랜드버거 CEO
버커드 셴커

분기가 아닌 세대를 내다보는 '장인' 자본주의를 배워야 합니다

"10년 전만 해도 세계는 독일 경제를 퇴물로 취급했어요. 다들 21세기 경제 모델은 서비스와 금융, 지식 기반이라며 제조업은 한물갔다고 했어요."

유럽 최대 전략 컨설팅 회사인 롤랜드버거의 버커드 셴커Burkhard Schwenker CEO는 2003년 CEO에 취임했을 때를 돌이키며 말했다.

"CEO 취임 후 유럽 각지에서 활발히 강연하며 독일 모델의 우수성을 강조했는데 아무도 안 믿었어요. 진짜 안 팔리는 상품을 팔려고 애쓰는 느낌이었지요. 금융 위기 직전인 2007년 런던에서 영국 임원들을 대상으로 미국과 유럽의 경제 모델을 비교하며 제조업이 강한 유럽식 모델이 우위라고 말했더니 돌아온 건 거의 비웃음 수준의 반응이었어요."

쉔커 사장은 잠깐 담배를 피워도 되겠느냐고 물었다. 당시 감정이 살아나는 듯 말버러 담배를 깊이 빨아들이고는 말을 이어갔다.

"3년 후 또 런던에서 비슷한 사람들에게 똑같은 내용을 얘기했더니 이번엔 박수가 터져 나왔어요. 2008년 금융 위기 때문에 누가 옳았는지 명백해졌습니다. 안정적 경제의 심장은 바로 제조업입니다. 한때 미국 모델을 좇았던 유럽 국가들도 이제 다시 제조업을 강조하며 재再산업화re-industrialization를 추진하고 있습니다."

그를 만난 곳은 독일 수도 베를린의 브란덴부르크 광장 인근 회원제 클럽이었다. 희끗한 머리에 말끔한 회색 양복 차림. 그러나 넓은 어깨와 다부진 체격이 독일 축구 선수를 연상케 했다. 쉔커 사장은 1989년 롤랜드버거에 입사해 독일 통일, 동독 재건, 유로존 위기 탈출 등 다양한 분야를 컨설팅해왔다. 창업주 롤랜드버거에 이어 2003년부터 2010년까지 제2대 CEO를 역임하고 이사회 회장으로 영전했다가, 후임 CEO 마틴 위티그가 2013년 5월 5일 건강 문제로 갑작스레 사임하자 파트너 회의에서 다시 CEO로 선임됐다.

장인 문화, 위기에 빛을 발하다

요즘 한국에서 '독일 배우기'가 한창이라고 하자 그는 "양국 다 제조업 기반의 수출 주도형 모델이고 자동차와 전자, 공업 분야에 강한 글로벌 기업을 여럿 갖고 있다"며 "닮은 점이 많아 서로 배울 점도 많다"고 말했다.

새누리당 의원 60여 명은 2013년 4월부터 매주 목요일 아침 독일 전문가를 초청해 독일의 복지 정책과 중소기업 경쟁력을 공부하고 있다. 야권에서도 5월 국회의원 80여 명이 참가해 독일의 경제·통일 모델에서 교훈을 찾는 '혁신과 정의의 나라' 포럼을 발족했다.

독일 배우기는 우리나라만의 현상이 아니다. 일본 《닛케이비즈니스》는 최신호에서 일본이 안정적 성장 모델로 독일 사례를 배워야 한다고 보도했다. 영국 《이코노미스트》는 2010년 '유럽의 성장 엔진 독일'이라는 특집 기사를 발행한 데 이어 후속편을 준비 중이다. 미국 《타임》은 같은 해 "유럽을 위기에서 구한 나라는 독일"이라고 보도했다. 셴커 사장은 "세상이 뒤늦게 독일적 가치를 알아보고 있다"며 유럽·미국의 여러 정부와 기업에서 독일식 모델에 관해 조언해달라는 문의가 빗발치고 있다고 했다.

"영미식 자본주의는 상인merchant 문화이지만, 독일 자본주의의 핵심은 장인匠人·craftsman 문화입니다. 주주들의 영향력이 강한 상인 자본주의는 단기 수익, 개인의 부, 보너스를 강조하는 반면, 장인 자본주의는 꾸준히 수익을 내는 지속 가능성을 추구합니다. 독일 중소기업의 95퍼센트는 가족 소유인데, 이들에게 실적이란 '분기'가 아니라 '세대'를 기준으로 생각하는 것입니다. 가족 경영인이 자기 대에 왕창 해먹고 물러나서 나 몰라라 할까요. 그들의 수익 모델은 항상 다음 세대, 또 그다음 세대를 생각하는 것입니다."

그는 "한국도 이미 충분히 경쟁력 있는 제조업에 계속해서 집중하는 편이 좋다"고 말했다. "최근 세계경제의 주요 트렌드를 살펴보면 앞으로 기후변화, 희귀 원자재 확보, 인구 이동이 가장 강력한 변수가 될 겁니다. 이 변수들에 대응할 가장 좋은 해답은 바로 생산성을 올리는 것입니다. 어떤 돌발 변수가 터진다 해도 생산성을 늘리는 것으로 대응을 꾀할 수 있고, 이는 당연히 제조업이 뒷받침돼야 가능합니다. 더 효율적인 공장을 짓고, 제조 공정 공학을 강화해야 합니다."

미텔슈탄트 (직원 500명 이하 기업)가 독일 경제에서 차지하는 비중

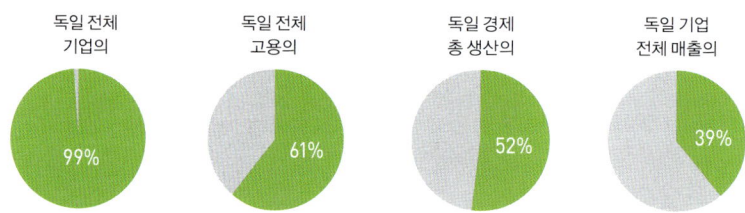

독일 전체 기업의 99% 독일 전체 고용의 61% 독일 경제 총 생산의 52% 독일 기업 전체 매출의 39%

직원 250인 이하 독일 중소기업 중에서

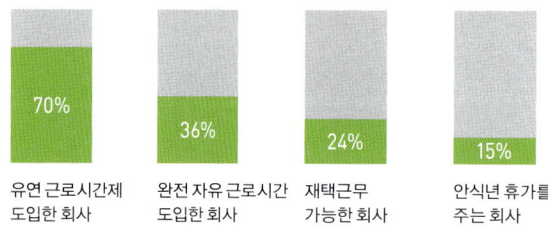

유연 근로시간제 도입한 회사 70% 완전 자유 근로시간 도입한 회사 36% 재택근무 가능한 회사 24% 안식년 휴가를 주는 회사 15%

국가별 근로자 근무 의욕 지수

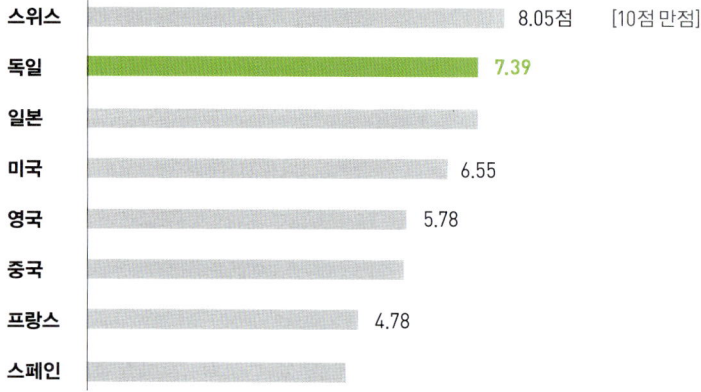

스위스 8.05점 [10점 만점]
독일 7.39
일본
미국 6.55
영국 5.78
중국
프랑스 4.78
스페인

자료: 스위스 국제경영 개발대학원 '2012 세계 경쟁력 보고서'

분기가 아닌 세대를 생각하라

한국 경제계는 특히 독일 전체 기업의 99퍼센트를 차지하는 '미텔슈탄트Mittelstand(직원 500명 이하, 연매출 5,000만 유로 이하 기업)'의 경쟁력에 주목하고 있다. 독일 경제기술부에 따르면 미텔슈탄트가 창출하는 총생산은 독일 경제 규모의 52퍼센트이며, 매출액 대비 영업이익률은 평균 7.7퍼센트로 대기업 평균 5.8퍼센트보다 오히려 높다. 전체 고용에서 차지하는 비중은 61퍼센트다. 미텔슈탄트는 2010년 1,861억 유로(약 280조 원)를 수출해 독일 전체 수출의 19퍼센트를 담당했다.

우리나라의 경우, 중소기업(300인 이하)이 전체 산업의 고용에서 차지하는 비중은 86.8퍼센트에 달하지만 총생산에서 차지하는 비중은 50퍼센트 안팎에 머물고 있다. 매출액 대비 영업이익률은 3.1퍼센트에 불과하다.

금융 위기가 몰아닥친 2008~2011년 독일 대기업들이 고용을 2.4퍼센트 줄인 반면, 전체 노동인구의 99퍼센트를 고용하고 있는 미텔슈탄트는 1.6퍼센트를 오히려 늘렸다. 직원 수 300~500명 규모의 중견 기업은 독일이 10만 개, 한국이 1,600개다.

셴커 사장은 그러나 "미텔슈탄트가 경쟁력이 있는 것은 사실이지만, 그것만으로 지속 가능한 국가 경제를 유지하기란 어렵다"고 말했다. 독일 경제를 지탱하는 힘의 원천은 대기업과 중소기업 어느 한쪽이 아니라 양자의 협력과 조화에 있다는 것이다.

그는 "독일의 대기업과 중소기업은 R&D 분야에서 협력하며 최고의 시너지를 내고 있다"고 말했다. "시간과 돈을 많이 투자해야 하는

"독일 중소기업의 95퍼센트는
가족 소유인데, 이들에게 실적이란
'분기'가 아니라 '세대'를 기준으로 생각하는 것입니다.
그들은 항상 다음 세대, 또 그다음 세대를 생각합니다."

연구 쪽은 대기업이 맡고, 개발은 중소기업이 하는 식이지요. 대기업의 연구 단계에서 나온 좋은 아이디어들을 경쟁력 있는 솔루션으로 만들어 시장에 내놓는 역할은 미텔슈탄트의 몫입니다."

대기업·중소기업 상생의 비법은 뭡니까.
"독일 문화는 동종 업계 사람들끼리 서로 동업자라 생각하는 '길드 Guild(중세 유럽의 기능인 조합)' 정신에 바탕을 두고 있습니다. 대기업에 협력 중소기업은 '자동차의 한 부분'을 만드는 납품 업체에 그치지 않고, 자동차 제조라는 큰 공정의 한 부분을 함께 만들어가는 곳이라는 인식이 강합니다. 또한 정부의 끊임없는 노력이 있어야 합니다. 중소기업 지원책은 단기적 수익에 집착하지 말고 지속 가능한 성장에 초점을 맞춰야 합니다."

한국의 대기업들은 중소기업의 성장을 방해한다는 비판을 받습니다. 일부는 납품 단가 후려치기 등으로 상생을 무색하게 하기도 합니다.

"비즈니스 문화의 차이인 듯합니다. 독일에서도 비슷한 갈등 사례가 10년 전 자동차 업계에서 있었지요. BMW나 포르셰 같은 대기업이 단기 비용 절감이란 목표를 위해 가격 단가 낮추기 압박에 나서자, 납품 업체들과 갈등이 커졌습니다. 여론이 안 좋아지자 대기업들이 먼저 중소기업과 함께하는 공동 연구개발 프로젝트를 제안했습니다. 양측이 함께 머리를 맞대고 비용 절감과 경쟁력 향상에 나선 것이지요. 독일은 가족 경영 기업의 장점 때문에 R&D에서 중소기업이 오히려 뛰어난 편입니다. 여기에 대기업의 자금력이 보태져 독일 자동차의 경쟁력이 나날이 발전하는 것입니다."

독일 가족 기업들은 경영권 승계 문제로 물의를 일으키는 일이 없습니까.

"독일에서는 5~6대를 넘어선 가족 기업이 10만 개도 넘어요. 대부분이 경영권 승계 문제로 고민하는데, 자식들이 서로 가업을 이어받겠다고 싸워서가 아니라 서로 안 하겠다고 빼서 그런 것이지요. 신세대 오너들은 골치 아픈 경영을 맡고 싶어하지 않아요. 그래서 요즘 중소기업 전문경영인의 주가가 점점 높아지고 있습니다. 차세대 기업인을 교육하는 것은 독일에서도 중요한 이슈입니다. 최근 10년 새 독일 경영대학에서는 '외부인을 위한 가족 기업 경영론' 같은 수업이 늘어났습니다."

노조원이 참여하는 이사회를 통한 경쟁력 강화

독일 경제의 장점으로 이원二元 이사회 구조를 꼽기도 합니다.

"독일의 경쟁력에 아주 중요한 부분입니다. 독일 기업에는 경영이사회와 감독이사회가 있어 서로 견제와 균형을 이룹니다. 경영이사회가 전략을 책정하고 감독이사회가 승인하는 형태로 운영되지요. 금융 위기 이후 뒤숭숭한 요즘 같은 때 두 이사회가 있다는 것은 경쟁력에 플러스가 되는 요인입니다. 기업이 어떤 모험을 하기 전에 임원들이 최소한 두 차례 심사숙고하니까요. 요즘 미국 회사들도 독일식 이원 이사회 도입을 검토하고 있다고 합니다. 미 경제 조사 기관 콘퍼런스보드가 작년에 조사한 바에 따르면 설문에 응답한 미국 기업 중 30~40퍼센트가 이원 이사회 도입에 긍정적이라고 밝혔어요."

직원이 500명 이상인 독일 기업에서는 노조원이 감독이사회 이사로 참여합니다. 노조원이 경영에 직접 결정권을 행사한다는 사실이 놀랍습니다.

"노조원이 이사회에 참여하는 제도를 '미트베슈티뭉mitbestimmung'이라 하는데 영어로 '공동 의결co-determination'이라 번역해요. 정확히 영어로 표현하는 단어조차 없다는 점에서 이 제도는 매우 독일적인 제도지요. 노조 소속 근로자가 이사회에서 중요한 결정을 내리는 것은 경영에 큰 도움이 됩니다. 노조원도 직접 기여를 했다는 소속감에 회사 결정을 더 잘 따르게 되고 주인 의식을 갖습니다. 미트

베슈티뭉은 특히 경영이 어려운 시기에 그 진가를 발휘합니다. 임금 동결 등 회사로서 어려운 결정을 해야 할 때 노조원들이 직접 회사의 경영 상태, 전망을 검토하고 수긍하게 되지요."

독일 모델은 결정이 느리고 변화에 재빨리 대응하지 못한다는 지적이 있습니다.

"물론 단점은 있습니다. 여기저기 설득해야 할 사람이 많기 때문에 최종 결정까지 속도가 조금 느리지요. 그런데 뒤집어서 생각해보세요. 결정이 내려진 후에는 일사불란 그 자체입니다. 경영진과 노조원이 모두 합의한 것이기 때문이지요. 오래 심사숙고해서 내린 결정인 만큼 더 좋은 결정일 가능성도 높고요. 미국 모델은 회장과 CEO가 결단해서 속전속결로 움직입니다. 하지만 지금 미국 경제를 보세요. 빠른 결정이 곧 좋은 결정이었던가요?"

버커드 셴커 Burkhard Schwenker 는 …

유럽 최대의 컨설팅 회사인 롤랜드버거 Roland Berger Strategy Consultants의 CEO이다. 독일 뮌헨에 본사를 둔 롤랜드버거는 세계 5대 컨설팅 기업으로, 전략 컨설팅 분야 매출 규모가 1조원이 넘으며 전 세계 36개국 51개 사무소에 2700여명의 컨설턴트와 240명의 파트너를 보유하고 있다. 독일 빌레펠트대학에서 경제학을 전공한 그는 1985년에 롤랜드버거에 합류했다. 2010년 1월부터 매년 롤랜드버거 재단을 통해 사회·경제적 약자들에게 장학금을 수여하고 있다.

피델리티 인베스트먼트 자산운용부문 회장
로널드 오 헨리

자산 운용을 제대로 하기 위해서는 우선 역사와 정치를 볼 줄 알아야 합니다

고객 돈 4,300조 원을 주무르는 '괴물'에게 자산 운용 비법을 물었더니 "운용 기술만 파고들기보다는 역사와 정치를 함께 생각하는 넓고 유연한 사고를 갖는 것이 필요하다"는 답이 돌아왔다.

피델리티 인베스트먼트의 로널드 오 헨리Ronald O'Hanley 자산운용부문 회장을 2013년 3월, 미국 보스턴 시내 중심에 있는 피델리티 본사에서 인터뷰했다.

피델리티 자산운용부문이 관리하는 고객 자산은 총 3조 8,570억 달러(약 4,300조 원)에 달하며 고객 수는 2,000만 명이 넘는다. 그는 맥킨지의 컨설턴트와 뱅크오브뉴욕 멜론 자산운용 회장을 거쳐

2010년부터 피델리티에서 일하고 있다.

그는 "대학(시러큐스)에서 정치학을 전공했고 역사를 좋아했는데 당시 배운 것들이 현재의 일에 큰 도움을 주고 있다"고 말했다. 살면서 다양한 사건을 겪게 되는데, 어떤 새로워 보이는 사건도 역사에서 참고할 내용이 반드시 있다는 것이다.

"2008년의 금융 위기는 많은 부분에서 1907년 미국에서 촉발된 금융 공황과 비슷합니다. 대부분의 사건은 반복될 뿐입니다. 따라서 역사를 통해 미래에 같은 실수를 반복하지 않도록 하는 것은 금융에도 똑같이 적용됩니다."

요즘도 책을 많이 읽는다는 그는 도리스 컨스 굿윈이 2005년에 출간한 역사서 『권력의 조건Team of Rivals』의 얘기로 자산 운용 얘기를 시작했다.

이 책은 에이브러햄 링컨을 통합과 화해의 리더십으로 재조명한 책이다. 링컨이 어떻게 사람을 다스리고, 어떻게 미국 역사상 가장 존경받는 대통령으로 남을 수 있었는지를 보여준다. 책 내용을 바탕으로 작년 스티븐 스필버그가 〈링컨〉이라는 영화를 내놓기도 했다.

오헨리 회장은 "내 머릿속에서는 자산 운용과 정치, 역사가 함께 돌아간다"며 "링컨에 관한 이 책은 매일같이 큰 판단을 해야 하는 정치인이나 CEO들이 꼭 읽어봐야 할 책"이라고 했다.

그는 "자산 운용도 장기적 관점에서 다양한 시각과 폭넓은 사고를 해야만 좋은 결과를 낼 수 있다"고 조언했다.

피델리티는 이런 회사
- **자산규모(2012년)** 약 4,300조 원
- **고객** 약 2,000만 명
- **직원** 41,000명
- **계좌 수** 6,700만 개

"자산운용을 잘하기 위해서는
기술적인 측면뿐 아니라 역사·정치 등을
함께 보는 넓고
장기적인 시각이 꼭 필요합니다"

세계경제 회복과 지속 가능성

정말 세계경제가 회복될 것으로 보는지요. 지속 가능한 쪽으로 갈 수 있을까요.

"세계경제는 좋아지고 있습니다. 심리적으로 볼 때 경제가 아주 좋다고 할 수 없지만, 최근 5년간의 상황을 전체적으로 보면 그렇습니다. 미국은 주택 가격이 뚜렷이 회복되고, 소비도 살아나고 있어요. 유럽도 마찬가지고요. 오늘 들려온 소식 즉, 키프로스공화국의 금융 시스템이 무너져 구제금융을 신청한 사태만 보면 사태가 악화되는 것처럼 보이지만 사실은 조금씩 회복되고 있어요. 6~9개월 전만 해도 많은 사람이 유로존이 붕괴될 것이라고 전망했지만 결국 어떤 방향으로든 탈출구를 찾아가는 상황이라고 할 수 있습니다. 사람들이 더 이상 유로존 붕괴를 얘기하지 않고 있다는 게 그 증거예요.

아시아 대부분의 나라를 살펴봅시다. 한국이 훌륭한 예인데, 수출을 성장 동력으로 하는 경제로 여전히 좋은 성과를 내고 있어요. 따라서 내 대답은 '예스'입니다. 회복되고 있어요. 하지만 지금 상황이 과거에 흔히 보던 일반적인 경기 회복 과정과 같다고 보기는 어렵습니다. 지금의 경제 사이클은 과도한 통화 공급을 기반으로 하고 있고, 결국에는 부채를 줄이는 고통스러운 과정이 수반될 거예요. 따라서 현재와 같은 회복 구조만으로 경기 회복이 장기적으로 지속되리라 보지 않습니다. 하지만 질문에 대한 대답은 '예스'입니다. 다만 눈에 띄는 성장은 어려울 것이고, 점진적으로 경기가 회복될 것으로 봅니다."

주식, 채권, 원자재 중 어느 쪽을 사는 것이 더 좋을까요.

"쉽게 말하기 어려운 문제예요. 투자자가 어떤 사람이고, 얼마나 오래 투자할 것이냐 등에 따라 상황이 달라질 수 있기 때문이지요. 그러나 이렇게는 말할 수 있어요. 현재 금리는 매우 낮은 상태이고, 채권 가격은 너무 높습니다. 따라서 현재 시점에서 일반론적으로 판단할 때 중·장기적 투자를 한다면 채권보다 주식이 더 매력적이라고 봅니다."

100세 시대에 필요한 투자의 시각

100세 시대와 저금리 시대에 라이프 플랜의 입장에서 어떻게 투자해야 하나요. 당신이라면 어떤 포트폴리오 전략을 짜겠습니까.

"가장 중요한 것은 장기적인 시각을 가져야 한다는 겁니다. 단순히 나이만 가지고 어떻게 준비하라고 말하는 것은 매우 어려운 일이에요. 당신이 10년, 20년, 100년의 기간에 대해 투자를 한다고 생각해 보세요. 기간이 늘어남에 따라 아주 많은 투자처가 나타날 것이고, 거기에서 나오는 수익의 성격도 다르다는 것을 이해해야 합니다. 기간이 길어질수록 다양성의 폭을 매우 넓게 가져가야 한다는 겁니다."

그는 "대학에서 정치학을 전공했고 역사를 좋아했는데 당시 배운 것들이 현재의 일에 큰 도움을 주고 있다"고 말했다. 살면서 다양한 사건을 겪게 되는데, 어떤 새로워 보이는 사건도 역사에서 참고할 내용이 반드시 있다는 것이다.

한국 시장을 장·단기적으로 어떻게 생각하나요.

"한국에 대해서는 당장의 주식시장이 아니라 한국이라는 국가 자체에 대해 얘기하고 싶습니다. 한국은 경제에서 큰 성공을 거둬왔고, 시장의 크기나 운영되는 방식을 살펴볼 때 신흥 시장보다는 선진국 시장 구조에 가깝다고 할 수 있어요. 이것은 좋은 점이기도 하고 나쁜 점이기도 합니다. 한국이 여전히 수출을 많이 하고, 저축도 많이 한다는 것은 좋은 겁니다. 나쁜 부분은 인구학적인 부분이에요. 선진국들이 겪는 고민을 겪게 될 겁니다. 국민이 늙어가고 있어요. 이 관점에서 보면 한국은 앞으로 많은 변화를 겪게 될 나라이지요. 주식시장의 관점으로 돌아와 생각해보면 한국은 매우 매력적인 회사가 많은 나라입니다. 많은 지적 자산을 가진 회사들이 많아요."

최근에 자산 운용사들의 수익이 잘 안 나고 어렵습니다. 한국이 저성장 국면으로 접어들어 금리도 낮아지고 수수료도 낮아지고 있습니다. 자산 운용사의 생존 전략은 무엇인가요. 어떻게 이런 장벽을 이겨낼 수 있을까요?

"지금은 도전 과제가 많은 시대입니다. 너무 부정적인 부분만 볼 필요는 없어요. 긍정적인 부분을 생각해봅시다. 한국 국민이 계속해서 저축을 하면 더 많은 돈이 금융시장으로 들어올 것입니다. 시장의 규모는 성장하는데, 상황이 나쁘다고 볼 수는 없지요.

낮은 금리가 한국에서 문제가 될 수 있겠는데 영원히 지속되지는 않을 겁니다. 따라서 한국의 자산 운용사들은 몇 가지를 잘 봐야 해요. 첫째는 회사를 항상 효율적으로 유지해야 한다는 것입니다. 또 하나는 아까 얘기했듯 금리가 다시 올라갈 것이라는 점입니다. 언제 어떻게 올라갈 것인지 예의주시하며 포트폴리오를 적절히 구사해야 해요. 그렇게만 할 수 있다면 투자자들이 돈을 잃지 않을 겁니다."

한국 금리가 언제 다시 올라갈까요.

"내가 그걸 안다면 지금 이 자리에 있지 않겠지요(웃음). 특히 금리는 중앙은행이 취하는 여러 조치에 따라 연동되기 때문에 더욱 예측이 어려워요. 하지만 확실히 얘기할 수 있는 것은 한국의 금리가 다시 올라갈 것이라는 것이고, 그때 누가 상황에 잘 대처해 수익을 낼 것인지가 큰 관심이라는 겁니다."

로널드 오 헨리 Ronald O'Hanley는 …

세계적인 자산운용회사 피델리티 인베스트먼트의 자산운용부문 회장이다. 그는 2007년부터 2010년까지 미국 보스턴 BNY멜론 자산운용의 회장을 맡았다. 1986년부터 1997년까지 컨설팅 회사 맥킨지 앤드 컴퍼니에서 근무하며 투자 관리 업무 및 북미 개인금융서비스 컨설팅을 주도했다. 시라큐스대에서 정치학을 전공했으며 1986년 하버드 경영대학원에서 MBA를 취득했다. 피델리티 인베스트먼트는 뮤추얼 펀드, 중개업, 은퇴 계획, 포트폴리오 관리 등 각종 금융 서비스를 전 세계 약 2,000만 명의 개인 고객 및 기관에 제공하고 있다.

세계 최대 중화요리 소스 이금기 명예회장
리만탓

이혼하지 말고 결혼생활 잘 하는 것, 125년 경영의 원칙입니다

2013년 3월, 홍콩 시내에서 북쪽으로 40여 분 떨어진 타이포 공업지구. 세계 최대 중화요리 소스 전문 업체 '이금기李錦記'의 본사 접견실에 올해로 85세를 맞은 리만탓李文達 명예회장이 지팡이를 짚고 아들 찰리 리李惠中 대표와 함께 천천히 걸어 들어왔다.

작은 체구의 리 회장은 나지막한 광둥어로 "푼잉꿩람歡迎光臨·환영합니다"이라며 기자를 맞았다. 전날 일본 출장에서 막 돌아왔다고 했지만 피곤한 기색을 볼 수 없었다. 그는 "50년 넘게 거래해온 요코하마의 식재료 회사를 방문했다"며 "그들은 이제 사업 파트너가 아니라 친구"라고 말했다. 이금기는 캐세이퍼시픽 항공, 홍콩관광청과 함께 홍콩 대표 브랜드로 꼽히고 있다. 많은 회사가 20~30년도 버티지 못하고 사라지지만 이금기는 4대째 장인의 뚝심으로 125년을 견뎌왔다. 리 회장은 "신뢰가 지금까지 이금기를 지켜온 원동력"이라고 말했다.

"멕시코에는 손잡은 지 96년 되는 회사도 있어요. 한국에서는 오뚜기와 1996년부터 17년째 파트너 관계를 유지 중입니다. 저는 자식들과 임직원들에게 늘 '사리급인思利及人·이익이 남에게도 미치도록 생각하라'을 회사의 최우선 덕목으로 강조합니다. 1960년 대만 여행 중에 한 서예가로부터 이 글귀를 받았어요. 사리급인에 의거해 상품에

하자가 조금이라도 발견되면 거래 물량 전부를 교환해줬습니다. 거래 대금을 제때 못 받는 경우도 있었지만, 상대방을 재촉하기보다는 기다렸습니다. 당장은 손해 같지만, 길게 보면 점유율 확대라는 이익으로 돌아왔어요. 현재 세계 굴소스(한국의 간장에 해당) 시장에서 이금기는 80~90퍼센트를 점유하고 있습니다. 관계사들이 잘돼야 우리도 살 수 있다, 이것이 상생相生입니다."

이금기의 시작은 우연에서 비롯됐다. 리 회장의 조부 리캄성李錦裳은 1888년 광둥성 항구 도시 주하이에서 어민들을 상대로 허름한 식당을 운영했다. 어느 날 굴을 삶다 깜빡 잊고 밖에 나갔다 돌아왔

"가족 기업을 영속적으로 운영하기 위해서는
가족 간 화목이 가장 중요합니다. 이혼하거나, 바람을 피워선 안 되며,
결혼을 일찍 해야 한다는 의미가 담긴
'약법삼장約法三章'이 이금기 장수의 비결입니다"

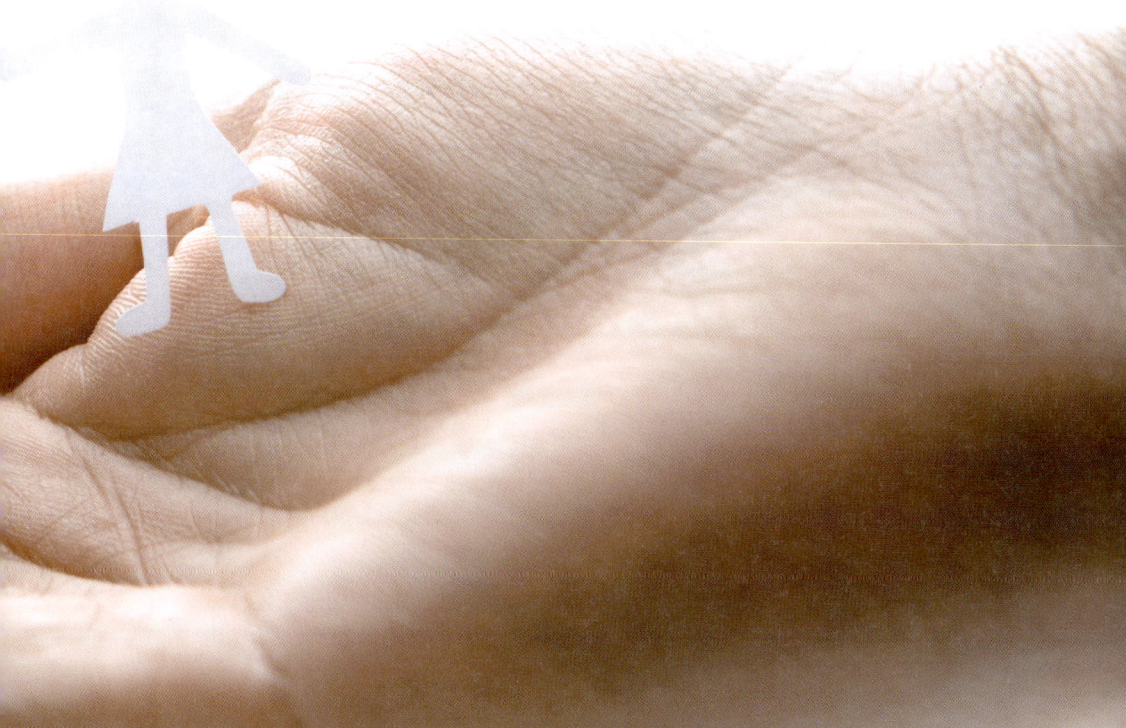

더니 굴이 갈색 즙으로 졸아 있었다. 그런데 향이 그윽하고 맛도 짭 쪼름했다.

굴을 졸인 소스는 날개 돋친 듯 팔려나갔다. 1920년대 초 이금기는 굴소스로 국제무대 공략을 시작했고, 현재는 중국, 미국, 말레이시아 등의 현지 공장에서 만든 제품이 100여 개국으로 하루 100만 병 이상 판매하고 있다. 이금기 소스가 1초당 열두 병 팔려나가는 셈이다. 중국인과 중국 음식이 있는 곳엔 이금기 소스가 있다 해도 과언이 아니다. 이금기는 창업자 이름에 '가게'를 뜻하는 '기記'가 붙어 만들어졌다.

이금기의 가족경영, '가족 헌법'을 만들다

이금기는 4대째 내려오는 가족 기업이다. 그러나 가족 경영이 순탄치만은 않았다. 두 차례 가족 분쟁으로 회사가 위험한 지경까지 몰린 고비가 있었다. 2세대인 1960년대 리 회장의 아버지 리슈남 세대에서는 3형제 중 2명이 회사를 외부에 매각하려 했고, 반대한 리슈남이 빚을 내 두 형제 지분을 사들여 파국을 피할 수 있었다. 1980년대 말 다시 리만탓 회장의 동생이 회사 지분을 외부에 매각하려 했고, 이를 리 회장이 반대해 법정 분쟁이 벌어졌다. 결국 동생에게 많은 돈을 주고 지분을 사들이는 것으로 일단락 지었다.

"이런 일을 겪으면서 회사를 영속적으로 운영하기 위해서는 가족 간 화목이 제일이라는 걸 알았어요. 그래서 2002년 '가족위원회'를 만들었습니다. 저와 아내, 자식 4남 1녀, 7명이 위원으로 있습니다. 경영에 관한 논의와 함께 가치관을 공유하려는 목적이 큽니다. 사위나 며느리는 위원으로 참여할 수 없습니다. 가족위원회에서 '약법삼장約法三章'이라는 가족 규율을 정해 질서를 유지하고 있습니다."

약법삼장엔 어떤 내용이 담겼나요.

"최고경영자가 되기 위해서는 이혼을 하거나 바람을 피워서는 안 된다는 게 첫째와 둘째입니다. 어길 경우에는 가족위원회 위원 자격을 뺏습니다. 많은 장례식에 다녀보니 부자들이 두 집, 세 집 살림을 차리고, 사후에 남은 가족이 상속 문제로 볼썽사납게 다투는 경우를 가끔 봤어요. 당연히 망인亡人에 대한 평가가 좋을 리 없지요. 회사 역시 하나의 큰 가족이기 때문에 아버지인 최고경영자가 도덕적으로 깨끗해야 잘 돌아갑니다.

나도 과거에 여러 유혹이 많았지만, 다 이겨내고 동갑내기 아내와 내년이면 결혼 60주년을 맞습니다(웃음). 또 결혼을 되도록 일찍 하고, 늦게 하더라도 자식을 빨리 낳아야 한다는 내용도 들어 있습니다."

125년간 한 우물을 파다

품질 관리를 위해선 어떤 노력을 하나요.

"'100—1=0'이 저희의 모토입니다. '100개가 괜찮아도 불량품이 1개 나오면 아무 소용이 없다'는 뜻이지요. 저희는 다른 회사와 달리 주식이나 부동산에는 일절 투자를 하지 않습니다. 우리는 소스 맛과 품질 향상을 위해서만 재투자합니다."

"'100−1=0'이 저희의 모토입니다.
'100개가 괜찮아도
불량품이 1개 나오면
아무 소용이 없다'는 뜻이지요."

회사가 급성장한 계기는 무엇입니까?

"1932년 본사를 홍콩으로 옮기면서 세계에 퍼져 있는 화교들을 상대로 수출 발판을 다졌습니다. 당시 중국인들은 미국으로 이주해 주로 식당을 경영했기 때문에 그들에게 굴소스를 공급했지요. 또 제가 회장을 맡고 있던 1972년에 중·미 간 화해 무드가 무르익으면서 리처드 닉슨 당시 미국 대통령에게 판다 한 쌍이 선물로 전달된 것도 중요한 계기였어요. 상표에 판다를 넣은 판다 굴소스를 저렴한 가격에 출시해 미국 시장에서 히트를 쳤지요.

이때부터 굴소스 하나에만 의존하던 제품 라인에 칠리, XO소스, 간장을 추가하기 시작했고, 지금은 220가지 라인업을 갖추게 됐습니다. 처음 회장을 맡았을 때 18명에 불과했던 직원 수가 지금은 7,000명이 넘습니다."

철저한 현지화로 전 세계의 입맛을 사로잡다

위기 극복 사례가 있나요.

"1980년 중국 본토 시장에 진입했을 때 포장 디자인부터 가격까지 모든 게 잘못된 적이 있었습니다. 시장조사를 제대로 하지 않고 무작정 진입한 탓이었어요. 그래서 중국에 팔던 품목 수를 50개에서 15개로 줄여 품질과 마케팅 역량을 집중시켰습니다. 같은 이름이라도 베이징과 상하이에서 판매되는 소스 맛을 지역에 맞게 차별화했고요. 그 결과 베이징에서만 4년 만에 판매량이 열 배 증가하게 되었습니다.

1999년에는 영국 식품기준청FSA이 '이금기 간장에 발암물질이 포함됐다'는 보고서를 냈습니다. 다음 날 '중국 음식이 당신을 죽일 수 있다'는 신문 헤드라인들이 뽑혔고, 유럽과 라틴아메리카의 판매량이 급감했습니다. 즉시 26만 달러(약 3억 원)를 들여 제조 공정을 완전히 바꾸고 안전 인증서를 획득했습니다. 소비자들과도 핫라인을 열어뒀고요. 식품 산업에서 안전 문제는 들불처럼 번질 수 있기 때문에 초기 완전 진화가 중요합니다."

마케팅 전략은 무엇입니까?

"중국, 일본, 한국 등 주요 시장에 고문 요리사 100여 명을 선발해 이금기 소스를 활용한 요리를 공동 개발하고, 조리법을 공유합니다. 한국에서는 38년 경력의 여경래 한국중화요리협회장이 고문 요리사로 활동 중입니다. 또 매년 10개국에서 크고 작은 50여 개 중화요리 대회를 개최하기도 해요. 지난 1월에는 한국의 요리 전공 대학생들을 홍콩으로 초청해 중화요리 결승전을 열었지요."

한국은 정부 주도로 한식 세계화를 추진하고 있습니다. 125년의 세계화 노하우를 지닌 회사로서 조언을 해준다면.

"갈비, 육회, 삼계탕, 산낙지 같은 한식을 먹어봤는데 환상적이었어요. 하지만 그렇다고 한식이 너무 전통을 고집할 필요는 없다고 봅니다. 작은 변화로 세계화는 빨리 달성할 수 있습니다. 우리도 이슬람교나 유대교 신자가 먹을 수 있는 제품, 한국인들이 좋아하는 김치찌개에 사용할 수 있는 굴소스와 고급 짜장 소스를 개발했어요. 2002년부터 일본인 입맛에 맞춘 고추장을 일본에 수출하고 있습니다."

리 회장은 매출 등 경영 정보에 대해서는 밝히길 꺼렸다. "매년 두 자리 숫자의 성장률을 기록 중이다"고만 말했다. 이금기는 비상장기업으로 지금까지 회사 경영 정보를 외부에 공개한 적이 없다. 이금기 관계자는 "이금기의 매출 대비 이익률이 스위스의 세계 최대 식품 기업 '네슬레'와 비견될 정도"라고 귀띔했다. 작년 네슬레의 매출액 대비 영업이익률은 15퍼센트였다.

리만탓李文達은 …

세계 최대의 굴소스 식품회사 '이금기李錦記'의 회장이다. 이금기는 125년간 4대에 걸쳐 경영되고 있는 가족기업으로 그는 창업자 리금성의 손자다. 1954년 입사해 1972년부터 회장을 맡았고, 1980년대부터 슬하의 자녀들이 경영에 참여한 이후 회사가 급성장하며 글로벌화를 추진했다. 가족이 100% 지분을 소유한 가족회사인 이금기를 경영하면서 2002년 '가족위원회'를 만들어 질서 있고 영속적인 경영을 공고히 하고 있다. 2008년 미국 뱁슨칼리지가 수여하는 '창조적 기업가'상을 받았다.

하버드 대학 경영대학원 교수
애니타 엘버스

시시한 1,000명보다 확실한 1명에게 올인해야지요

알렉스 퍼거슨 맨체스터 유나이티드 전 감독, 가수 레이디 가가의 매니저 트로이 카터, 월트 디즈니의 앨런 혼 회장······.

  이들의 공통점이 무엇일까? 그것은 똑같은 하버드 대학 경영대학원 강의에 강연자로 나섰다는 것이다.

  애니타 엘버스Anita Elberse 교수가 가르치는 '창조산업의 전략 마케팅Strategic marketing in creative industries' 수업이 그것이다. 2011년 이 강의를 들은 하버드 대학 MBA 졸업생 최세영씨는 "120명 정원인 수업에 신청이 평균 500~600여 명 몰린다"고 전했다. 테니스 스타 마리아 샤라포바, 힙합 가수 제이지, NBA 스타 르브론 제임스 등 연예·스포츠계의 성공 비밀을 케이스 스터디로 분석하면서 실제 연예·스포츠계 인사를 초청해 강연한다. 2011년에는 하버드 대학 MBA 최고 우수강의상을 탔다.

엘버스 교수는 2008년 《하버드 비즈니스 리뷰》에 '롱테일에 투자해야 하는가Should we invest in longtail?'라는 글로 학계에 반향을 불러일으키기도 했다. '롱테일 이론'의 창시자인 크리스 앤더슨 《와이어드》 전 편집장과 논쟁을 벌이며 견고했던 롱테일의 인기를 뒤흔들었다.

"엔터테인먼트 업계의 롱테일은 꼬리가 길지만 납작해요. 수익이 안 나는 거지요. 2006년 미국 3,200만 개 음원 재생 횟수 가운데 상위 10퍼센트 음원이 전체 재생 횟수의 78퍼센트를 차지했습니다. DVD 렌탈 시장에서도 상위 10퍼센트 DVD가 전체 대여된 DVD의 48퍼센트를 차지했습니다. 애플의 음원 390만 개 가운데 음원 하나가 전체 판매량의 24퍼센트를 차지했고, 나머지 360만 개는 각각 100개도 못 팔았고요. 롱테일 시장은 없어요. 승자의 시장만 존재할 뿐이지요."

그는 강의하듯 말을 이어갔다. "앤더슨은 인터넷이 확산하면서 소비자들이 히트 상품에서 멀어지고 틈새 상품을 찾는다고 주장하지요. 하지만 유튜브를 보세요. 싸이의 〈강남스타일〉은 17억 뷰를 기록하고 〈젠틀맨〉은 4억 뷰를 넘었지요. 또 제로(0) 뷰를 기록한 수천 개가 넘는 비디오는 어떻게 설명해야 하나요?"

엘버스 교수의 연구실은 미식축구공, 축구 유니폼, 일렉트릭 기타

롱테일의 법칙

크리스 앤더슨 《와이어드》 전 편집장이 2004년 10월 《와이어드》에 처음 발표한 이론. 인터넷 발전에 따라 소비자의 선택 폭이 크게 확대되면서 80퍼센트 평범한 상품이 20퍼센트 소수 인기 상품보다 뛰어난 가치를 만들어낸다는 이론이다. 상품을 많이 팔리는 순서대로 가로축에, 판매량을 세로축에 표시해 선을 연결하면 80퍼센트 평범한 상품은 긴 꼬리처럼 낮지만 길게 이어지는데, 이 꼬리 부분에 해당하는 상품의 판매량이 20퍼센트 인기 상품의 판매량을 압도한다는 주장이다.

등 다른 교수 연구실에서는 구경하기 어려운 물건으로 가득 차 있었다. 별명이 '록스타Rockstar'인 그는 2011년 하버드 대학에서 평생 고용을 보장받았을 때, 뉴욕, 라스베이거스, LA의 나이트클럽에서 10일간 지인들을 초대해 파티를 여는 파격적인 행보로 학내에 화제를 뿌렸다. 그는 기자와 마주 앉자마자 "교수라고 부르지 마세요. 편하게 애니타라고 부르세요"라고 말문을 열면서 도발적인 어투로 질문에 답하기 시작했다.

롱테일은 돈이 안 된다

롱테일의 법칙을 반박한 이유가 뭔가요?

"제가 가장 좋아하는 책이 로버트 프랭크의 『승자 독식 사회The winner take all society』예요. 스포츠 선수나 기업 등 소수 전문가가 다른 사람보다 훨씬 더 많은 돈을 버는 이유를 설명하지요. 저는 '플랜 B'란 없다고 생각해요. '플랜 A'만 있지요.

그런데 앤더슨은 모든 수요가 꼬리에 몰린다고 주장했어요. 그런데 그건 사실이 아니잖아요? 수퍼볼(미식축구 결승전)을 보세요. 수천만 명이 보는데, 인터넷에는 그것과 비교할 게 없어요. 그렇다면 콘텐츠를 만드는 사람이라면 어떻게 해야 하겠어요? 확실한 싸이가 1명 있어야 해요. 싸이 주변에 시들시들한 콘텐츠 1,000개가 있다고 해도 싸이 하나를 못 따라와요."

롱테일이란 없다는 건가요?

"아뇨, 롱테일은 존재합니다. (그는 종이에 롱테일 그래프를 그리기 시작

"저는 '플랜 B'란 없다고 생각해요. 플랜 A만 있지요.
시들시들한 콘텐츠 1,000개가 있다고 해도 확실한 하나를 못 따라와요."

했다.) 문제는 꼬리가 길어질수록 납작해진다는 겁니다. 기본적으로 롱테일 논의에 잘못된 게 있어요. 사람들이 틈새시장 상품을 사용하면 그것만 사용한다는 생각이지요. 그런데 열 번 중 아홉 번을 흑백영화만 골라보는 마니아들도 〈캐리비언의 해적〉 같은 대중 영화를 대단히 좋아해요. 꼬리도 좋아하지만, 머리도 좋아한다는 겁니다. 물론 진짜 대중적인 콘텐츠를 싫어하는 마니아도 있지만, 소수에 불과해요."

크리스 앤더슨의 '프리미엄freemium론'에 대해서는 어떻게 생각하세요?
"싼 걸 나눠주면서 비싼 걸 파는 것은 오래전부터 있었어요. 대표적으로 면도날이 있잖아요? 면도기는 싸게 팔지만, 면도날은 비싸게 팔지요. 그런데 요즘 문제는 가치가 있고 돈도 받을 수 있는 콘텐츠조차 무료로 뿌린다는 거예요. 진짜 훌륭한 마케터는 제품의 가치가 어느 정도인지 알아야 한다고 봐요. 마케팅은 결국 별게 아니라 고객을 훈련하는 것이에요.
스타벅스는 소비자를 커피 한 잔에 4달러를 지불하는 것이 괜찮

프리미엄 freemium

'free'와 'premium'의 합성어로 95퍼센트 범용 서비스는 공짜로 제공하되 나머지 5퍼센트 차별화되고 개인화된 서비스를 소수에게 비싸게 팔아서 수지를 맞추는 전략을 말한다.

다고 훈련시켰지요. 그러나 소비자들은 음원 하나에 1달러를 지불하는 것이 어마어마한 낭비고 사기라고 생각하잖아요? 그 음원 하나는 수백만 달러를 지불해 만들었고, 커피는 50센트를 들여 만들었는데도 말이지요. 그러니까 고객들이 '조금 더 싸야 하는데'라고 느끼는 산업은 그 산업 자체가 위기라고 봐야 해요."

작은 베팅이 큰 베팅보다 더 위험하다

블록버스터를 잘 만드는 엔터테인먼트 기업은 어딘가요?

"월트디즈니의 앨런 혼 회장이에요. 그의 전략은 빅 이벤트 전략이라고 불리지요. 그는 워너브러더스에 있다가 1998년 디즈니로 옮겨왔는데, 당시 디즈니는 수십 개 영화에 보수적인 금액을 투자하고 있었어요. 예컨대 1년에 영화를 20~25개 찍는데, 디즈니는 총 20억 달러를 1억 달러씩 여러 영화에 공평하게 투자했어요. 하지만 매출은 240억~250억 달러로 제자리걸음이었어요.

그러나 새로 부임한 혼은 좋은 아이디어가 있는 영화에 3억~4억 달러씩 '올인'해 투자했어요. 20개 영화 중 3~4개에만 집중 투자하는 겁니다. 그걸 블록버스터 베팅이라고 하는데 이는 고위험 전략이지요. 이를 통해 지금 디즈니는 400억 달러가 넘는 매출을 거두고 있어요. 가장 많이 투자한 작품이 장기적으로 가장 수익률이 좋았기 때문이지요. 〈스타워즈〉 시리즈나 〈아이언맨3〉 같은 작품들이 그 예지요.

그런데 고위험이기 때문에 실패 확률이 높잖아요?

"그게 핵심 포인트예요. 작은 베팅을 하는 게 더 위험하다는 게 엔터테인먼트 업계의 생각이에요. 1,000~2,000만 달러 투자하는 영화가 1억~2억 달러 투자하는 영화보다 더 실패할 가능성이 크다는 거지요."

기자가 그의 말에 고개를 갸우뚱거렸더니 그가 눈을 부릅뜨며 말했다. "지금 나를 못 믿는 건가요? '어떻게 하버드 대학에서 이 여자에게 평생 고용을 보장한 거야' 이런 표정인데요, 지금(웃음)?"

망한 영화도 많잖아요.

"물론 그렇지요. 그러나 그것보다 더 많이 성공하기 때문에 가능한 일이에요."

다른 산업보다 훨씬 고위험을 많이 지는군요.

"네. 일반 산업보다 훨씬 더요. 그래서 할리우드 회사 대표들은 모두 실패를 경험한 사람들이에요. 저는 이런 단순한 고위험 정신이 일반 회사에도 있으면 좋겠어요."

엔터테인먼트 회사는 고객 니즈를 어떻게 분석하나요?

"의외로 소비자 조사를 하지 않아요(웃음). 예컨대 '20퍼센트 소비자가 제니퍼 로렌스를 보고 싶어하고, 80퍼센트는 에이미 아담스를 보고 싶어한다'는 조사를 하지 않지요. 그냥 매우 단순하게 '이건 과거에 성공했으니 영화로도 성공한다'고 생각해요. 요즘 인기 많은 빅데이터 이런 것은 별로 통하지 않는다는 것입니다.

"창조산업은 없던 걸
새로 만드는 것이라고 보지 않아요.
이미 있는 것을
1등으로 만들어야지요."

할리우드는 대부분 과거에 조금이라도 사랑을 받은 작품을 재활용하는 경우가 많아요. 적당히 성공한 작품에 올인해 많은 돈을 쏟아 대박 작품으로 부활시키는 거지요. 그래서 비판도 많이 받지요. 똑같은 콘텐츠를 우려먹는다고요. 그 말도 일리가 있지만 비즈니스잖아요? 수익률이 좋아야지요."

얼마 전 싸이가 하버드 대학에서 강연했잖아요?
"대단하더군요! 원고를 보지 않아도 청중에게 메시지를 전달할 수 있는 능력이 있더군요. 저도 잠깐 싸이에게 인사를 했어요. 그는 정말 진짜 심각할 정도로 떴어요. 제 생각에 머지않아 한국인이 세상을 지배할 거예요. 박지성 선수에 싸이에, 한국은 또 비디오게임을 꽉 잡고 있잖아요. 다음은 뭘까요? 당연히 한국이 세상을 지배하는 거지요. 하하."

싸이의 〈젠틀맨〉은 실패했다는 지적도 있는데.
"아니요, 제 생각에 엄청 대단한 거예요. 〈강남스타일〉 성공 이후 엄청 실패할 수 있었지요. 그는 하버드 강연 때 '빌보드에서 30위 정도인데 창피하다. 조금 더 위에 있고 싶다'고 이야기했지만, 그는 빌보드에 있잖아요! 저는 실패가 아니라고 봐요."

만약 교수님이 한국 정부의 창조경제 담당자라면 무엇을 우선으로 하겠습니까?
"창조산업은 없던 걸 새로 만드는 것이라고 보지 않아요. 이미 있는 것을 1등으로 만들어야지요. 한국은 비디오게임과 음악을 잘하니

거기서 글로벌 리더가 돼야지요. 한국 TV를 세계가 보게 하는 거지요. 브라질은 TV 프로그램을 잘 만들어 어떤 아시아 나라보다 수출을 잘하고 있지요. 한국은 비디오게임 분야가 세계 3위 수준이지만, 너무 저평가돼 있어요."

애니타 엘버스Anita Elberse는 …

하버드 대학 경영대학원의 경영학 석좌 교수로, 하버드 경영대학원 역사상 최연소 종신교수 중 한 명이다. 그의 강의는 수백 명의 학생들이 몰리는 인기 강좌로, 2011년에는 하버드 대학 MBA 최고 우수 강의상을 받은 바 있다. 그의 글은 《뉴욕 타임스》《월스트리트 저널》《버라이어티》《포천》 등 유수한 신문과 잡지에 다수 실리며 호평을 받았다. 국내에 출간된 저서로 『블록버스터 법칙』이 있다.

하버드 대학 경영대학원 교수
테레사 에머빌

하버드 대학 경영대학원 교수
보리스
그로이스버그

직원들의 감정도 관리할 줄 아는 기업이 성공합니다

기업이란 조직이 생겨난 이래 지금까지 풀리지 않은 영원한 고민이 하나 있다. 바로 인재 관리다. 어떻게 하면 직원들이 주인 의식을 갖고 열정적으로 일할 수 있게 만들까? 그리고 어떤 인재를 채용해야 할까?

우리는 이 문제를 집중적으로 파고든 하버드 대학 경영대학원의 두 석학 테레사 에머빌 교수와 보리스 그로이스버그 교수를 직접 만나 이야기를 들었다.

테레사 에머빌 교수의 동기부여법

두툼한 연말 보너스, 사내 수영장, 고급 레스토랑 뺨치는 구내식당…….

구글 같은 글로벌 기업이 대대적으로 직원의 복리 후생에 투자했다는 뉴스를 듣고 한숨을 내쉬는 경영자가 많을 것이다. 그렇게 '당근'을 뿌려야만 창의성이 높아지고 성과가 나는 것일까? 그렇다고 가만히 있을 수도 없고…….

하지만 지난 30여 년간 창의성을 연구해 온 테레사 에머빌Teresa Amabile 하버드 대학 경영대학원 석좌교수는 조직의 창의성과 성과를 높이는 데 굳이 돈을 안 쓰고도 좋은 방법이 있다고 주장한다.

"성과를 높이기 위한 가장 좋은 방법이 뭔지 아세요? 바로 직원들에게 긍정적 기분을 만들어주는 것입니다. 그들의 내면 상태가 성과를 개선시킨다는 거예요. 사람이 기뻐할 때 자신의 업무 환경에 대해 긍정적으로 인식하고, 자신의 업무에 강력한 동기 부여를 받을 때 가장 창의적이 된다는 것입니다."

그런데 기분이 좋아지면 성과가 좋아지는 것은 여러 연구로 밝혀진 다 아는 사실 아닌가? 그런데 이어지는 그녀의 설명은 많은 사람에게 의외일지 모른다.

"그렇다면 무엇이 좋은 기분을 만들까요? 복지 혜택, 보너스 같은 인센티브? 아니에요. 최고의 기분을 유지하는 하루를 만드는 방법은 매우 간단합니다. 그것은 매일 사소한 업무라도 의미 있는 작은 성공을 맛보게 해주는 것입니다."

에머빌 교수의 주장은 끈질긴 연구에 기반을 둔 과학적인 것이

SUCCESS-

"조직의 창의성을 높이는 데는 인센티브나 복리후생보다 직원들이 일 자체에서 작은 성공을 거둘 수 있게 돕는 것이 가장 중요합니다".

다. 그의 분석 대상은 업종이 서로 다른 7개 기업 임직원의 일기였다. 이 기업들에서 R&D 등 제품 혁신 업무를 담당하는 직원 238명에게 매일 일기를 써서 짧게는 3개월, 길게는 1년에 걸쳐 이메일로 제출하도록 했다. 그날그날의 감정과 업무의 진전 정도 등에 대해서도 7점 척도로 평가해 매일 제출하도록 했다. 직장인의 기분이 날마다 어떻게 바뀌고, 그것이 창의성과 성과에 어떤 영향을 주는지 알기 위해서이다. 그랬더니 1만 2,000건에 이르는 많은 일기가 모였다.

그 결과 1차적으로 발견한 것은 직원들의 전반적 기분(하루 중 개인의 긍정적이거나 부정적인 감정의 총합)이 좋아질수록 창의성도 높아진다는 점이었다. 기분이 나쁜 날에 비해 기분이 좋은 날에는 직원들이 창의적인 아이디어를 떠올릴 가능성이 50퍼센트 높은 것으로 나타났다. 그는 일기 1만 2,000건을 샅샅이 뒤져 참여자들이 실제로 창의적 사고를 했는지를 파악했다. 이때 창의적 사고란 새로운 아이디어를 내거나, 문제 해결 과정에 참여하거나 아이디어를 물색하는 일로 정의했다.

그렇다면 직장에서 어떨 때 기분이 좋아지는가? 일기를 다시 분석한 결과, 기분을 좋게 만들어 주는 요소는 크게 세 가지였다. 즉 일에서

가장 기분 좋은 날 직원은 무엇을 경험하나

작은 성공(업무 문제 해결, 목표 설정) 76%
촉진제(자율성 보장, 업무 지원) 43%
영양분(좋은 대인 관계) 25%
좌절(업무 퇴보, 목표 상실) 13%
억제제(업무 지원 부족, 강압적 명령) 6%
독극물(대인 관계 훼손) 0%

조사에 참여한 238명의 직원이 해당 사건을 겪은 날 일기에 '가장 기분이 좋았다'고 기록한 비율(일기에 여러 사건이 겹쳐 나타나기도 함).

관리자의 4가지 실수와 개선 방안

1. 업무를 진행할 때 구성원의 자율성을 보장하지 않는다
사소한 일에 간섭하고 시시콜콜한 내용까지 지시하지 말라.

2. 부하들에게 문제가 발생했을 때 제대로 도움을 주지 않는다
관리자는 심판이나 독재자가 아니라 코치나 동료임을 명심하라.

3. 문제 발생 시 대화의 장을 마련하지 않고 담당자에게 책임부터 묻는다
이런 관리자 밑의 부하직원도 체면을 지키기에 급급한다.

4. 업무에 관한 정보를 팀원들에게 전달하지 않는다
지위 덕에 알게 된 정보를 혼자 알고 있지 않는다.

(자료: 『전진의 법칙』)

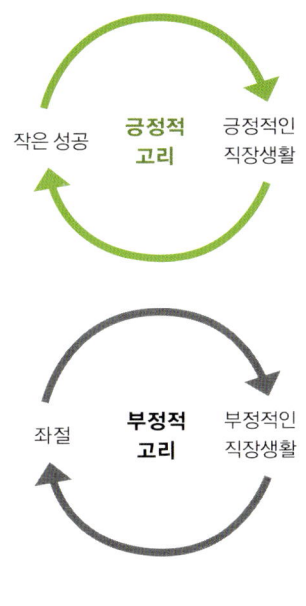

작은 성공의 순환고리

작은 성공을 경험하는 것, 업무에 필요한 지원을 받는 것, 사내 대인 관계에서 좋은 경험을 하는 것(예를 들어 존중, 인정, 격려, 위로 등)이다. 그런데 이 셋 중에서도 기분을 최고조로 만드는 데 단연 효과가 큰 것이 바로 일에서 작은 성공을 경험하는 것이었다.

사람들이 가장 기분이 좋다고 느낀 날 낸 일기를 살펴본 결과 가장 기분 좋은 하루를 보낸 사람들의 76퍼센트는 업무에서 뭔가 진전을 경험한 것으로 나타나 비율이 가장 높았다. 업무에 필요한 지원을 받았다거나, 사내 대인 관계에서 좋은 경험을 했다는 응답은 각각 43퍼센트와 25퍼센트에 그쳤다.

반면 가장 기분 나쁜 하루는 어땠을까? 업무에서 좌절을 맛본 것을 이유로 꼽는 직원이 가장 많았다. 67퍼센트에 달했다. 업무 지원 부족, 대인 관계 훼손은 각각 42퍼센트와 18퍼센트였다. 에머빌 교수는 이러한 연구를 토대로 2011년에 『전진의 법칙The progress principle』이라는 책을 펴냈고, 2년마다 발표되는 '가장 영향력 있는 경영 대가 50인Thinker 50' 최근 랭킹(2011년)에서 18위에 올랐다.

종업원의 나쁜 기분은 조직을 망하게 한다

하버드 대학 캠퍼스에서 만난 에머빌 교수는 화사한 핑크색 카디건을 입고 있었다. 연구실 벽은 제자와 가족사진으로 뒤덮여 있었다. 그는 손자에게 동화책 읽어주듯이 눈을 지그시 뜨고 속삭이듯 말하기도 했다.

그는 "제 연구 결과는 저 스스로를 매우 놀라게 했어요"라고 말했다. "오랫동안 창의성을 연구한 사람으로서 저는 직장에서 인정을 받는 것이 최고의 내면 상태를 만드는 데 가장 중요한 요소일 것이라고 생각했거든요. 그런데 그것보다 더 중요한 게 있었던 겁니다. 인정을 받든 안 받든 일에서 성과를 내는 것 자체가 더 중요한 겁니다. 의미 있는 일을 하고 거기서 뭔가 진전을 이뤄낸다면 사람은 긍정적 감정을 갖게 됩니다. 동료와 사이가 좋아지고, 강력한 동기 부여가 됩니다. 게다가 뭔가 인정을 받기 위해선 업무에서 어떤 형태로든 작은 성공을 맛봐야 해요. 실제로 성과를 내지 않았는데 인정을 받는다면 직원은 매우 냉소적으로 바뀝니다."

기업 관리자들은 그녀가 밝혀낸 진실을 얼마나 잘 알고 있을까? 답은 회의적이다. 좋은 성과를 내기 위해 부하직원들의 내면 상태에 관심을 기울이는 게 중요하다는 사실조차 모르는 관리자가 많다. 그는 일기를 분석한 7개 회사 중에서 상사가 직원의 내면 상태를 이해하려고 노력하고 지원한 회사가 단 한 곳뿐이었다고 말했다.

책에는 직원의 내면 상태를 무시한 회사가 파국으로 치닫는 사례가 소개돼 있다. 미국에서 10위 안에 드는 소비재 제조 회사인 '카펜터(가명)'다. 이 회사의 개발팀은 혁신적 바닥용 대걸레를 만드는 데 모든 열정을 쏟았고, 작업은 이미 상당히 진척된 상태였다. 그런데 갑자기 경영진은 대걸레 제품 개발 프로젝트를 취소하고 전혀 다른 제품을 만들라고 지시한다. 그날 개발팀 직원은 일기에 이렇게 썼다. '우리가 직접 의사 결정할 기회를 늘려주지는 못할망정 팀의 방향과 우선순위를 결정할 자유를 빼앗고 명령을 해대니 일할 의욕이 사라져 버렸다.' 4년 뒤 이 회사는 파산한다.

작은 성공을 맛보게 하라

또 설사 관리자가 직원의 기분이 창의성과 밀접한 관계가 있음을 안다고 해도 어떤 경우에 기분이 좋아지는지를 아는 경우는 드물다.

"연구가 매듭지어질 무렵, 저는 전 세계 수십 기업의 관리자 700여 명을 상대로도 설문조사를 했어요. 그들에게 간단한 질문을 던졌어요. '직원에게 동기를 부여하는 요소 다섯 가지가 있는데, 중요도에 순위를 매겨보세요'라고요. 다섯 가지는 업무에서 작은 성공을 이루도록 지원하는 것, 명시적인 인센티브, 공로에 대한 인정, 명확한 업무 목표, 감정적 지원이었어요. 그런데 700명 가운데 35명만이 업무에서 작은 성공을 이루도록 지원하는 것을 1등으로 매겼어요. 그건 충격이었어요."

설문에 참여한 많은 관리자는 그에게 이렇게 되물었다고 한다. "회사에서 최고 인재들을 채용했고, 조직이 체계적으로 구축돼 있다면 업무에서 성과를 내는 건 직원 몫이고 굳이 회사가 따로 노력할 필요는 없는 것 아닌가요?"

에머빌 교수는 그러나 일에서 성과를 낼 수 있도록 지원하면 조직을 경영하는 일이 훨씬 간단해진다고 충고했다. 이는 막대한 인센티브에 의존하는 방법보다 비용 면에서도 효과적이다.

관리자도 한때 신입사원이었는데 왜 부하들의 작은 성공을 이끌어주는 노력을 하지 않을까요?

"조직이 작건 크건 관리자가 되면 예전보다 넓은 관점으로 외부 세계를 탐구합니다. 문제는 관리자들이 외부 세계에만 귀를 기울이게 된다는 거예요. 문제는 막상 일을 실행할 부하직원에 대해선 생각하지 않게 된다는 겁니다."

그렇다면 직원이 업무에서 진전하게 하려면 관리자는 어떻게 해야 할까?

에머빌 교수는 "일단 명확한 목표를 심어줘야 한다"고 말했다. "그건 돈이 들지 않아요. 1915년 남극에서 고립된 인듀어런스 호의 대원 27명이 전원 생존한 이유도 대장이 명확한 목표를 정한 데 있었지요. 한 사람 한 사람에게 모두 할 일을 지정하고, 고립 이후에도 음악과 콩트 공연을 통해 긍정 마인드를 대원들에게 심어줬지요."

그는 마치 강의를 하듯 설명을 이어갔다.

"명확한 목표를 심은 뒤에는 둘째로 자율성을 부여해야 해요. 사소한 일에 간섭하고 시시콜콜한 내용까지 지시하는 것은 최악입니다. 그리고 심리적 안정감을 주는 기업 문화가 필요해요. 실패했다고 부하직원을 억누르고 비난하고 비판하고 처벌하는 행위를 멈춰야 돼요."

보리스 그로이스버그 교수의 인재영입론

보리스 그로이스버그Boris Groysberg 하버드대 경영대학원 교수는 자신을 "별을 연구하는 사람"이라고 소개했다. 하늘에 있는 별星이 아니고 기업의 경쟁력을 높여주는 '스타star' 인재들을 연구한다는 뜻이었다. 그는 인재 관리와 조직행동학을 가르치고 있다.

글로벌 헤드헌팅 업체인 하이드릭앤스트러글스 초청으로 방한한 그를 서울 하얏트호텔에서 만났다. 그는 우리에게 기업이 애써 큰돈을 들여 영입한 인재가 막상 빛을 발하지 못하는 데는 다 이유가 있다고 했다.

"어느 중견기업이 골드만삭스에서 잘나가는 최고 스타를 극진한 대우에 모셔왔다 칩시다. 그런데 애초에 그가 스타인 이유가 골드만삭스에서 일했기 때문일 수 있어요. 골드만삭스가 보유한 자원, 인맥, 제도, 혜택을 새 회사가 똑같이 제공할 수 없다면 모셔온 스타의 실적도 당연히 떨어지겠죠. 완전히 새로운 환경에서 새로운 사람들과 또다시 기적 같은 실적을 재현하라는 것은 무리라고 보면 됩니다.

게다가 기존 사원들은 경력 사원에게 배타적입니다. 영입한 스타에게 프리미엄을 주느라 연봉 인상의 기회를 빼앗겼다고 생각할 테니까요.

따라서 기업은 외부 인재를 영입할 때 마치 한 회사를 인수합병하듯 신중하게 접근해야 해요. 영입에 들이는 노력 이상으로 '통합'에 공을 들여야 합니다. 무작정 데려온 후 '잘 해봐, 행운을 빌어' 하고 돌아서는 기업은 실패하게 돼 있어요."

그는 "인재 영입보다 중요한 것이 내부 인재 육성"이라며 "이게 안 되면 제아무리 밝게 빛나는 별을 따와도 소용없다"고 말했다. "별이 빛나는 것은 별자리가 있기 때문이에요. 20세기는 조직 내부에서 인재를 육성하는 시대였지만, 21세기는 내부 인재를 키우면서 외부에서 최고의 인재를 전략적으로 영입하는 하이브리드 형 조직의 시대가 될 것입니다."

이름 없는 회사의
최고 사원 스카웃하라

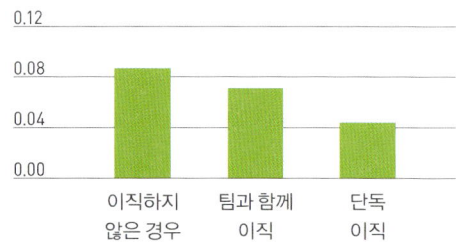

외부 영입 인재의 비중은 어느 정도가 적당한가요.
"여러 연구를 해본 결과, 내부 육성 인재와 영입 인재의 비율이 대략 4대1 정도일 때 기업의 경쟁력이 가장 높았습니다. 물론 기업의 규모·분야 등에 따라 다르겠죠."

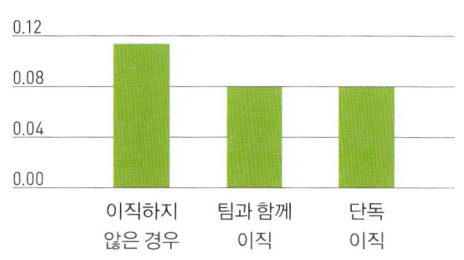

※미국 애널리스트 대상
자료:『Chasing Stars』(Boris Groysberg)

인재를 영입한다면 어떤 인재가 가장 좋습니까.
"CEO라면 최상급 기업에서 최상급 인재를 영입하고 싶다는 욕심이 앞설 겁니다. 누구라도 구글, 아마존, 삼성에서 최고로 잘나가는 엔지니어나 임원을 데리고 오고 싶죠. 하지만 이런 인재일수록 실적의 낙폭이 큽니다. 앞서 밝혔듯이 퍼포먼스를 복제할 수는 없어요.

반면 별 이름 없는 회사지만 정말 좋은 실적을 내는 인재라면, 모두 그 개인의 역량이라고 믿어도 좋아요. 변변한 상품조차 없는 무명 회사에서 최고의 판매고를 올리는 세일즈맨은 정말 그 사람의 능력만으로 실적을 올린 겁니다. 내가 CEO라면 바로 그런 인재를 찾아오겠어요. 그런 진흙 속에서도 빛을 발한 숨은 진주가 대기업이라는 화력을 장착했을 경우 얼마나 급성장할지 상상해보세요."

여성 인재의 경우 이직해도 실적이 떨어지지 않는다면서요.
"그런 경우를 자주 봤습니다. 계량화한 수치는 없지만, 새 직장에서 여성 인재의 연착륙 확률은 남성보다 높습니다. 여기엔 여러 요인이 있습니다. 우선 최상급 여성 인재는 동급의 남성 인재보다 훨씬 내공이 강해요. 예컨대 여성 임원은 남성 임원보다 수없이 많은 장벽을 넘어서고 장애물을 이겨낸 사람이죠. 어림잡아 3,000개의 장애물을 넘어선 '생존자'예요.

둘째, 남성은 주로 사내 네트워킹에 강한 반면, 여성 인재들은 사외 네트워킹에 훨씬 강합니다. 그런데 사내 네트워크에 강한 인재는 외부에 스카우트될 때 자기 팀이나 네트워크를 함께 데려갈 수 없기 때문에 날개와 수족을 떼이는 셈입니다. 반면 여성 인재가 보유한 사외 네트워크는 다른 데로 그녀가 이직해도 구애받지 않고 오히려 더 큰 도움이 되기도 해요. 셋째 이유는 대체로 여성이 더 조심스럽고 신중하게 이직을 결정한다는 겁니다.

결국 한국 기업의 경쟁력과 다양성을 동시에 제고할 수 있는 해답은 바로 '스타 여성 인재'를 많이 영입하는 것입니다."

테레사 에머빌 Teresa Amabile은 …

하버드 경영대학원 석좌교수이며 개인의 창의성과 팀의 창의성, 조직 혁신 부문의 대가로 불린다. 2011년도 'Thinkers 50' 중에서 18위, 혁신상을 수상했다. 하버드 리서치 센터 이사, 창의성교육재단과 시먼코퍼레이션의 임원으로 활동하고 있으며 저서로는 「창조의 조건」, 「전진의 법칙」 등이 있다.

보리스 그로이스버그 Boris Groysberg는 …

하버드 경영대학원 석좌교수로, 인재 관리와 조직행동학을 가르치고 있다. 인재전쟁 시대에서 임원까지 승진할 수 있는 잠재력이 뛰어난 인재를 체계적으로 양성하는 기업이 의외로 드물고, 마땅한 시스템도 없는 상황에서 이러한 인재 관리와 선발 과정을 연구하고 있다.

세쿼이아 캐피털 CEO
마이클 모리츠

'대박'날 기업은 한눈에 알아볼 수 있지요

미국 샌프란시스코 공항에서 차를 몰아 남쪽으로 25분을 달렸더니 '샌드 힐스 로드Sand Hills Road'라고 적힌 갈색 표지판이 나타났다. 20여 개의 벤처캐피털 사무실이 밀집해 있어 실리콘밸리 벤처기업의 '젖줄'로 통하는 곳이다.

이 가운데 단독주택처럼 생긴 한 건물 2층으로 올라갔더니 예상치 못한 광경이 눈에 들어왔다. 로비 정면의 벽에 설치된 60인치짜리 TV 화면에 스티브 잡스 전 애플 창업자, 래리 앨리슨 오라클 창업자, 제리 양 야후 창업자 등 전설적인 기업인 수십 명의 얼굴이 플래시 영상으로 휙휙 지나갔다.

양쪽 벽에는 120여 개 기업의 주식 투자 설명서가 빼곡히 붙어 있었다. '구글, 2004년 8월 18일, 주당 85달러 1,414만 주 발행' '링크드인, 2011년 11월 16일 71달러 875만 주 발행'…….

이곳은 미국을 대표하는 벤처캐피털 중 하나인 세쿼이아 캐피털 Sequoia Capital이다. 벽면에 붙은 120개 기업은 이 벤처캐피털이 투자해 투자 회수exit에 성공한 기업들이다.

그때 희끗희끗한 머리를 짧은 스포츠 스타일로 다듬은 신사가 복숭아를 씹으면서 기자에게 다가와 악수를 청했다. 실리콘 밸리의 '살아 있는 전설'로 통하는 마이클 모리츠Michael Moritz 세쿼이아 캐피털 회장이다.

그가 1999년 1,250만 달러를 투자한 구글은 현재 시가총액이 3,000억 달러에 육박하는 'IT 공룡'으로 성장했다. 100만 달러를 투

"20대들에겐 장벽도 없고,
한계도 없고, 장애물이 있어도
모두 뛰어넘겠다는 자신감을 갖고 있어요.
그들은 무엇인가 고장 난
세상의 문제를 고치기 위한
여정을 떠나는 사람들입니다."

자한 야후는 뉴스 포털 사이트의 효시였으며, 800만 달러를 투자한 유튜브는 국경을 넘어 전 세계인을 동영상으로 묶었다. 링크드인은 전 세계에서 2억 명이 넘는 직장인이 가입한 비즈니스 네트워크가 됐다.

모리츠 회장은 20대를 좋아한다. 세쿼이아가 창업 자금을 대준 래리 페이지나 세르게이 브린(구글), 토니 셰(재포스), 스티브 첸(유튜브)은 투자를 받을 당시 모두 20대 중후반이었다.

그는 "20대들이 나보다 훨씬 많은 것을 안다"고 말했다. "보통 나이가 어리면 세상을 모른다고 합니다. 물론 그들은 영업 조직을 꾸릴 줄 모르고, TV 광고 캠페인을 어떻게 진행해야 할지 모르며, 재무 부서를 어떻게 운영할지 모릅니다. 그러나 그것은 부질없는 소리입니다. 그런 건 남들을 고용해서 할 수 있기 때문입니다.

그런데 남들을 고용해서는 절대 알 수 없는 것이 있습니다. 20대 창업자들은 세상의 누구도 이해하지 못하는, 자신이 간절히 열망하는 분야의 확실한 이해를 가지고 있다는 것입니다. 남들을 고용해서 절대 만들 수 없는 것은 20대 창업자의 번뜩임과 본능이란 말입니다."

그가 얼굴을 기자 앞으로 들이밀며 말을 이어갔다. "제가 야후에 투자했을 때 제리 양과 데이비드 필로는 25세, 26세였어요. 당시 한 지인에게 '전체 직원 수가 3명인데, 이들의 나이를 모두 더해도 64세밖에 안 돼'라고 했어요. 그러나 미래 세대는 그것보다 더 젊어질 겁니다. 앞으로의 시대는 22, 23세의 시대입니다. 우리가 한 번도 생각하지 못한 아이디어를 가진 22세와 23세들이 세상을 바꾸게 될 것입니다. 20대들은 가족, 자녀, 결혼에 구애받지 않고 오로지 비즈니스에만 집중할 수 있으니까요. 그들이야말로 미래의 내비게이터입니다."

그는 자신이 투자한 젊은 창업자들의 핵심적인 공통점은 모두 몰입preoccupation의 한복판에 있었다는 점이라고 했다. "그들에겐 장벽도 없고, 한계도 없고, 장애물이 있어도 모두 뛰어넘겠다는 자신감을 갖고 있어요. 그들은 무엇인가 고장 난 세상의 문제를 고치기 위한 여정을 떠나는 사람들입니다."

구글이 기업공개를 한 날 세쿼이아가 투자한 구글의 지분 10퍼센트의 가치는 순식간에 20억 달러로 치솟았다. 모리츠 회장 본인도 22억 달러의 자산으로 미국 부자 랭킹 252위에 올라 있다. 그럼에도 그는 성공보다 실패를 더 많이 경험한다고 했다.

"진짜 기념비적인 투자는 매우 소수이며 잘해야 10개 중 1개에 불과합니다. 그런데 그 하나의 기업이 가장 중요합니다. 우린 비즈니스에서 열 번의 투자 중 최소 세 번은 몽땅 돈을 다 잃습니다. 단순히 살아남을 기업에 투자해 약간의 돈을 벌기 위해서라면 벤처캐피털 사업은 당신이 있을 곳이 아닙니다. 당신은 남들과 차별화된 뚜렷한 정체성을 가진 회사와 관계를 맺어야 합니다."

모리츠 회장에게 훌륭한 기업들의 단 한 가지 특징이 뭐냐고 묻자 그는 이렇게 대답했다.

"제 경험으로 미뤄볼 때 최고의 기업들은 창업자가 회사에 오랜 기간 남아 있는 회사였습니다. 그 무엇도 그것을 이길 수 없습니다."

모리츠 회장은 《포브스》가 선정하는 최고의 벤처 투자자 랭킹(일명 '미다스 리스트')에서 2006~2007년 1위

모리츠 회장이 꼽은 가장 위대한 창업가 3인

이름	기업	창업 당시 나이	창업 시기
스티브 잡스	애플	21세	1976년
로버트 노이스	인텔	41세	1968년
래리 페이지	구글	25세	1998년

를 차지했고, 2008~2009년과 2011년에는 2위를 차지했다. 2001년부터 《포브스》가 선정한 이 리스트에 그는 12회로 최다 선정됐다.

최고의 투자가가 말하는 투자의 철학

세쿼이아 캐피털은 1주일에 몇 명의 창업자로부터 투자 의뢰를 받나요?
"100~150명입니다."

굉장히 많네요. 최근 가장 흥미로운 투자처가 있다면?
"세쿼이아 캐피털입니다(웃음). 항상 주위에서 그런 질문을 받을 때 이렇게 답하지요. 세쿼이아 캐피털에서 투자하는 모든 회사가 흥미로우니까요."

회장님만의 투자 철학이 무엇입니까?
"첫째는 창업자의 아이디어나 제품이 다른 사람과 기업들에 의미가 있어야 한다는 겁니다. 사람들을 설득하지 못할 제품이라면 의미가 없어요. 둘째, 저는 매우, 매우 특별한 사람과 함께 비즈니스 하기를 원합니다."

회장님은 실패를 경험한 창업자에게도 많이 투자하신다고 들었습니다.
"가끔 했습니다. 그러나 단순히 실패했다고 해서 투자하지는 않아요. 우리가 찾은 최고의 레시피는 이것입니다. 일단 뭔가 하나에 크게 성공한 사람에게 투자하는 것입니다. 그것이 고등학교가 됐든, 대학교가 됐든, 또는 큰 기업에서 일했든 그 무엇인가 하나를 잘하는 거지요. 그리고 인생의 큰 좌절을 경험했지만, 그 좌절을 만회하려고 발버둥치는 창업자들, 자신의 명성을 회복하려는 의지를 가진 사람에게 투자합니다."

모리츠 회장은 1996년부터 세쿼이아 캐피털 대표 파트너로 경영을 책임져왔다. 그러나 지난해 5월 파트너들에게 이메일을 보내 "희귀한 불치병에 걸렸다. 앞으로 5~10년 안에 내 삶의 질이 악화될 가능성이 높다는 진단을 받았다"고 알린 뒤 경영 일선에서 물러나 회장이 됐다. 하지만 기자가 보기에 그는 건강해 보였다.

인문학도, 벤처 캐피털에 투신하다

그는 격식을 차리지 않는 사람 같았다. 그러나 질문엔 엄격하게 답했다. 고민이 된다 싶으면 15초 이상 허공을 바라보며 생각하다 운을 뗐다.

그는 벤처 캐피털리스트로서는 이색적인 경력을 갖고 있다. 영국 웨일스 지역에서 태어나 옥스퍼드 대학에서 역사학을 전공했고, 실리콘밸리를 취재하는《타임》기자로 일했다.

기자 시절 애플의 스티브 잡스로부터 "애플의 역사를 책으로 써 달라"는 부탁을 받고, 애플의 성장기를 다룬『작은 왕국: 애플 컴퓨터의 비화 The Little Kingdom: The Private Story of Apple Computer』라는 제목의 책을 1984년에 냈다. 이 책을 계기로 그는 애플에 초기 자금을 댄 세쿼이아 캐피털의 창업자 돈 밸런타인과 인연을 맺게 되고, 1986년 세쿼이아 캐피털에 입사한다.

"저도 과거에 당신이 앉은 의자에 앉아 위대한 창업자들을 인터부했지요. 그때 애플이나 마이크로소프트는 매우 작은 회사였는데, 그들이 어떻게 맨땅에서부터 성장할 수 있었는지 궁금했어요. 그리고 그 성장을 돕는 것은 벤처 캐피털의 역할인 것을 알게 된 것이 벤처 캐피털리스트가 된 계기입니다."

2007년 《타임》에서 선정하는 '세계에서 가장 영향력 있는 100인'에 이름을 올리셨더군요. 한때 《타임》에서 기자로 일하셨는데, 기분이 어땠습니까?

"아이러니했지요(웃음). 기분이 좋으면서 우쭐해지더군요. 그런데 그런 것을 중요한 훈장으로 받아들이면 안 된다고 생각해요."

예상 못 했는데 정말 대박을 친 투자가 있나요?

"지금도 정말 예상하기 어려운 게 무엇인지 아십니까? 반바지와 샌들을 신은 창업자 2~3명이 10년, 15년 뒤에는 굉장히 중요한 기업을 책임질 사람들로 커나갈 수 있다는 겁니다. 그런 회사가 성공할 때 우린 그 성공의 규모에 깜짝 놀랍니다. 반면 투자한 회사가 실패하면 그리 놀라지 않습니다. 왜냐하면 우린 어떤 투자에 어떤 위험요소가 있는지 미리 알고 있기 때문입니다."

다른 벤처 캐피털이 퇴짜를 놓은 회사를 세쿼이아 캐피털이 받아들여 투자 자금을 대준 적도 있나요?

"정말 수많은 벤처 캐피털리스트가 시스코Cisco에 '노'라고 했습니다. 하지만 우리가 시스코 창업자들을 처음 만났을 때 그들은 마치 기도문을 외우듯이 같은 이야기를 반복했습니다. '우린 네트워크를 네트워크한다We network the network'란 말이었어요."

그는 "또 정말 많은 사람이 야후와 페이팔에 대해서도 성공하지 못할 거라고 비판했지만 결국 좋은 결과로 이어졌다"고 덧붙였다.

트위터에 투자 안 한 것, 후회하지요

투자하지 않아 후회한 기업들도 있으시지요?
"물론입니다. 마지막 순간까지 검토한 넷플릭스(인터넷 유료 영상 서비스 업체)가 있습니다. 트위터가 그다음이고요. 지금 생각해도 안타깝군요."

그는 정말 아쉽다는 듯이 고개를 저었다. 그는 "넷플릭스의 비즈니스에 대해 충분히 길게 고민하지 않은 것이 패착이었다"고 했다.

그렇다면 비즈니스모델도 뚜렷하지 않던 구글에 1,250만 달러를 투자한 결정은 어떻게 하셨나요?
"그 시기를 떠올려보세요. 1999년이지요. 닷컴 버블의 정점이었습니다. 만약 구글에 대한 투자가 그 시점에서 3년 전후에 이루어졌다면 아마 300~400만 달러만 투자했을 거예요. 그 투자가 결정된 것은 그 당시 시장 상황을 반영했기 때문입니다(인터넷 기업의 가치가 상승하는 시기였다는 의미)."

구글 기업공개 당시 억만장자가 됐다는 것을 알았을 때, 어떤 생각이 들었나요?
"아무렇지도 않았어요. 그날 다른 회사 이사회 미팅에 참석하고 있었지요. 저는 그런 상황에 축배를 드는 것을 좋아하는 사람이 아니거든요."

그는 지난 30년간 실리콘밸리에서 수많은 창업자를 목격했다. 그가 뽑은 최고의 창업자는 누구일까?

"첫째는 스티브 잡스예요. 그는 실리콘밸리에서 가장 위협적인 인물이었지요. 인텔 창업자인 로버트 노이스가 그다음 정도 될 겁니다. 그리고 구글의 래리 페이지가 셋째가 될 것이고요. 예지력 Visionary이란 말이 많이 쓰이지만, 그 타이틀을 받아 마땅한 창업자는 극소수에 불과합니다."

모리츠 회장은 "스티브 잡스는 '뚜렷한 아이디어가 없으면 회의에 참석하지도 말고 전화도 걸지 말라'는 인생 최고의 조언을 내게 남겼다"고 했다.

하지만 그는 나중에 한 사건 때문에 스티브 잡스와 사이가 틀어진다. 잡스가 개발한 컴퓨터 중 하나인 '리사Lisa'가 한때 잡스가 동거했던 여성과의 사이에 낳았던 딸의 이름이란 사실을 《타임》에 최초로 보도했다. 혹시 잡스에게 미안하지 않을까? 그는 "아니오. 절대로 미안하지 않아요. 전 제 일을 한 것뿐"이라고 했다.

실리콘밸리 지형을 바꾼 혁신적인 기업들의 탄생

모리츠 회장이 탄생시킨 또 하나의 기념비적 회사는 온라인 결제 서비스 업체인 페이팔Paypal이다. 페이팔의 공동 창업자 2명을 포함한 주요 임직원 14명은 페이팔을 떠나 링크드인, 유튜브, 테슬라, 옐프 등 10개가 넘는 회사를 창업했다. 공동 창업자인 엘론 머스크가 테슬라, 부사장 리드 호프먼이 링크드인, 엔지니어 스티브 첸이 유튜브를 각각 차렸다. 페이팔 출신들은 혁신적인 기업들을 속속 탄생시키며 실리콘밸리 지형을 바꿔놓았고, '페이팔 마피아Paypal Mafia'라는 신조어를 낳았다.

페이팔 마피아의 힘은 어디서 나올까요?
"페이팔은 매우 뛰어난 인재가 모인 곳이었어요. 또 페이팔 창업자들은 자신들과 궁합이 아주 잘 맞는 사람들을 고용했기에 분위기도 좋았고요."

그런데 이베이에 페이팔이 팔리면서 분위기가 바뀌었다고 모리츠 회장은 말했다. "페이팔은 너무 초창기에 이베이에 팔렸어요. 직원들은 조직 문화가 맞지 않는 이베이에서 일하고 싶지 않았던 겁니다. 만약 페이팔이 독립회사로 남았다면 그들은 아직도 페이팔에서 함께 일했을 겁니다. 그랬다면 링크드인이나 유튜브 같은 회사도 지금 세상에 없었을 거고요."

회장님이 투자한 기업들이 세상을 어떻게 바꾸었다고 생각합니까?
"(그는 턱을 손으로 괸 채 약 15초 동안 생각한 뒤 말했다.) 그 어떤 회사도 인류의 기대 수명을 높이지 못했습니다. 그 어떤 회사도 암 치료제를 만들지 못했고요. 물론 야후나 구글 같은 회사는 다른 사람들이 비즈니스하는 데 많은 도움을 줬습니다. 하지만 세상이 직면한 가장 큰 문제들은 해결하지 못했어요."

"창업자들은 고장 난
세상의 문제를
고치기 위한 여정을 떠나는
사람들입니다."

    그는 "한국 벤처 캐피털 업계를 어떻게 활성화할 수 있을까요"란 질문에 한 치의 머뭇거림 없이 "성공하는 벤처 캐피털리스트가 되고 싶다면 실리콘밸리로 와야 한다"고 말했다.
    "거만하게 들릴지 모르지만 사실입니다. 실리콘밸리가 아니면 최소한 중국에 가야 해요. 물론 당신이 영리하면 벨기에나 알래스카에서 비즈니스를 할 수도 있겠지요. 하지만 실리콘밸리의 팰로앨토 시의 거리에 밀집한 벤처기업들이 영국에 있는 모든 벤처기업보다 훨씬 매력적입니다."

"투자를 할 때 가장 어려운 도전은
기업을 운영하는 사람들의
독특한 성격과 기분을 맞춰주는 일입니다.
시장 규모가 어느 정도인지,
영업 이익률이 얼마인지 알아내는 건 매우 쉽습니다.
그런데 인간관계는 훨씬 어렵고 길을 찾기 어려웠습니다."

성공적인 벤처 캐피털리스트가 되기 위한 조건이 뭡니까?

"저는 항상 스스로를 벤처기업 창업자나 경영진과 함께 길을 걷는 파트너라고 생각했습니다. 물론 우리 비즈니스는 돈으로 연결되지만, 우린 은행가가 아닙니다. 큰 기업에서는 하기 어려운 일을 실천해 세상을 바꾸려는 스타트업 창업자들의 비즈니스 파트너라는 정신이 중요합니다."

불치병에 걸렸다고 하셨는데, 편안하게 쉬지 않고 일하시는 이유가 무엇입니까?

"이 세상에서 젊고 아이디어로 가득 찬 사람들과 일하는 것만큼 흥미로운 일이 없습니다. 창업자들은 고장 난 세상의 문제를 고치기 위한 여정을 떠나는 사람들입니다. 그것만큼 제게 재미를 주는 것이 없습니다. 가만히 소파에 죽치고 앉아 과거만 생각하는 것보다 훨씬 흥미로운 일입니다(웃음)."

30대 이상은 창업 말고, 차라리 벤처캐피털을 하라

모리츠 회장은 20대 창업자를 사랑한다. 그렇다면 30대 이상은 창업하지 말라는 것일까? 정답은 "그렇다"이다. 그는 한 인터뷰에서 "30대 이상은 차라리 벤처캐피털을 하라"고 했다. 그는 21세에 창업한 빌 게이츠의 예를 들었다.

"게이츠는 유년 시절부터 수천 시간을 컴퓨터에 투자했어요. 그런데 게이츠가 컴퓨터에 몰두한 바로 그때 큰 컴퓨터 회사들은 오히려 수천 시간을 컴퓨터에 몰두할 여유가 없었습니다. 그래서 1970년대

중반 게이츠는 큰 컴퓨터 회사들, 심지어 IBM의 그 누구보다 컴퓨터에 대해 많이 생각한 것입니다. 20대의 나이에 게이츠는 이미 컴퓨터의 일인자가 돼 있었습니다."

래리 페이지(구글)나 토니 셰(재포스) 같은 사람은 조용하고 나서지 않는 성격으로 알려졌습니다. 토니 셰는 예전에 저희와 인터뷰할 때도 조용하고 과묵했다고 합니다. 수줍지만 나중에 번창할 그들의 잠재력이 눈에 보입니까?

"수줍음은 나약함과 동의어가 아닙니다. 매우 강력하지만 수줍어하는 사람들이 있습니다. 그들은 공격적이거나 외향적이지 않지만, 그렇다고 그들이 약한 것은 결코 아닙니다."

회장님 인생에 최악의 투자는 무엇인가요?
"투자를 잘못한 기업도 많습니다. 웹밴Webvan이 대표적입니다(웹밴은 식료품을 주문하면 30분 안에 고객에게 배달해 주던 배송업체인데 무리하게 사업을 확장하다 2001년에 파산했다. 세쿼이아 캐피털은 수억 달러의 손실을 냈다). 항상 조심하고, 계산하자고 결심하지만 결국 후회만 남는 일도 있습니다."

벤처 캐피털리스트로서 가장 힘든 일이 무엇입니까?
"(그는 또 약 15초간 침묵하며 생각했다) 아주 좋은 질문입니다. 사실 매우 되풀이되는 일인데요, 투자를 할 때 가장 어려운 도전은 기업을 운영하는 사람들의 독특한 성격과 기분을 맞춰주는 일입니다. 시장 규모가 어느 정도인지, 영업 이익률이 얼마인지, 최고의 공급업자들이 누군지 알아내는 건 매우 쉽습니다. 그런데 인간관계는 훨씬 어렵고 길을 찾기 어려웠습니다."

그는 인생에 가장 큰 영향을 미친 책으로 1922년 발간된 T. E. 로렌스의 『지혜의 일곱 기둥Seven pillars of wisdom』을 꼽았다. 이집트 카이로에 파견된 영국군 정보 장교가 아랍 항쟁을 이끄는 실화를 담은 책으로 영화 〈아라비아의 로렌스〉의 모태이다. 모리츠 회장은 "인습에 얽매이지 않은 한 남성의 대담성에 대한 책으로, 벤처 캐피털리스트의 렌즈로 본다면 젊은 창업자와 기업인들이 자신을 리드할 수 있는 능력, 관료주의에 대한 반항 같은 지혜를 이 책에서 배울 수 있다"고 말했다.

마이클 모리츠Michael Moritz는 …

미국의 대표적 벤처캐피털인 세쿼이아 캐피털의 회장이다. 구글, 야후, 유튜브, 재포스 등 세계적 기업들의 초기 자금을 투자해, 실리콘 밸리의 '살아 있는 전설'로 통한다. 그는 《타임》의 기자 출신으로 스티브 잡스와 애플의 비사를 흥미롭게 취재·기록했다. 구글 CEO 에릭 슈미트는 그를 "지난 30년간 애플, 시스코, 오라클, 야후 그리고 구글까지 세계에서 가장 중요한 기술적 혁신과 성장을 최전방에서 키워낸, 세상에서 몇 안 되는 기업가들 중 한 명"이라 평했다.

부록 기사 게재일 및 필자

* 모든 인터뷰이 사진 출처는 조선DB입니다. (단, 재레드 다이아몬드, 티모시 드레이퍼 제외)

		인터뷰이	기사 게재일	필자	사진 출처
1부	1	세스 고딘	2014. 1. 18	오윤희	
	2	롤프 도벨리	2013. 6. 1	박승혁	
	3	애덤 그랜트	2013. 7. 20	장일현	
	4	재레드 다이아몬드	2013. 9. 7	박승혁	52p ⓒ위키미디어
	5	곤도 마리에	2013. 9. 14	최원석	
	6	마이클 노튼	2013. 11. 16	오윤희	
	7	샘 혼	2013. 6. 22	박승혁	
	8	하워드 스티븐슨	2013. 3. 30	이신영	
2부	1	미야자키 하야오	2013. 10. 5	최원석	
	2	다니엘 핑크	2013. 10. 12	오윤희	
	3	카림 라시드	2013. 12. 14	오윤희	
	4	얀 칩체이스	2013. 10. 5	오윤희	
	5	케빈 파이기	2013. 11. 2	이신영	
	6	트레비스 칼라닉	2013. 11. 30	류현정	
		티모시 드레이퍼	2013. 11. 30	류현정	162p ⓒ위키미디어
	7	필 리빈	2013. 9. 7	최원석	
	8	가와모리 쇼지	2013. 11. 30	최원석	
	9	하비 맨스필드	2013. 6. 8	이신영	
3부	1	도미니크 바튼	2013. 3. 30	이지훈	
	2	오니시 마사루	2013. 9. 28	최원석	
	3	올리비아 럼	2013. 2. 15	류정	
	4	자오위핑	2013. 12. 28	오윤희	
	5	존 라이스	2013. 3. 23	최형석	
	6	버커드 센커	2013. 6. 15	박승혁	
	7	로널드 오 헨리	2013. 3. 23	최원석	
	8	리만탓	2013. 4. 13	최형석	
	9	애니타 엘버스	2013. 7. 13	이신영	
	10	테레사 에머빌	2013. 8. 24	이신영	
		보리스 그로이스버그	2013. 8. 24	박승혁	
	11	마이클 모리츠	2013. 10. 19	이신영